Moebius Zeichenwelt

Extradrucke der Anderen Bibliothek
№ 219

Moebius
Zeichenwelt

Von Andreas Platthaus vorgeführt

Mit mehr als 250 meist unveröffentlichten Bildern

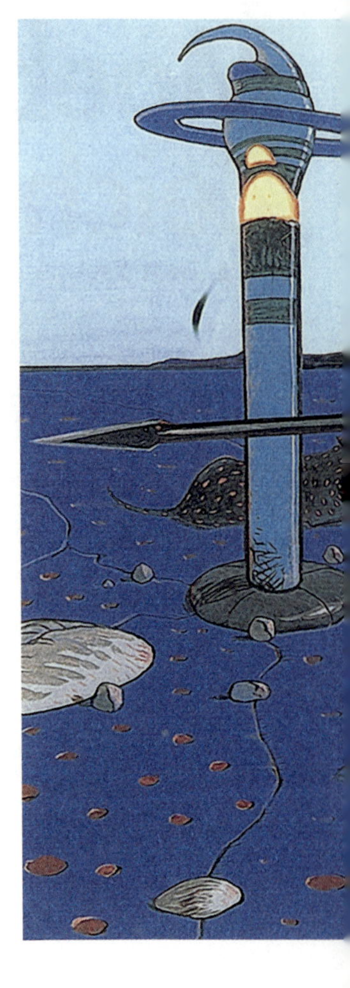

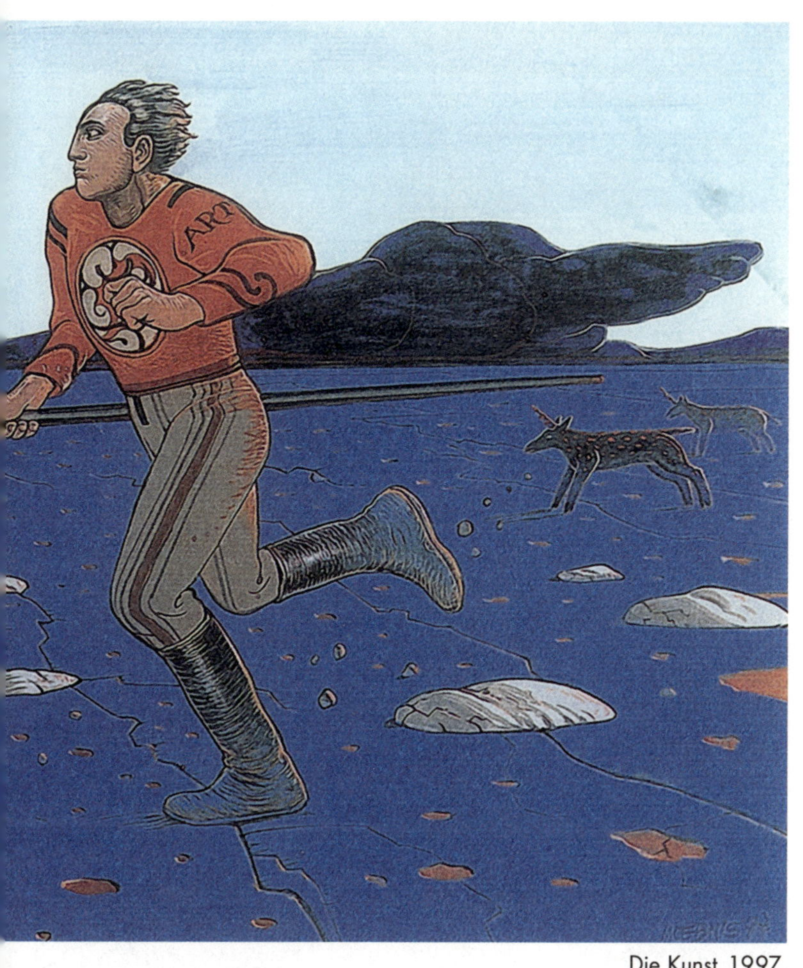

Die Kunst. 1997.

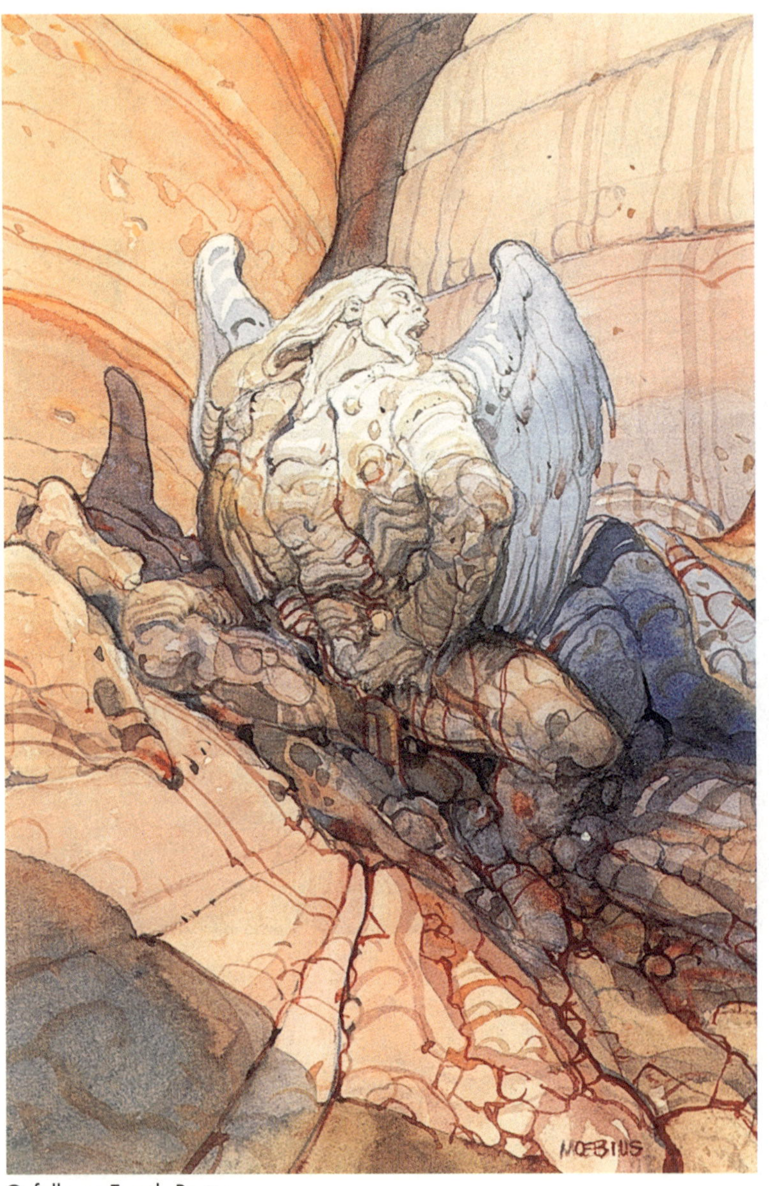

Gefallener Engel. Poster.

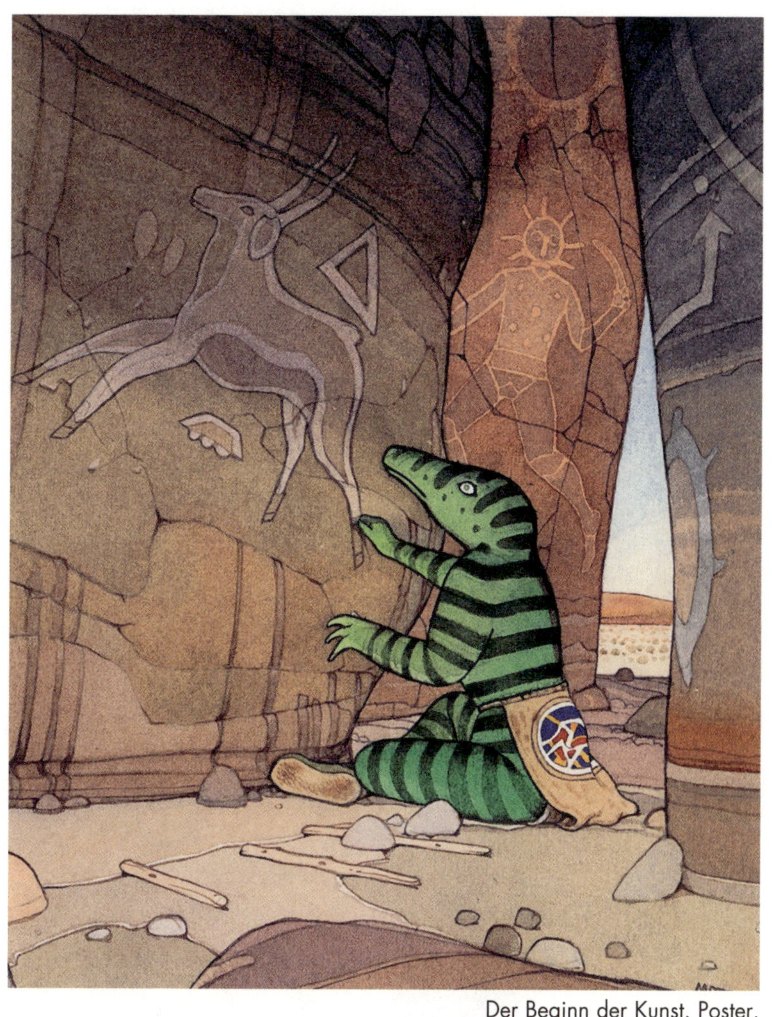

Der Beginn der Kunst. Poster.

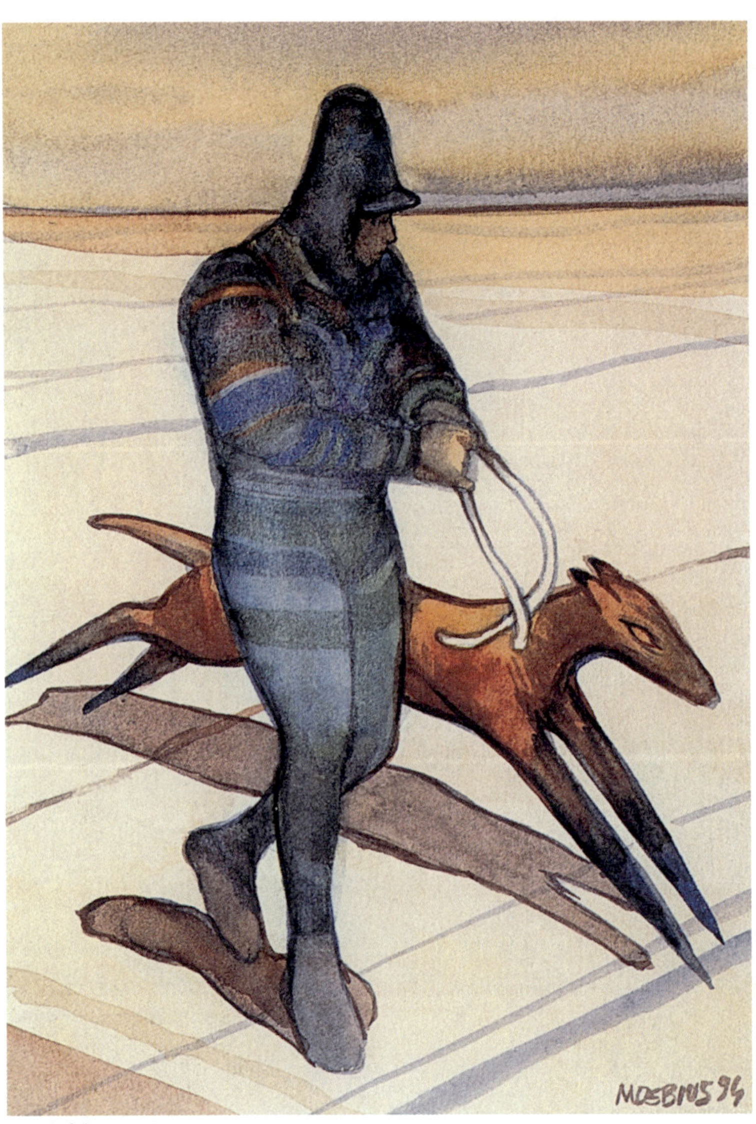

Hundeführer. 1994.

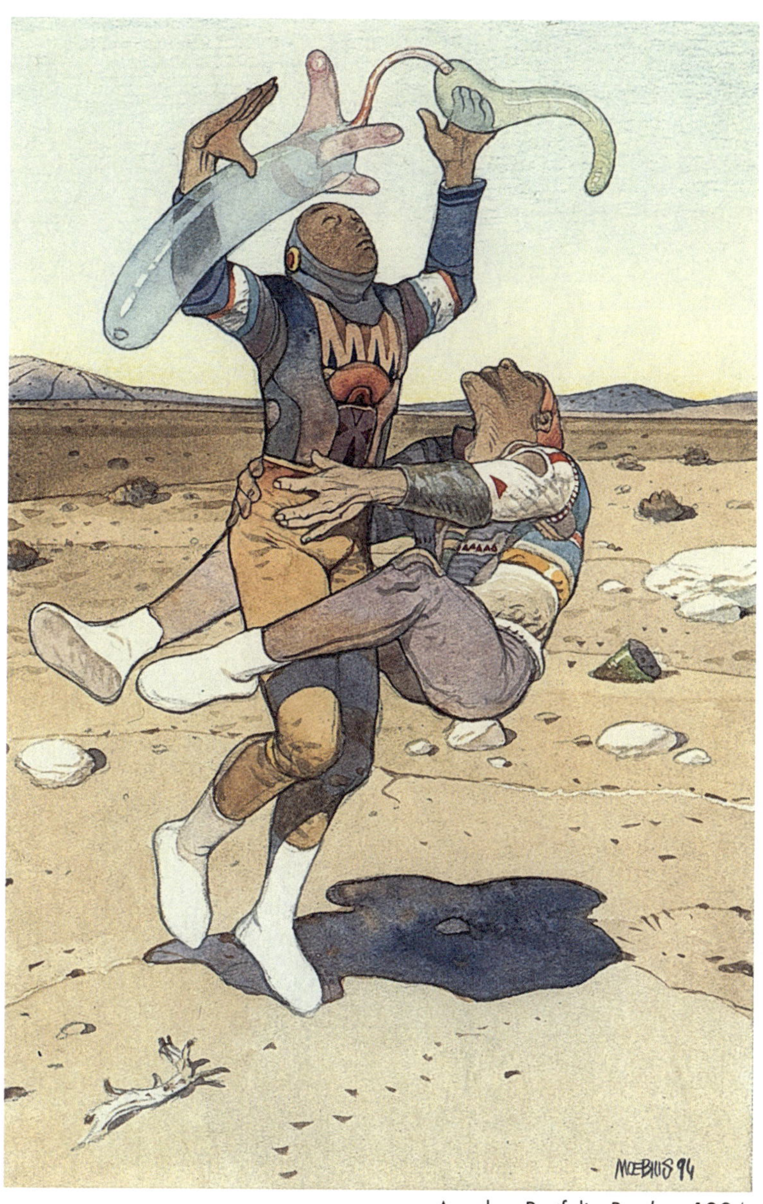

Aus dem Portfolio *Rumbas*, 1994.

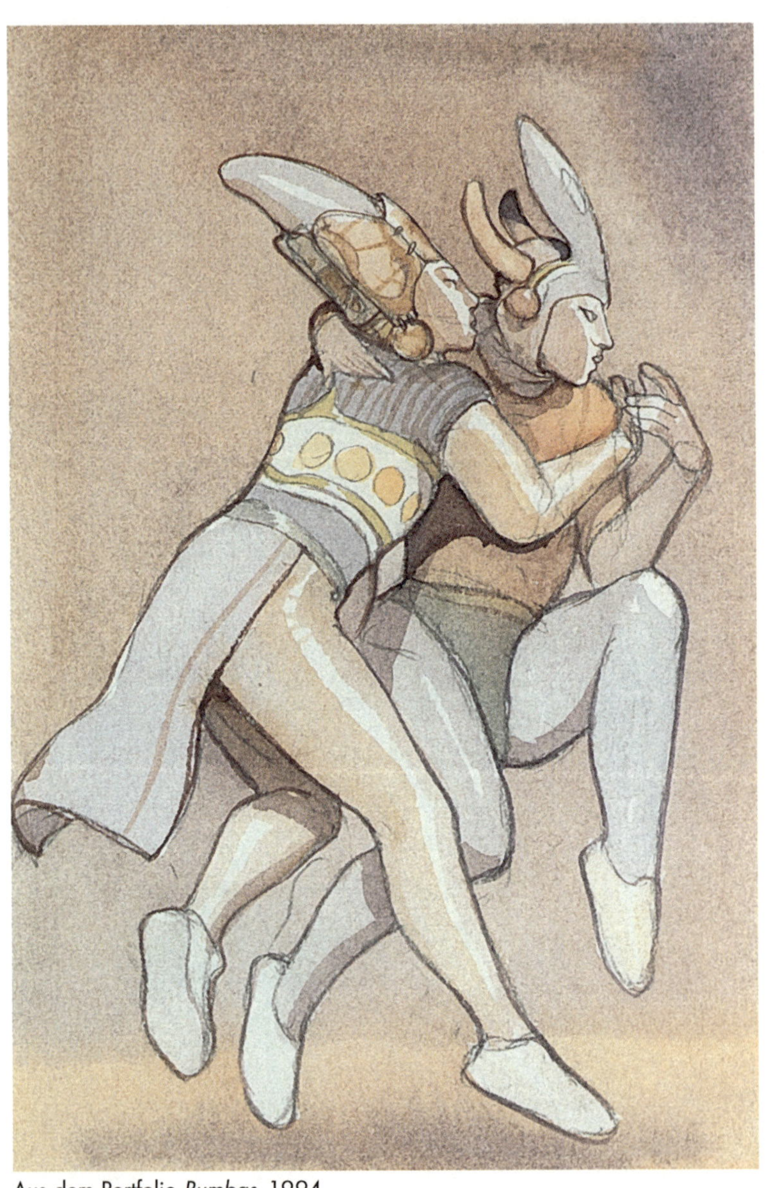

Aus dem Portfolio *Rumbas*, 1994.

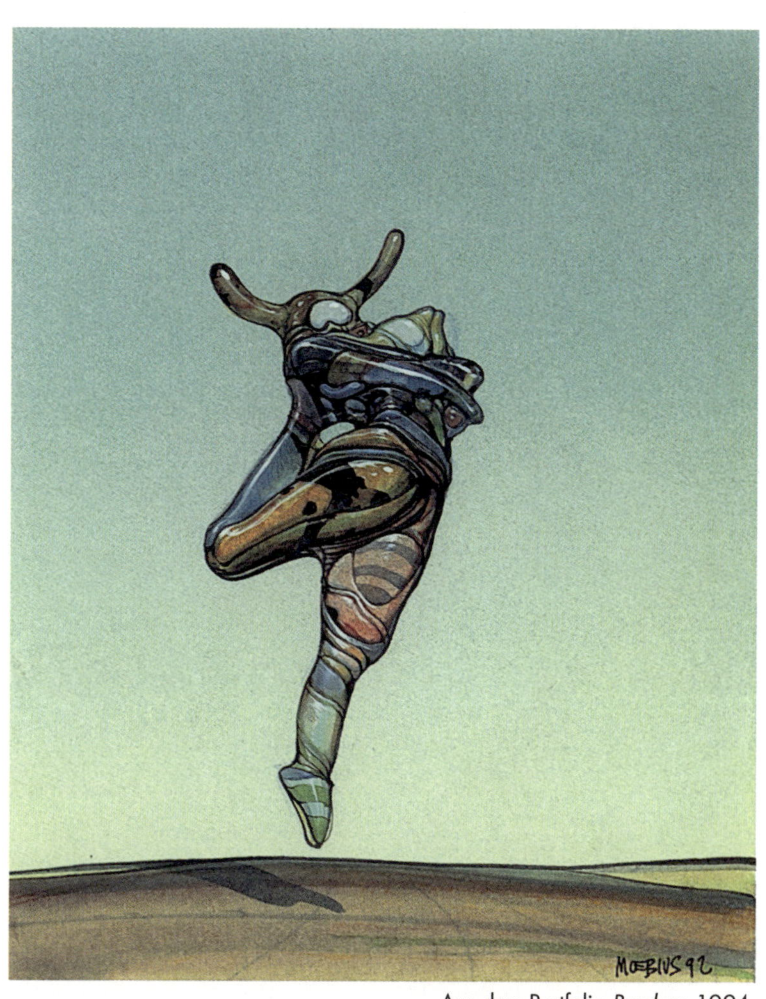

Aus dem Portfolio *Rumbas*, 1994.

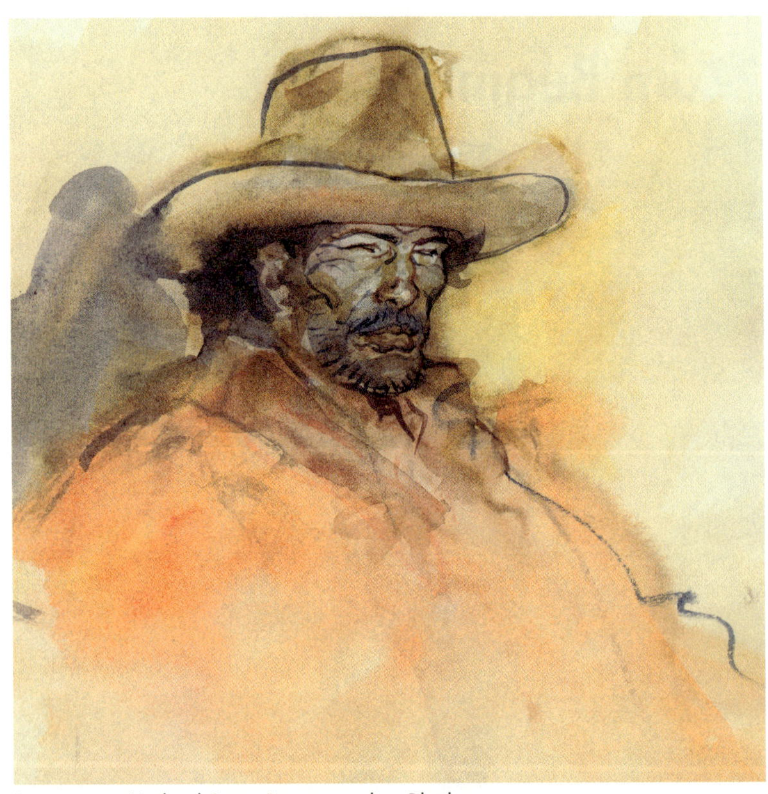

Portrait von Michael Steve Donovan alias Blueberry.
Aus dem Portfolio *Blueberry's*, 1996.

Zum Beginn

Seine eigene Wüste

Kurz vor dem Sonnenaufgang in der Wüste steht über dem Horizont nach Osten ein glühender Halbkreis. Er ist von einem intensiven Gelb, das ohne Rücksicht auf die Gesetze des Spektrums unmittelbar in ein stählernes Blau übergeht. Und kurz nach dem Sonnenaufgang, wenn die Dünen in hundert Ockertönen glänzen, die Schatten scharf sind und der Himmel im Westen ein hellblaues Farbspektakel bietet, dann finden dreißig Minuten ihr Ende, in der die Welt ausgesehen hat, als hätte Moebius sie gemalt. Denn dieses Gelb, die Blau- und Ockertöne und das Schwarz der Schatten – das sind die Farben von Moebius.

Die Luft in der Wüste ist frei von Streulicht und Straßenstaub. Die Kontur ist der einzige Haltepunkt im verschwimmenden Auf und Ab der Dünenlandschaft. Die eine, die einfache Linie. Moebius sah sie, als er Dienst tat in Algerien, Ende der fünfziger Jahre. Das Land kämpfte um seine Unabhängigkeit, und der kleine französische Soldat kämpfte um die seine. Er fand sie in der Linie der Sahara, und wenn heute kein anderer Zeichner die Linie so präzise zu handhaben versteht wie Moebius, dann haben wir es der Wüste zu danken.

Doch die erste Wüste, das war Mexiko – »une image absolue«. So steht es in der Autobiographie von Moebius: »Auf der Suche nach ein wenig Kühle und Wasser war ich in die Gaststätte am Straßenrand eingetreten. Die Hintertür war nicht geschlossen. Durch diesen leuchtenden offenen Rahmen im Halbschatten sah ich die Wüste sich erstrecken, bis an den Horizont. Ein absolutes Bild. Dort habe ich mein Bündnis mit dem Western geschlossen, mit der unendlichen Wüste und ihrem Zauber. Diese unerhörte Sensation, diesen Blitz, habe ich immer in meine Comics zu übertragen versucht.«

Wir schreiben das Jahr 1955. Der siebzehnjährige Jean Giraud, der später unter dem Namen Moebius berühmt werden wird, ist für acht Monate in Mexiko. Er sieht die Wüste, und die Wüste erkennt ihn. Als ihren Chronisten. Als ihren Liebhaber. »Die Erscheinung der mexikanischen Wüste durch die Tür der Gaststätte hatte mich aus einem Bannkreis freigelassen: als ob ich buchstäblich in das Bild eingetreten wäre. Ich trug es fortan in mir. Keine Notwendigkeit mehr, mich damit abzumühen, es mittels Skizzen zu suchen. Etwas in mir sagte mir, daß ich es finden würde, wenn es mir fehlen sollte. Dahinter.«

»Mexiko war immer da, eingepflanzt in mich wie ein Stachel.« Und dieser Stachel trieb an, ließ acht Jahre später die Westernserie *Blueberry* entstehen und dann in den siebziger Jahren die phantastischen Wüstenlandschaften von Moebius. Major Grubert und Arzach, seine beiden Helden aus fernen Welten, fliegen über diese Wüste; Stel, der zivilisationsmüde Raumfahrer aus *Le monde d'Edena,* durchquert sie. Wohin auch immer der Zeichenstift von Moebius seine Leser entführt hat, die Wüste war schon da. Das ganze Œuvre steht im Zeichen der Wüste. Sie war seine größte Entdeckung, seine Inspiration, die größte Förderin seiner Karriere: »Es ist, als hätte meine Entdeckung der mexikanischen Wüste kein anderes Ziel gehabt, als mich darauf vorzubereiten, das Universum von *Blueberry* zu zeichnen.«

Für den jungen Jean Giraud muß diese Begegnung eine neue Welt eröffnet haben. Frankreich hatte er zuvor noch nie verlassen, aufgewachsen war er nach der Trennung seiner Eltern bei den Großeltern mütterlicherseits, in dem kleinen Ort Fontenay-sous-Bois. Die Mutter folgte 1954 einem Liebhaber nach Mexiko und ließ ihren einzigen Sohn einige Monate später nachkommen. Jean sprach kein Wort Englisch, geschweige denn Spanisch. Doch das achtmonatige Zusammenleben mit der Mutter, erste sexuelle Erfahrungen und die

Faszination für Marihuana formten jene Persönlichkeit, die sich sofort nach der Rückkehr nach Europa mit ganzem Elan aufs Comiczeichnen stürzte. Im Kopf all die mexikanischen Eindrücke und vor allem die Wüste, die nie gekannte Leere und Freiheit, die sich ihm eröffnet hatte, nachdem er der Fürsorge der Großeltern entkommen war und erstmals sein eigenes Leben hatte führen dürfen. Mexiko, das war die wahre Welt gewesen, und als er zurückkam, fühlte er sich als Fremder in Frankreich. »Ich erinnere mich an einen Film mit David Bowie zu diesem Thema. Für lange Zeit hatte ich den Eindruck, durch Zufall dort heruntergefallen zu sein, wie die Figur, die er verkörperte: ein Außerirdischer mit dem Aussehen eines Menschen, der auf der Erde gestrandet ist, ohne Ausweis und Gebrauchsanweisung, wie er sich zu verhalten hat, und der versucht, mit den Menschen dadurch zu kommunizieren, daß er ihnen schöne Bilder zeichnet.«

In dieser Beschreibung steckt mehr von Moebius als von Jean Giraud. *Blueberry* war der erste Versuch, den Geist von Mexiko zu beschwören, die neue Heimat in die alte, fremd gewordene zu retten. Deshalb finden die Abenteuer des Armeeleutnants Michael Steve Donovan alias Blueberry ihre Szenerie in den Wüsten von Arizona, New Mexico und Texas, so nahe an der mexikanischen Grenze, wie es einem Bürger der Vereinigten Staaten nur möglich war. Und Exkursionen über den Rio Grande gehörten bald zum festen Repertoire des epischen Zyklus. Es war die ideale Welt seiner Mutter, die Jean Giraud hier beschrieb, *Blueberry* war über den Handlungsort für ihn immer mit der Erinnerung an ihr achtmonatiges Zusammenleben in Mexiko verknüpft.

Als auch Madame Giraud kurz nach ihrem Sohn zurück nach Frankreich kam – die Beziehung zu ihrem mexikanischen Liebhaber war rasch in die Brüche gegangen –, versuchten beide, in Paris noch einmal einen gemeinsamen Hausstand zu begründen, doch hier gelang es nicht mehr. Als Jean Giraud dann später unter dem Pseudonym Moebius die Welt der Science-fiction für sich neu entdeckte, war das der väterliche

Erbteil, denn wenn sein Vater ihn in Kindertagen besucht hatte, waren immer ein paar Science-fiction-Hefte für den Jungen mit im Reisegepäck gewesen. Die von Moebius selbst vorgenommene Zuordnung seiner beiden Zeichnerbiographien auf Vater und Mutter ist nur Ausdruck des Zwiespalts, in dem er sich zeit seines Lebens befunden hat. Die einzige Versöhnung dieser beiden Welten fand er in einer Szenerie, die beiden gemäß war: die Wüste.

Kern dieses Buches über die gespaltene Persönlichkeit des Jean Giraud ist der autobiographische Comic *Fumetti*, entstanden in den Jahren 2000 und 2001. An der chronologischen Epochenschwelle wollte Moebius die Summe seiner Reflexionen über sich selbst ziehen – noch nicht ahnend, daß in die Zeit seiner Arbeit an diesem Comic auch eine historische Epochenschwelle fallen würde: der 11. September 2001. So ist die Geschichte, die ursprünglich nicht zur Publikation vorgesehen war, eine – wie könnte es bei Moebius auch anders sein? – doppelte Selbstbefragung geworden. In ihr fand Moebius Zuflucht in einem Terrain, das er »seine eigene Wüste« nannte. Und dort fliegt er. Nicht »als ob«: Er ist wirklich in das Bild eingetreten, als Figur seines Comics. Unter ihm ist nur die Linie der Wüste oder die des Himmels – jene zentrale Trennung im gesamten Werk. Es gibt nichts zwischen Himmel und Erde in der Welt von Moebius, denn die Menschen sind göttlich und die Götter menschlich. Und Schöpfer dieser Wüstenwelt waren Moebius und die Linie gleichermaßen.

Es gibt ein Werk hinter dem Werk. So produktiv Moebius auch erscheinen mochte, neben all den Alben, Bildbänden und Graphiken, die er in nimmermüder Abfolge veröffentlichte, sind unzählige Notizbücher gefüllt worden, zum Teil mit Zeichnungen, die zum Besten zählen, was dieser Meister seiner Zunft überhaupt geschaffen hat. Ganze Geschichten lagen in diesen Kladden begraben, und bisher sind nur wenige davon ans Licht gekommen. *Fumetti* ist eine davon, und kurz bevor Moebius sie zu zeichnen begann, hatte er in seinem eigenen Verlag Editions Stardom ein weiteres vollständiges

Notizbuch aus dem Jahr 1999 publiziert: *40 jours dans le désert B*. Wieder die Wüste. In den unglaublich detailliert ausgearbeiteten Einzelzeichnungen der *40 jours* wurde sie gefeiert wie nie zuvor. Die Hintergründe enthalten winzige Szenen, die eigene Geschichten erzählen, Dutzende davon auf den siebzig Seiten dieses *Carnet*. Moebius selbst konnte sich nicht sattsehen an diesem Überfluß. Immer wieder zog er das Notizbuch hervor, markierte einzelne Details und vergrößerte sie, um dem Besucher vorzuführen, was alles abseits vom Hauptgeschehen passiert. Diese Wüste B, ein Planet, der erstmals im Erzählzyklus um Major Grubert, in der *Hermetischen Garage* also, seinen Auftritt hatte, bot Platz für alles, was Moebius ausmacht. Keine Spur von Kargheit oder Bedrohung. Diese Wüste lebt.

Je älter Moebius wurde, desto intensiver beschäftigte ihn die Wüste. Nie ist sie so schön dargestellt worden wie in den *40 jours*, die der Zeichner seiner Frau Isabelle gewidmet hat, oder im 1995 erschienenen Auftaktband zum bislang letzten *Blueberry*-Zyklus. Und die Wüste drang immer weiter vor ins Werk, so auch in die Fortsetzung der *Hermetischen Garage*, deren letzte Seiten den Anflug einer Rakete auf die Oberfläche eines Planeten zeigen. Doch es ist nicht irgendein Planet, es ist die Wüste B, und all die kleinen Kreaturen, die sich in der weiten Ebene tummeln, sind aus den *40 jours* übernommen.

Natürlich ist auch in der Auswahl aus den späten Notizbüchern, die sich in diesem Buch findet, die Wüste das bestimmende Dekor. Auch wieder jene Phantasiewelt der Wüste B, die Moebius so viel bedeutete. Eine kleine Miniserie innerhalb der *Carnets* bildet die Rubrik »Das geheime Leben der Wüste B«, und auf einem der schönsten Blätter, gezeichnet 1996, durchquert eine langnasige Gestalt ein weites Tal. Betitelt ist die Zeichnung »Durchquerung der Wüste durch einen de Gaulle«. Es ist eines der zahlreichen Blätter, die auf eine Weise gestaltet sind, die man gemeinhin nicht mit Moebius in Verbindung bringt: als Karikatur. Bei ihm verband sich jedoch

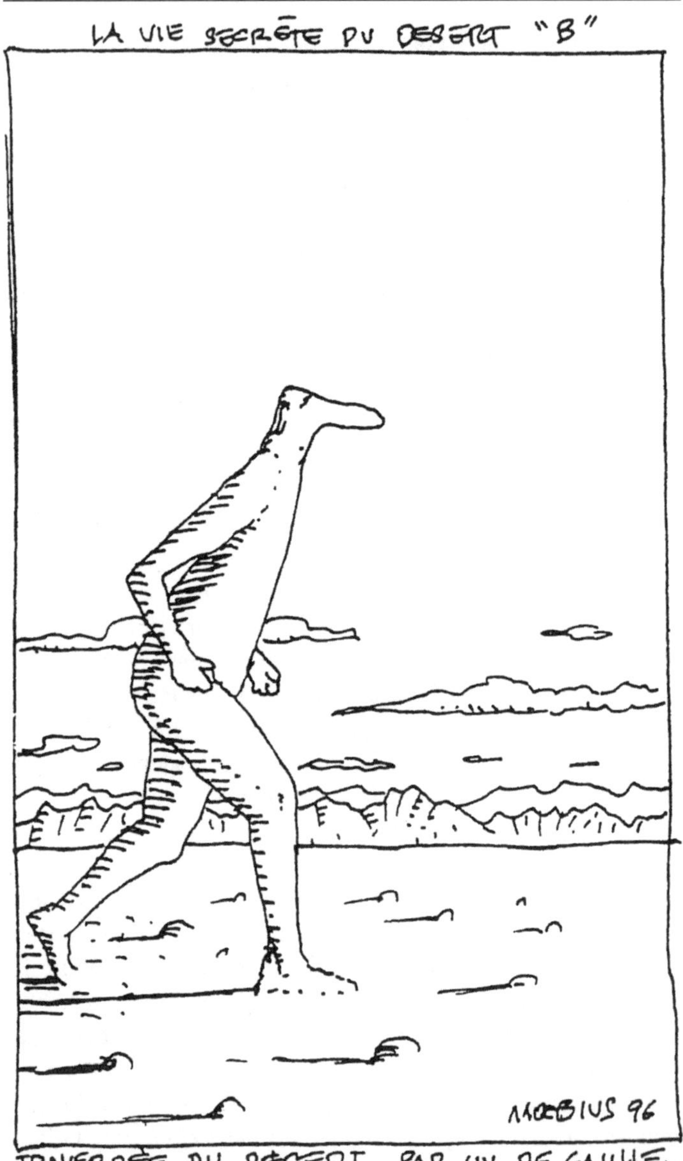

»Das geheime Leben der Wüste ›B‹ – Durchquerung der Wüste durch einen de Gaulle«. Aus den *Carnets*.

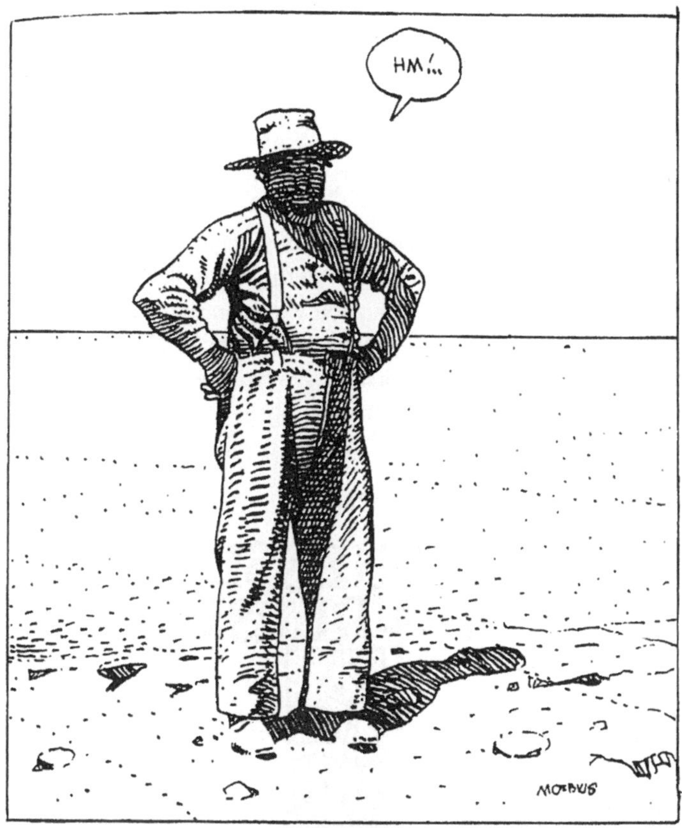

»Jacques Tardi, über den Comic nachdenkend«. Aus den *Carnets*.

dieses private Vergnügen stets mit allegorischen Elementen. So zeichnete er etwa seinen Freund und Kollegen, den Comiczeichner Jacques Tardi, im gleichen Notizbuch wie de Gaulle gleichfalls als Wüstenbewohner. Doch Tardi bewegt sich nicht in der endlosen Landschaft, in der allein die Horizontlinie einen Orientierungspunkt darstellt. In sich versunken steht er da, und das Schattenspiel auf seinem Gesicht, den Beinen und auf dem Boden ist das einzige, was die Monotonie der Szene aufbricht.

Unter dem Bild ist sein Titel notiert: »Jacques Tardi, über den Comic nachdenkend«. So etwas kann man nur – will man Moebius glauben – in der Wüste. Das Portrait des Freundes, das von keiner Ähnlichkeit zum Vorbild getrübt ist, erweist sich als ein Selbstportrait oder mehr noch: als Allegorie auf den eigenen Beruf. Als er im Jahr 1999 zum ersten Mal ein Notizbuch mit Einzelzeichnungen aussuchte, das im Auftrag der Pariser Fondation Cartier, in deren Ausstellung »1 Monde réel« Moebius mit seinen Skizzen vertreten war, als Faksimile publiziert werden sollte, wählte der Zeichner ein kleinformatiges Heft aus, auf dessen erster Seite eine Geschichte namens »Eine glückliche Jugend« angekündigt wird, und darunter ist gleichsam als Motto notiert: »Wüste B – Der Ort aller Verfüh-

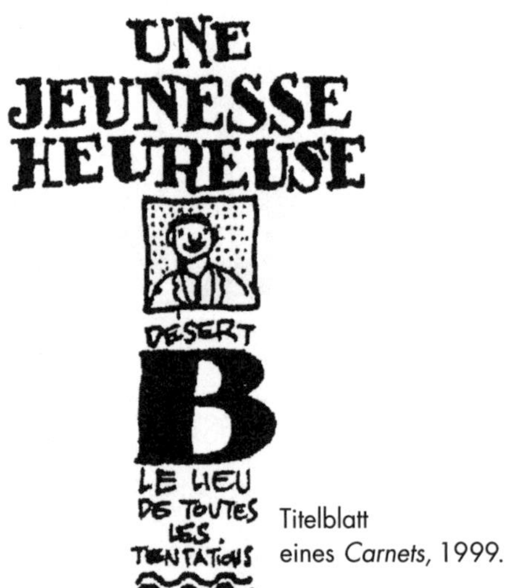

Titelblatt
eines *Carnets*, 1999.

rungen«. Die Geschichte selbst findet sich in dem Büchlein gar nicht, aber ihr Titel läßt noch einmal die Begeisterung spüren, die Jean Giraud für die Wüste empfand. Und wenn Moebius am meisten mitteilen wollte, dann reduzierte er seinen Strich auf jene Horizontlinie, die er in Mexiko entdeckt hatte. Und schon ist im Auge des Lesers die Wüste da.

Dazu die Farben: Wer hätte je so künstlich koloriert und doch so genau die Farben der Wüste getroffen? Wer sie nicht kennt, die Sonnenauf- und -untergänge in den Dünen, der wird Moebius nie verstehen. Für den wird er ein Phantast bleiben, dessen Science-fiction-Träume surreal gefärbt sind. Doch Moebius war ein Visionär, der sich die Welt nach einem Bilde schaffte. Gemalt hat es die Wüste, und in ihm ist Moebius daheim. Es war immer mit im Bild, wenn er zeichnete, wenn wir lesen. Dahinter.

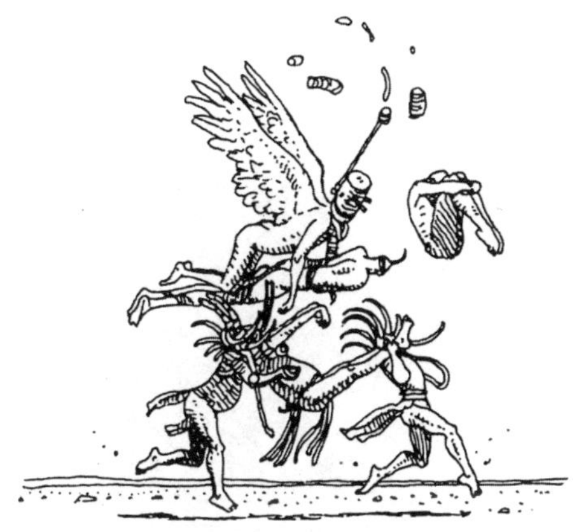

Seite 22 bis 31:
Fünf Blätter mit Detailvergrößerung
aus *40 jours dans le désert B*
(40 Tage in der Wüste B), 2000.

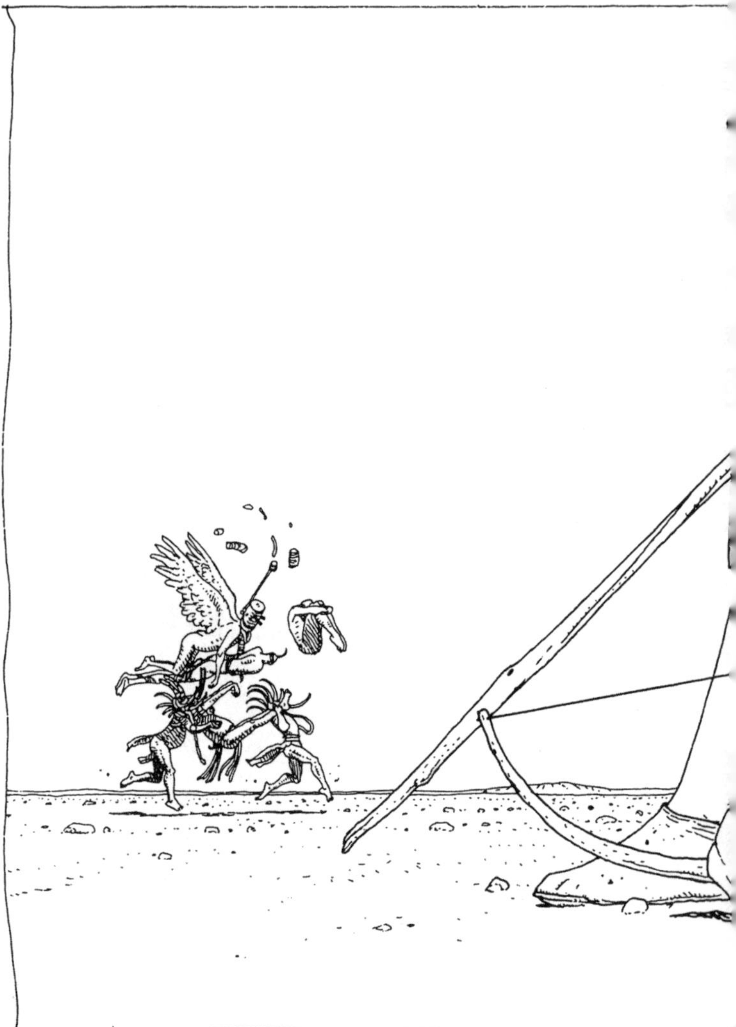

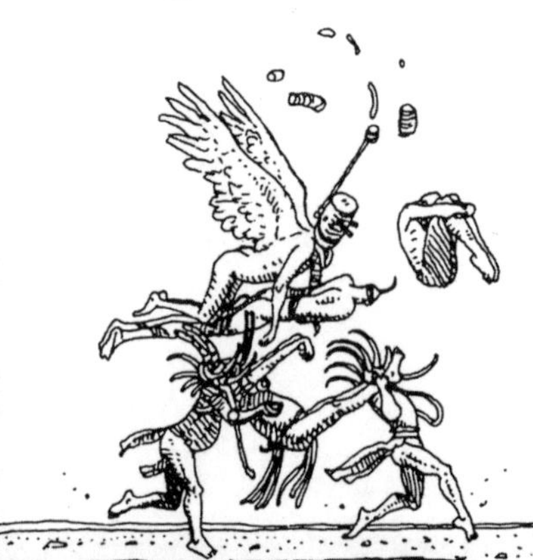

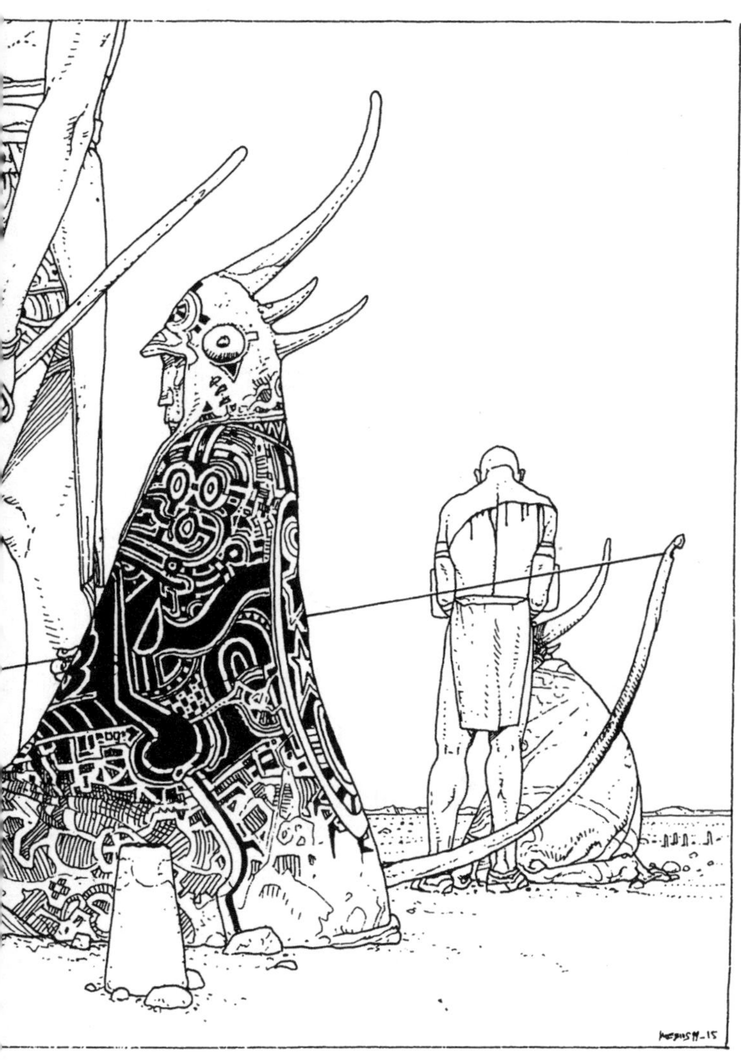

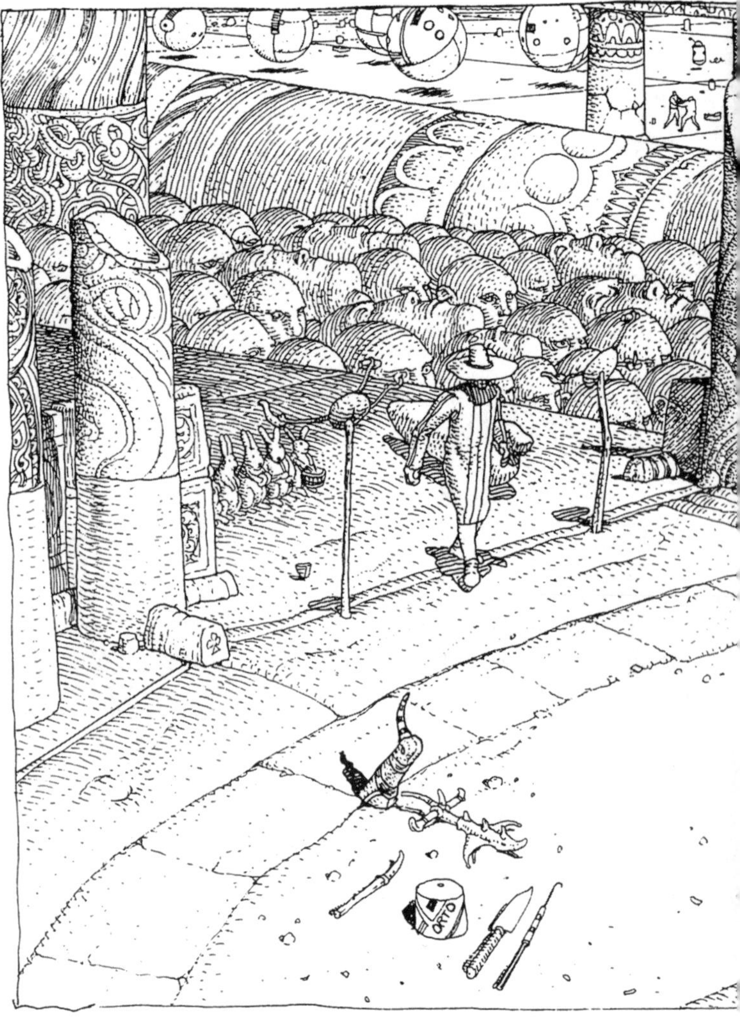
ORTO

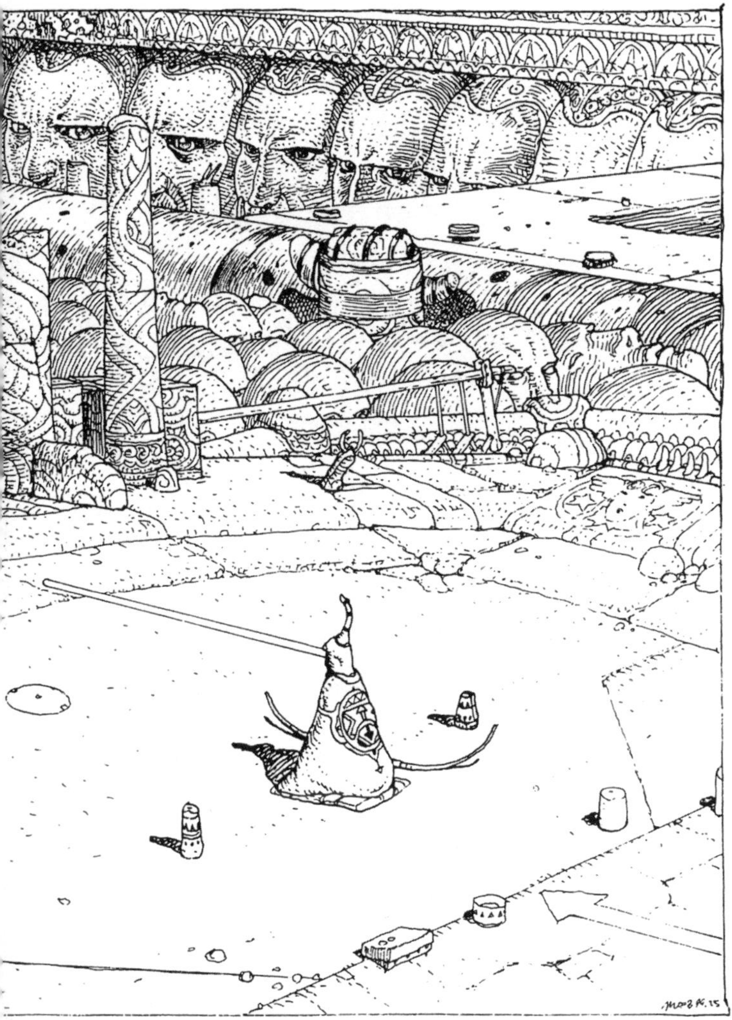

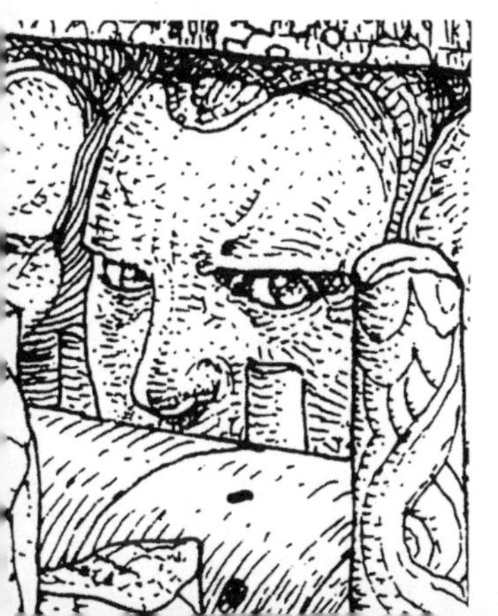

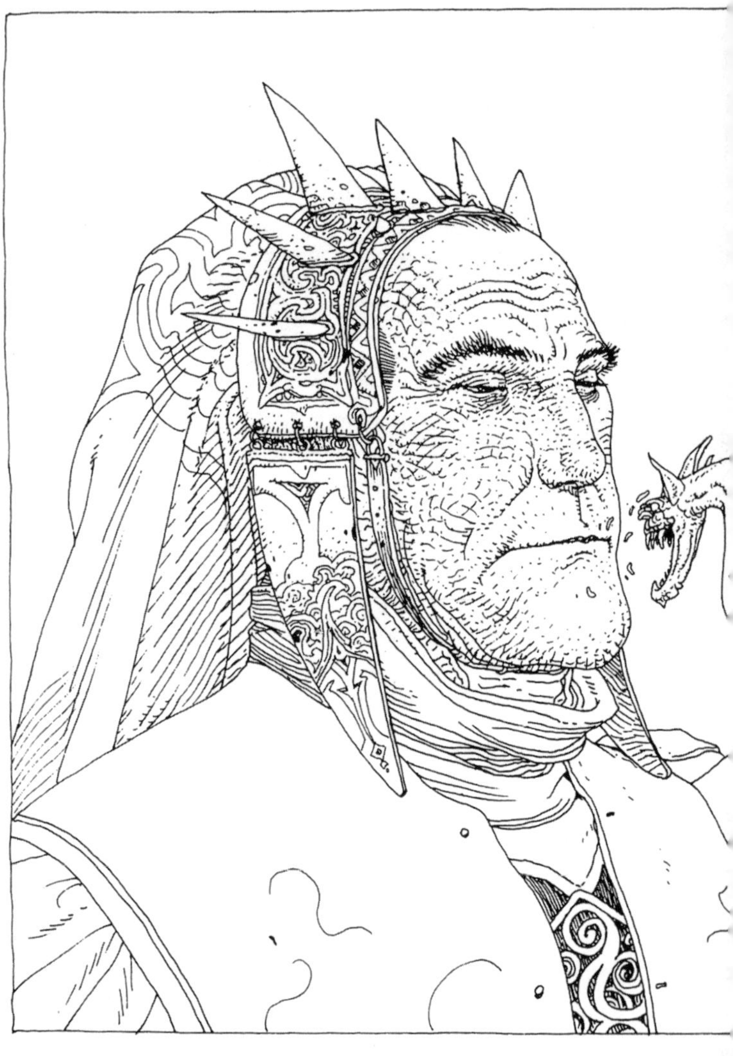

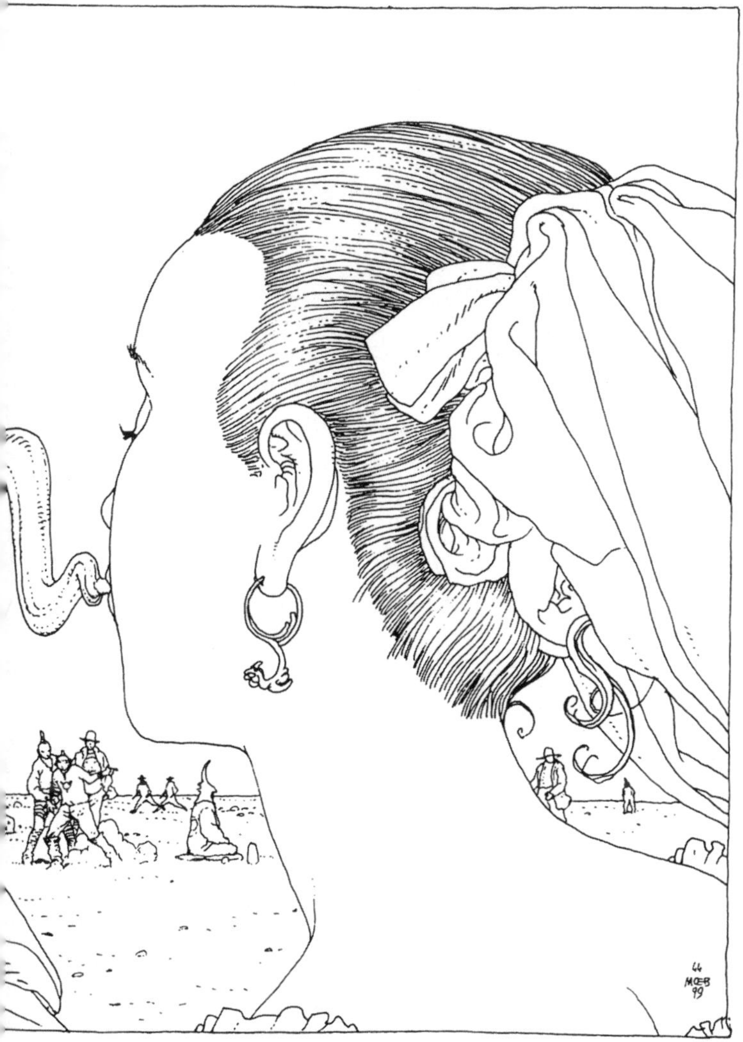

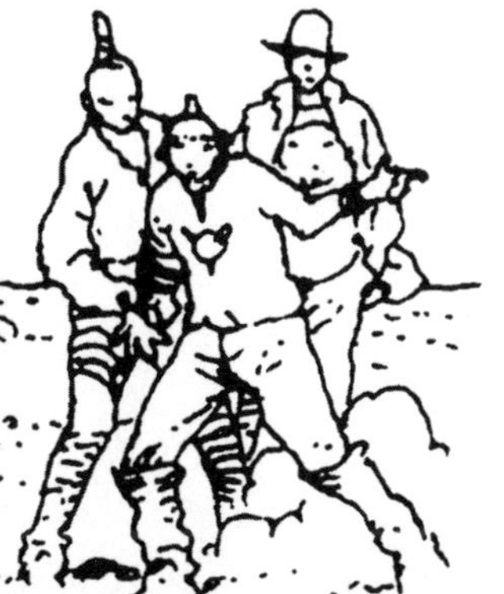

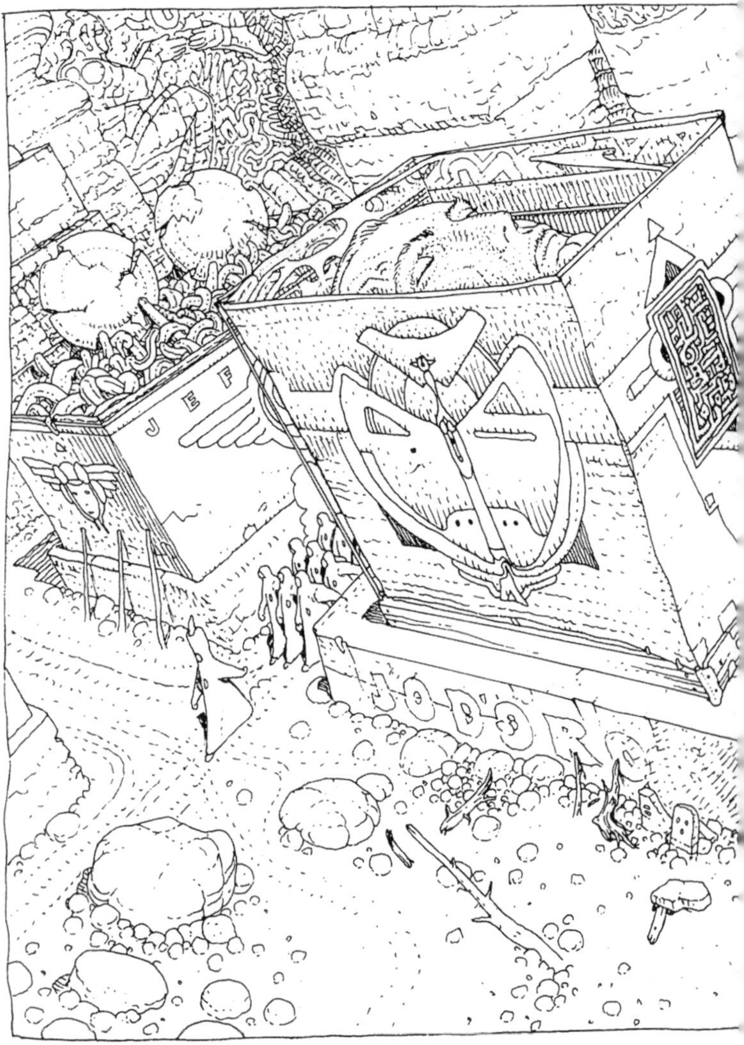

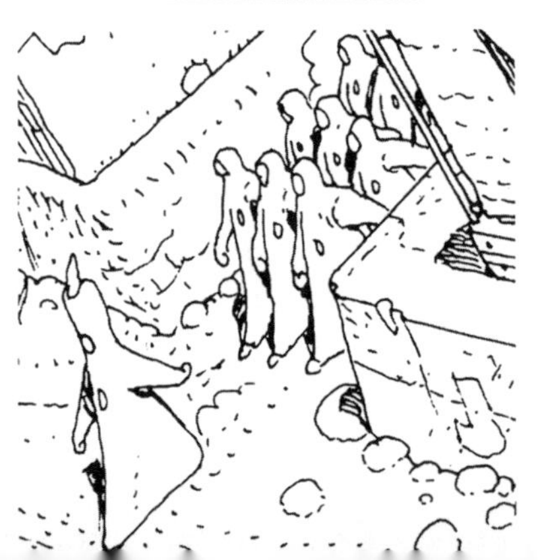

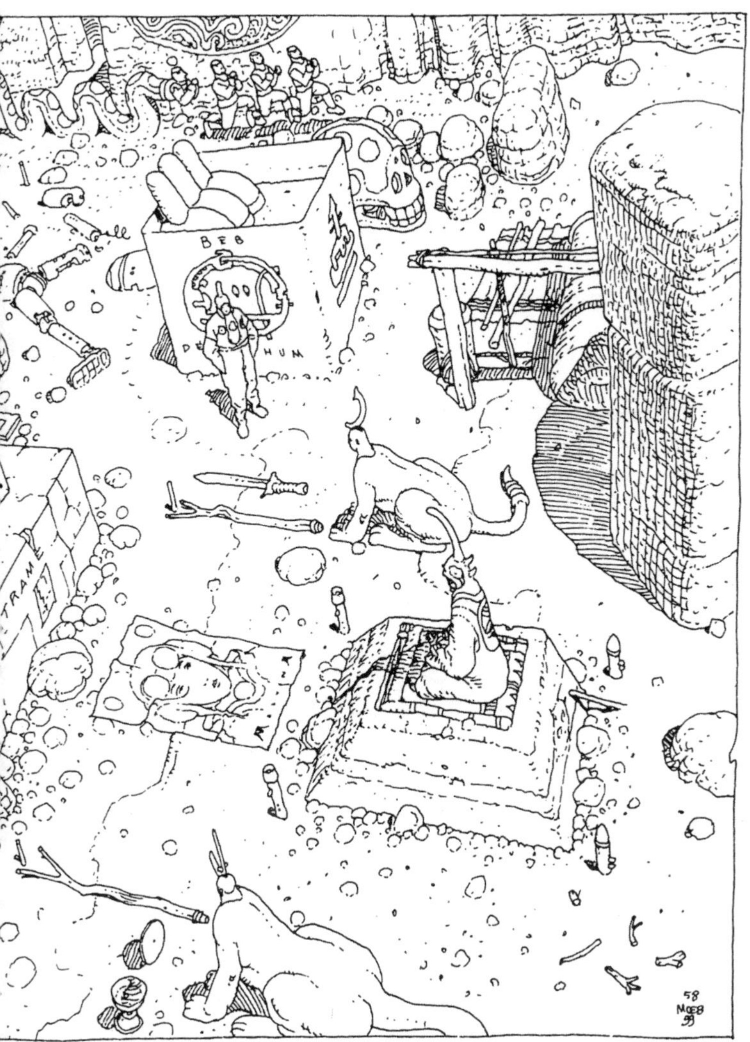

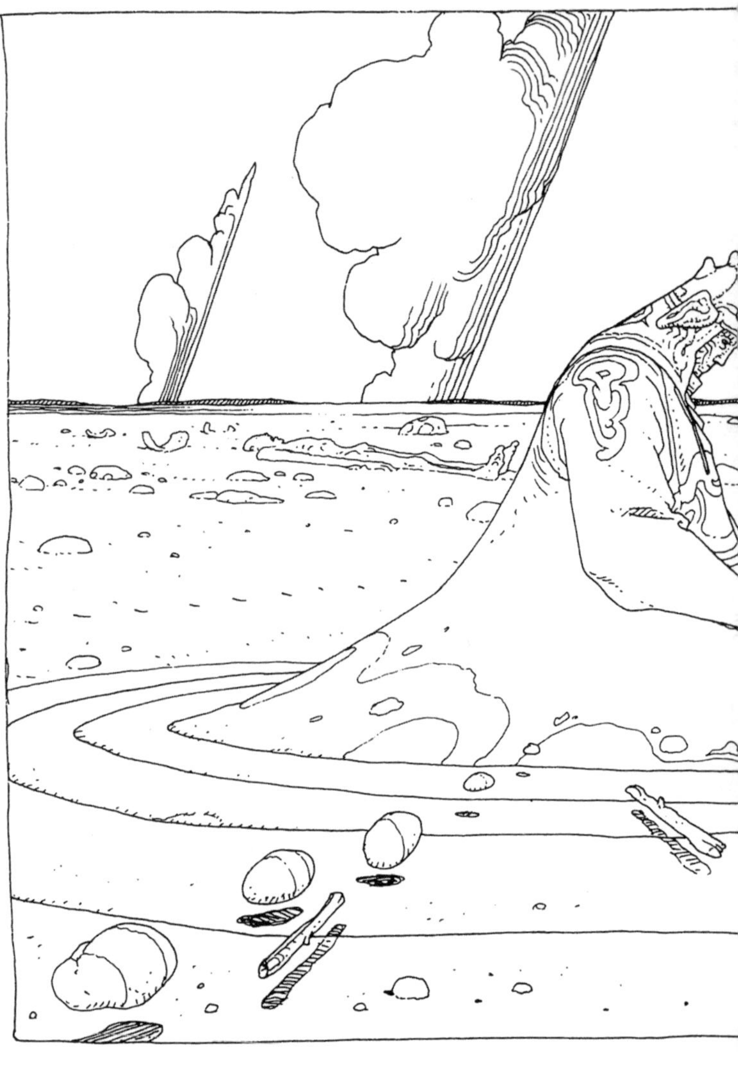

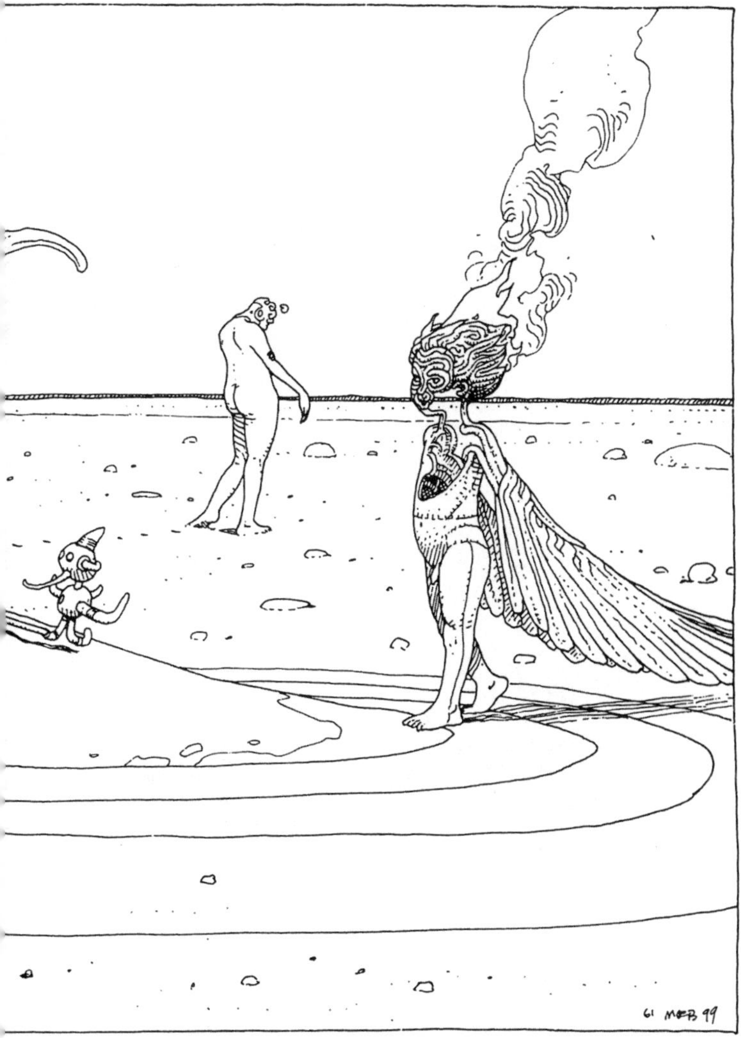

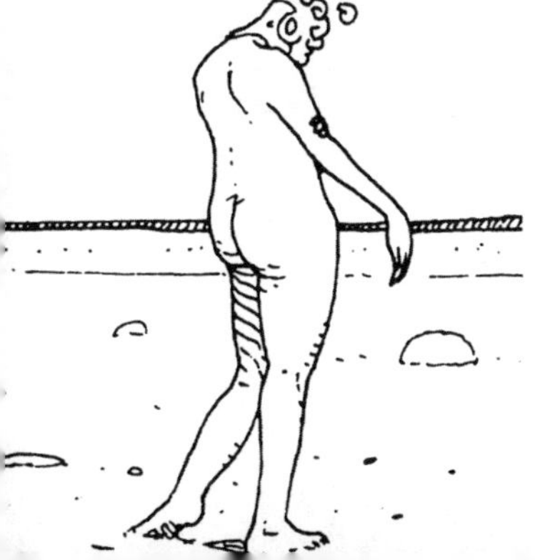

Der Beginn der Karriere des Jean Giraud:
Titelseite des französischen Comicmagazins *Pilote*
Nr. 210 vom 31. Oktober 1963, in dem die erste Episode
von *Blueberry* zum Abdruck kam.

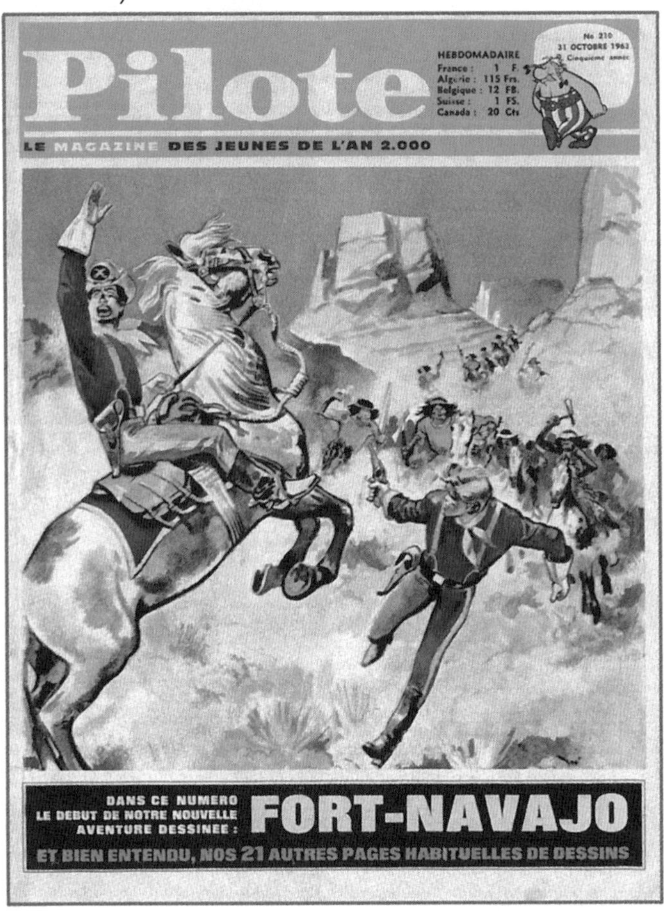

Im Comic entzweit

Doppelspiel

»Wir sind in die Epoche des doppelten Menschen eingetreten«, behauptete der Titelheld in Jean Luc Godards 1965 gedrehtem Spielfilm *Pierrot le fou*. Wie recht er hatte! Und wie wenig er das wissen konnte! Zwei Jahre zuvor war eine Doppelexistenz entstanden, die ihresgleichen suchte: Moebius und Jean Giraud. Doch niemand ahnte damals etwas davon, denn Moebius war lediglich als Zeichner einiger Kurzgeschichten in einem wenig verbreiteten Satiremagazin, das sich *Hara-Kiri* nannte, aufgetreten, während Jean Giraud 1963 sein Debüt in dem damals überaus populären Comicmagazin *Pilote* erlebte.

Blueberry hieß die Serie, die Giraud dort zeichnete, und sie sollte ihn berühmt machen. So berühmt, daß Moebius sein Wirken bald wieder einstellte, denn der eine ließ dem anderen keine Zeit. Dies sollte sich zehn Jahre später umdrehen: Mit einem Mal kehrte Moebius zurück, und seine Geschichten waren so erfolgreich, daß nun Jean Giraud ins Hintertreffen geriet. So entstanden zwei Biographien, die doch nur einen Urheber hatten, dessen bürgerlicher Name Jean Giraud lautet und der als Moebius heute Weltruhm genießt. Keinem anderen Menschen ist ein solches Doppelspiel gelungen; nur Godards Narr Pierrot, der im Film immer wieder betont, daß sein richtiger Name Ferdinand sei, darf als ähnlich konsequenter *homme double* gelten.

Doch Moebius und Jean Giraud waren keine Fiktion. Das hatten sie Ferdinand/Pierrot voraus, auch wenn *Pierrot le fou* seinen Hauptdarsteller Jean-Paul Belmondo als Leitbild seiner Generation etablierte. Jean Giraud aber hatte das schon vorausgesehen: Als er seinen ersten Helden, den Leutnant der US-Armee Michael Blueberry zeichnete, gab er ihm die Züge Belmondos, in dessen Rollen er sein eigenes Leben als Mittzwanziger wiedererkannte: »Die Abenteuer«, schreibt Moebius in seiner Autobiographie, »lösten einander ab wie in einem Film von Godard, *Charlotte et son Jules,* der genau die Weise

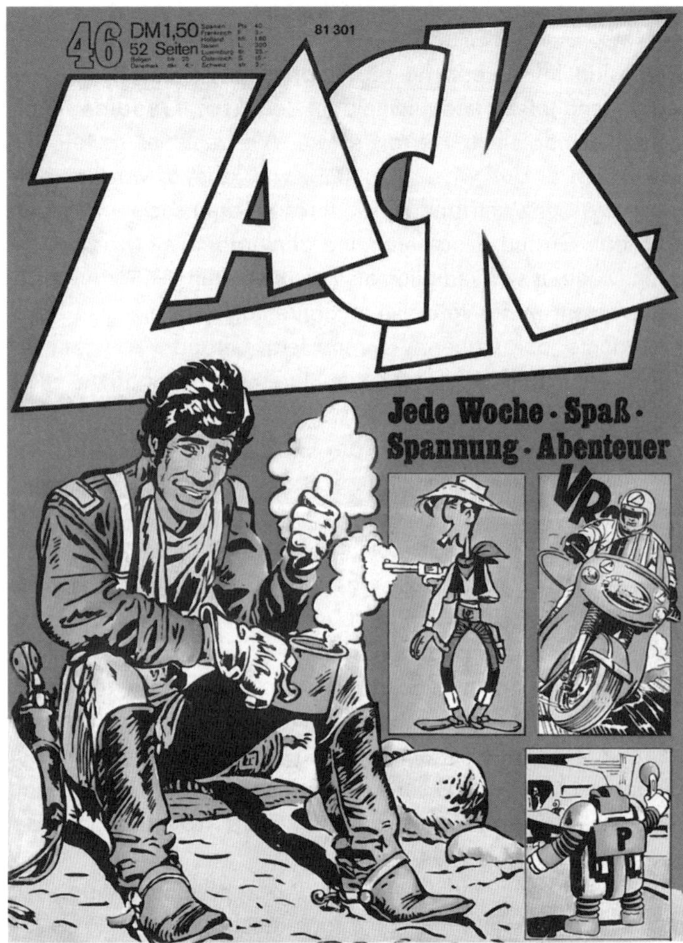

Blueberry mit Belmondos Zügen: Titelseite des deutschen Comicmagazins *Zack* Nr. 46, November 1972.

beschrieb, wie man sich zu benehmen hatte, um damals in der Pariser Gesellschaft *à la mode* zu sein. Genau zu der Zeit, als dieser Film herauskam, wurde Belmondo das Modell für die Figur von Blueberry – deutlich vor *Pierrot le fou*. Er war der Fahnenträger einer ganzen Generation.« Diese biographische Parallele zwischen drei Menschen – Schauspieler, Zeichner und Comicfigur – endete jedoch schnell, und Moebius hat mit seinem Verweis darauf, daß er schon vor *Pierrot le fou* von Belmondo fasziniert war, jeden Zweifel an der Eigenständigkeit seiner eigenen Doppelexistenz ausgelöscht. Sie war vielmehr Kennzeichen einer Generation, nur daß Moebius dieser Rolle treu blieb. Während Belmondo auf der Leinwand lediglich zwei Stunden lang sein Doppelspiel betreiben durfte, tat Jean Giraud alias Moebius es im Comic über fünf Jahrzehnte.

So wichtig der Film für Zeichen- und Erzählstil von Moebius auch gewesen (und bis heute geblieben) ist, es gab frühere Einflüsse, die höher zu bewerten sind. Jean Giraud wurde am 8. Mai 1938 geboren, und wie alle französischen Jugendlichen seiner Generation wuchs er mit Comics auf, in einer Intensität, die es so in Europa noch nicht gegeben hatte. Magazine wie *Tintin* oder *Spirou* boten in der Nachkriegszeit eine derartige Vielfalt an Abenteuer- und Humorgeschichten, daß für jeden Geschmack etwas geboten wurde. Nirgendwo in der Welt besitzt der Comic heute einen solchen kulturellen Rang wie in Frankreich, und das hat seinen Grund in der Blüte jener Jahre, die dadurch entstand, daß unter deutscher Besatzung der Zugang zu amerikanischen Comics unmöglich geworden war. 1938 war auch das Geburtsjahr der Superhelden, und daß deren Siegeszug, der in den Vereinigten Staaten das gesamte Comicgeschäft umkrempelte, nicht bis Europa gelangte, war direkte Folge des Importverbots, das die Deutschen verhängten. Wie sollten sie auch Geschichten dulden, deren Protagonisten schon lange vor dem Kriegseintritt Amerikas eindeutig Stellung gegen die Achsenmächte bezogen hatten? Superman oder Captain America waren regelmäßig damit beschäftigt, Hitler und Konsorten zu verprügeln, sie besorgten die Mobilmachung ihres Heimatlands, als in Washington noch der innenpolitische Kampf um eine direkte militärische Intervention der Vereinigten Staaten tobte. Solch subversives Treiben wurde von den Nazis selbstverständlich nicht geduldet, und so konnten in Europa die Traditionen der Vorkriegszeit bestehen bleiben. Hier wurde auch nach 1945 in den Comics nicht von den phantastischen Kräften übermenschlicher Helden erzählt, sondern von Abenteurern, die aus Literatur oder Film vertraut waren: Ritter, Piraten, Detektive, Cowboys.

Durch den Ausschluß der amerikanischen Comicproduktion vom europäischen Markt hatte sich eine einheimische junge Generation von Comiczeichnern etabliert, die dann nach dem Krieg gegen die erneuerte Konkurrenz aus Übersee bestehen konnte, Nachwuchskräfte ausbildete und eine europäische Comictradition begründete, die es zuvor nicht gegeben hatte. Nun erst wurden Zeichner wie Hergé (der Schöpfer von *Tim und Struppi*) und Jijé, die schon vor dem Krieg berühmt waren, stilbildend. Ihrem Vorbild eiferten zahllose französische und belgische Jungen nach, und einer davon war Jean Giraud. Schon als Knabe zeichnete er seine ersten Comics, mit siebzehn – kurz bevor er nach Mexiko reiste – wurden die ersten gedruckt, und mit zwanzig wählte er sich einen Namen, unter dem er als Künstler berühmt werden wollte: Moebius.

Warum wählt man ein Pseudonym? Die Frage weckt die Erwartung, daß über Moebius nur zu sprechen wäre als Maskierung, als Tarnhelm, unter dem ein Mensch verschwand, der Jean Giraud hieß, wenn er einmal nicht die Feder hielt. Doch das wäre zu kurz gegriffen, denn Jean Giraud war zuletzt nicht weniger eine Stilisierung als Moebius. Seine ersten ernsthaften Schritte als Comiczeichner versuchte der junge Mann ja gerade nicht unter seinem bürgerlichen Namen, und so mußte Jean Giraud, als er 1963 mit *Blueberry* begann, sich erst einmal gegen den schon einigermaßen etablierten Moebius durchsetzen. Es war ja kein Zufall gewesen, daß der junge Zeichner für sich diese Bezeichnung gewählt hatte: »August Ferdinand Möbius war ein deutscher Astronom und

Mathematiker des neunzehnten Jahrhunderts«, erinnert sich Moebius. »Ich bin ihm gegenüber zu einer Entschuldigung verpflichtet, denn in den Lexika habe ich ihm seinen Platz weggenommen.«

Das Möbiusband habe ihn seinerzeit fasziniert, jene unendliche Schleife ohne Außen- oder Innenseite, deren Form Möbius beschrieben hatte. Was für eine grandiose Metapher für eine Doppelexistenz! Die Wahl des Pseudonyms bewies bereits den Anspruch, den dieser Zeichner an sich selbst stellte. Es sollte keine Abgrenzung zwischen der bürgerlichen und der künstlerischen Existenz geben, beides vielmehr ineinanderspielen und ununterscheidbar verbunden sein. Welche Seite der Persönlichkeit gerade am Zuge war, sollte verborgen bleiben. Der rasche Erfolg von *Blueberry* ließ dann die Waagschale doch zugunsten Jean Girauds ausschlagen: Sein Ruhm verdrängte für ein Jahrzehnt den Namen Moebius.

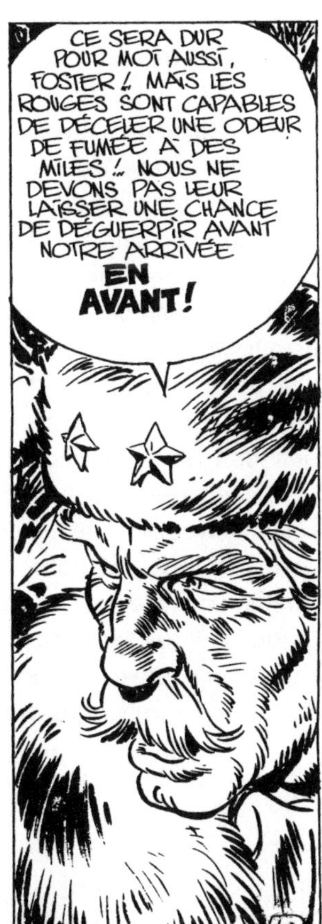

»Vorwärts!«
Einzelbild mit General Gelbhaar aus der gleichnamigen *Blueberry*-Episode *(Le général tête jaune)* von 1968.

Dann kippte alles um, und Moebius triumphierte in einer Weise, daß am Ende der bürgerliche Name sogar als besseres Pseudonym gelten durfte. »Wenn ich inkognito reisen will«, kokettierte der Zeichner, »muß ich nur meinen Paß vorzeigen.«

Wie sollten wir ihn nennen? »Comme vous voulez«, war seine Antwort, als ich ihn zum ersten Mal traf. Doch in Wahrheit hat er nie etwas auf das gegeben, was andere wollten. Das Doppelspiel, das er betrieb, war subtil und bis ins Kleinste ausgefeilt; niemand außer ihm selbst durchschaute mehr die Spielregeln. Endlich war die Idee des Möbiusbands verwirklicht: Die Abgrenzung zwischen Außen- und Innenseite war obsolet, beide gingen unmerklich ineinander über. Und dieses Doppelspiel beschränkte sich nicht auf die Namen. Mit den jeweiligen Zeichnerpersönlichkeiten, die als »Jean Giraud« oder »Moebius« firmierten, verband sich mehr als lediglich die Signatur. Sonst hätte man das Spiel noch ausweiten und weitere Pseudonyme wie »Gir«, »Gyr«, »J. G. Moebius«, »Moebius Giraud« und manches mehr einbeziehen müssen; doch sie waren jeweils nur Belege für eine Phase, als der aufgespaltene Zeichner seine beiden Persönlichkeiten zusammenführen wollte. Diese Versuche hat es immer wieder gegeben.

Wenn nicht alles täuscht, war der Zweikampf am Ende entschieden, und sein Sieger hieß Moebius. Damit war alles wieder so wie am Anfang. Denn auch wenn Jean Giraud seine Berühmtheit mit dem Westerncomic *Blueberry* begründete, den er mit seinem bürgerlichen Namen signierte, hatte hier der erste Zweikampf schon stattgefunden, denn es gab ja Moebius vor *Blueberry.* Allerdings war dessen Unterdrückung dem jungen Jean Giraud leichtgefallen, denn er begriff sich selbst noch als Einheit, die mit den beiden Pseudonymen nichts anderes dokumentierte als Präferenzen in bestimmten Erzähl- und Stilfragen. Als Moebius hatte er unter tatkräftiger Mithilfe seines Lehrmeisters Jijé in *Hara-Kiri* die ersten Schritte als Erzähler getan und selbständige Geschichten gezeichnet, die spielerisch waren, etwas versponnen, oft sarkastisch und frei in jeder Beziehung – von Traditionen und Genres.

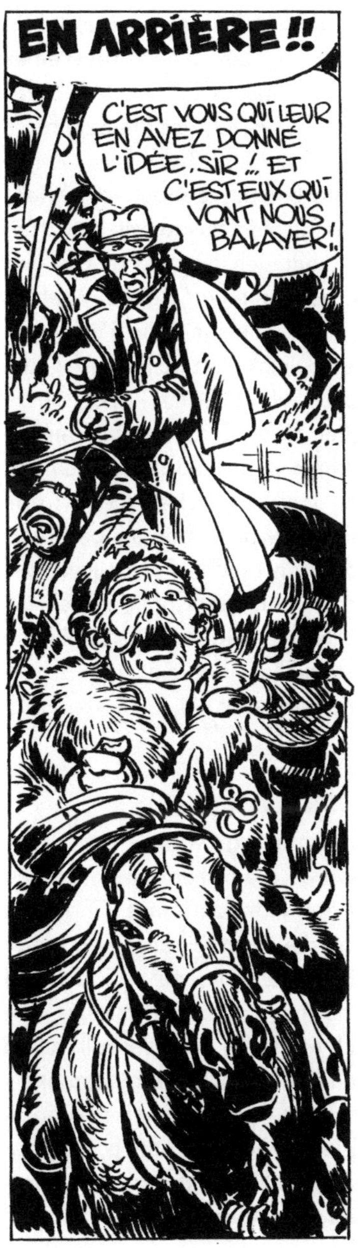

»Zurück!«
Einzelbild mit General Gelbhaar aus der gleichnamigen *Blueberry*-Episode *(Le général tête jaune)* von 1968.

Unter eigenem Namen dagegen stellte Jean Giraud sein erstaunlich früh ausgeprägtes Zeichentalent in den Dienst eines anderen. Denn *Blueberry* ist zunächst einmal das Werk des vierzehn Jahre älteren Jean-Michel Charlier, der die Szenarios zu der Serie schrieb und dabei Jean Giraud wie allen Zeichnern, mit denen er zusammenarbeitete, genau vorschrieb, wie die von ihm verfaßten Geschichten zu gestalten waren. Giraud brauchte ein Jahrzehnt, um sich gegenüber Charlier zu behaupten, und als ihm das gelungen war, kehrte Moebius auch prompt zurück. Doch dann, in jenem Jahr 1973, trafen in einem Zeichner zwei Persönlichkeiten aufeinander, die zwar weiterhin unterschiedliche Stile pflegten, aber beide den Anspruch auf Vorrang hatten. Jean Giraud zählte mittlerweile zu den berühmtesten Namen im französischsprachigen Comic, während Moebius sich nun anschickte, diese Tradition aufzubrechen. Dieser Zwiespalt wäre schon unüberbrückbar gewesen, wenn es sich bei den beiden Persönlichkeiten um zwei verschiedene Menschen gehandelt hätte. Doch als Doppelspiel eines einzelnen sollte die ehedem selbstbestimmte Namensgebung nun zum existentiellen Problem eines Zeichners werden, der sich im Comic entzweite.

Mythosbildung

Am Anfang war alles noch so einfach gewesen – und ganz weit weg vom Mythos. Vergessen wir die bisherigen Deutungen und beschränken wir uns auf den Horizont eines Kindes: In den Science-fiction-Magazinen, die Jean Giraud seit seiner Jugend begeistert las, war er mehrfach auf jenes Möbiusband gestoßen. Der Name faszinierte ihn – »das seltsame ›ö‹, die lateinische Endung«, wie er sich erinnert –, und deshalb nahm später der Zeichner den Namen des deutschen Mathematikers an, dessen ersten Vokal er in den im Französischen gebräuchlichen Diphthong »oe« umwandelte. Alle Erklärungen, die über den bloßen Wohlklang des Namens hinausgehen, sind nachträglich von ihm konstruiert worden. Aber gerade das macht sie interessant, denn im Bemühen, die Wahl des Pseudonyms als Schicksalsentscheidung zu rechtfertigen, wird ein gutes Stück der Moebius-Teleologie sichtbar. Kontingenz hatte keinen Platz im Weltbild des Jean Giraud. Daß das Möbiusband eine in sich verschlungene Form ist, nahm der Zeichner gerne als Begründung dafür, daß er unter seinem Pseudonym Comics zeichnete, die nicht den klassischen Erzählmustern entsprachen. Daß August Ferdinand Möbius nicht nur Mathematiker gewesen ist, sondern auch Astronom, gab die Rechtfertigung dafür, daß sein französischer Wiedergänger Science-fiction-Geschichten in Bilder setzen sollte, und als Moebius 1984 in Amerika eine eigene Firma zur Vermarktung seiner Graphik gründete, nannte er sie in Analogie zur Beschäftigung des Namenspatrons »Starwatcher«. Am wichtigsten aber war das charakteristische Phänomen der Geometrie des Möbiusbandes: Auf seiner Oberfläche kann man jeden beliebigen Punkt erreichen, ohne je den Rand zu überschreiten. Dieses Phänomen lieferte Moebius die willkommene Grundlage seines ästhetischen und pyschologischen Modells: Die zwei Seiten eines Künstlers konnten in einer einzigen Bewegung erfaßt werden, die das gesamte Potential seiner verschiedenen Begabungen nutzte.

Doch das Möbiusband hatte noch einen weiteren, nichtmetaphorischen Reiz: In seiner klassischen Form entspricht es nicht nur dem mathematischen Symbol für Unendlichkeit, sondern es erinnert überdies an eine Larve. Und so inszenierte sich Jean Giraud alias Moebius auf dem Titel seiner 1999 erschienenen Autobiographie denn auch als Maskenträger: Das Möbiusband wird der Brille aufgesteckt, womit die Identität des Trägers zugleich verborgen und enthüllt wird. Hätte man nur dieses eine Selbstportrait von Jean Giraud, es würde dennoch die ganze Geschichte seines Zwiespalts erklären, denn hinter dem dünnen Möbiusband bleibt zwar die Identität des Maskierten deutlich, doch das Punktum des Bildes, um mit Roland Barthes zu reden, ist nicht die Person, sondern das Band. Es ist als zweite Brille inszeniert, die erst den Blick auf die Welt

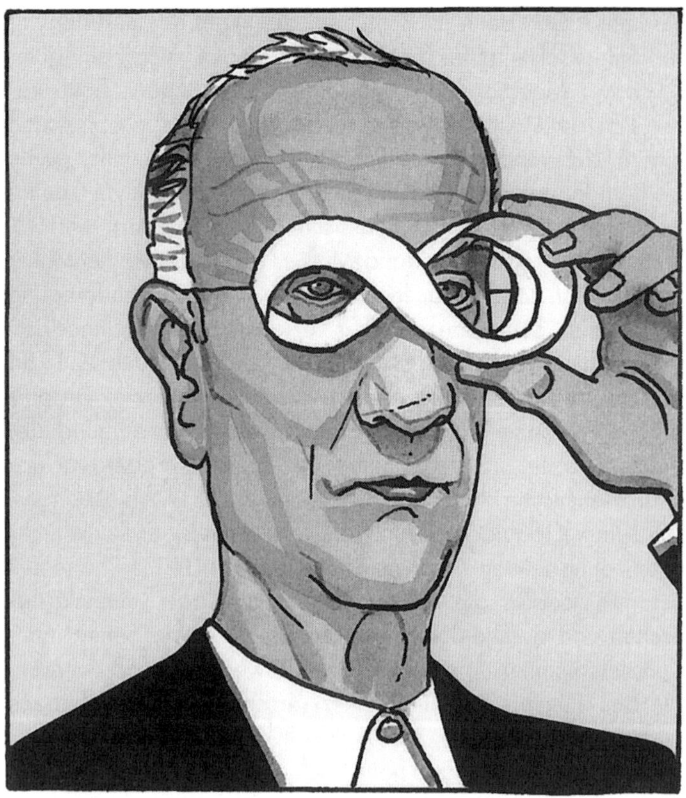

Der Zeichner und das Möbiusband: Titelillustration der Autobiographie *Histoire de mon double,* Paris 1999.

ermöglicht, und eben als Larve, die den Blick der Welt verhindern soll.

Und es ist zugleich ein Zitat aus der Comicgeschichte, ein Verweis auf die ersten maskierten Superhelden, deren Verkleidungen ähnlich unvollkommen waren, ohne daß ihr Rätsel je durchschaut worden wäre. Der späte Moebius bewunderte die so banalen und gerade darin für die Sehnsüchte der Leser so bezeichnenden amerikanischen Comics der vierziger Jahre, und im Jahr 1996 hatte er als Hommage an einen der großen Wegbereiter des Metiers bereits einmal ein ähnliches Portrait

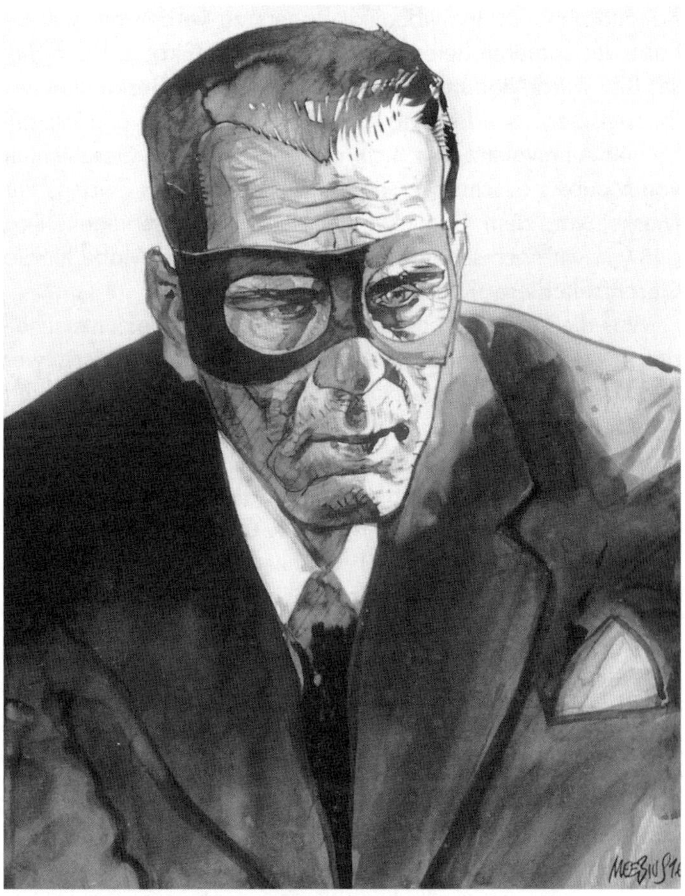

Portrait des Comiczeichners Will Eisner. Rückseitenillustration des dritten Heftes der Serie *The Spirit,* 1996.

wie das auf dem Titel seiner Autobiographie gezeichnet. Darin portraitierte er den amerikanischen Zeichner Will Eisner, den Schöpfer des *Spirit,* eines maskierten Detektivs, der seiner Umwelt für tot gilt, weshalb er seine Ermittlungen unbehelligt von privaten Rücksichtnahmen und Bedrohungen durchführen kann. Auf dem Moebius-Bild trägt Eisner die Maske seines Helden, und das war ein ebenso vergeblicher Versuch, die dahinterstehende Individualität Eisners zu verbergen, wie im Falle des späteren Selbstportraits von Jean Giraud. Doch dieses Bild wurde dadurch erkennbar nicht nur als Bestandteil des Doppelspiels, sondern als Dokumentation einer comicspezifischen Ambivalenz, die nicht auf den Inhalt der Geschichten von Moebius beschränkt, sondern Ausdruck eines Zwangs zur Maske war, dem Comickünstler allgemein unterliegen. Das gilt, wie wir noch sehen werden, in besonderem Maße für die Geschichte dieser Kunstform in Frankreich.

Was die Portraits von Eisner und Moebius indes unterscheidet, ist der Gestus der Dargestellten. Eisner ist passiv; wer ihm die Maske aufgesetzt hat, bleibt unklar. Dagegen führt Moebius sich selbst das Möbiusband vor die Augen – die Entscheidung für die Maske ist eine bewußte des Trägers. Und diese Inszenierung traf den Stand der Dinge. Denn wenn der Titel der Autobiographie *Moebius/Giraud, histoire de mon double* lautete und also noch offenließ, wer spricht und wer besprochen werden soll, war durch das Titelbild als einzige Abbildung, die sich in diesem dem Leben eines Zeichners gewidmeten Buch findet, die Priorität festgelegt: Gegenstand des Textes ist Moebius. Damit ist auch geklärt, wer in der ersten Person des Titels spricht (Jean Giraud, dessen Doppelgänger Moebius ist), wenn auch die Frage nach der Autorschaft nicht einfach durch einen Blick auf die Titelseite beantwortet werden kann. Dort steht zwar als Verfasser Jean Giraud, doch die Verdopplung »Moebius/Giraud« ist weitaus größer wiedergegeben. Somit ist die Autorschaft wie das gesamte Werk auf zwei Schultern verteilt, auch wenn das »Ich« des Titels eindeutig Jean Giraud bezeichnet. Aber typographisch wird der im Comic entzweite Künstler als Mittelpunkt der Darstellung etabliert und somit dem Verfasser übergeordnet. Das verweist auf die verteilten Rollen, die Jean Giraud seinen beiden Zeichnerpersönlichkeiten zuwies.

Moebius war allerdings zuletzt ungleich präsenter, für Giraud blieb nur noch die Weiterführung von *Blueberry*. Und selbst die stand in Frage. Als Charlier, der Autor der Westernserie, im Jahre 1989 starb, empfand der Zeichner Giraud dies als Schock, aber auch als Befreiung. Beide hatten schon mehr als ein Vierteljahrhundert zusammengearbeitet und einen Großteil ihrer Energien auf die Fortführung des Epos verwandt. Nach dem Tod Charliers hatte Giraud mehrfach die Absicht, auch Blueberry sterben zu lassen, denn nun hatte er – und die Formulierung war bezeichnend für den Wüstenliebhaber Jean Giraud – »freies Feld, um als Moebius zu arbeiten, und als nichts anderes«. Erstmals aber seit dem Schisma von 1963 schienen die beiden Existenzen in der Folge dennoch in Einklang gebracht worden zu sein – gerade indem Moebius den Sieg davongetragen hatte und es somit nichts mehr zu entscheiden gab. War das Ende des Doppelspiels also erreicht?

Das zu behaupten wäre voreilig gewesen. Jean Giraud hat von der schizophrenen Konstellation, die er für sich geschaffen hatte, immens profitiert. Kein anderer Zeichner hat eine solche Breite des Stils entfalten können, denn Comicschaffende sind gemeinhin an die Gesetze eines Metiers gebunden, das auf Kontinuität setzt. Der Comic lebt vom Prinzip der ewigen Wiederkehr, seine Figuren verändern sich nicht, weil sein größtes Kapital die Außerkraftsetzung von Zeit ist. Das klingt paradox, zumal wenn man bedenkt, daß Comics durch die Anschaulichkeit ihrer Darstellung etwas ermöglichen, was die Literatur nicht zu leisten vermag: Dadurch, daß sie im Bild vorführen, was sie erzählen, simulieren sie die objektive Wahrheit des Erzählten, denn alles ist sichtbar. Wo sich die Phantasie bei Prosalektüre erst selbst Bilder schaffen muß und deshalb auf die Kohärenz des Geschriebenen mit dem individuell Erlebten des Lesers zu achten ist, kann der Comic behaupten, was immer er will, denn im Moment der Lektüre sieht der Leser ebendas Behauptete. Es ist deshalb nicht überraschend, daß ein Motivkomplex wie das Superheldentum erst im Comic sein ganzes Potential entfalten konnte, obwohl bestimmte Elemente in den bilderlosen Groschenheften der 1920er und 1930er Jahre schon entwickelt worden waren.

Dieser ästhetische Vorteil zieht allerdings manches nach sich, was die scheinbar unbegrenzte Freiheit des Comicschaffenden wieder einschränkt. So kann etwa ein Bild nicht einfach widerlegen, was ein anderes Bild bereits behauptet hat, ohne eine nun geweckte Erwartungshaltung des Lesers zu enttäuschen. Die Herkunft des Comics aus den Sonntagsbeilagen der Tageszeitungen hat sein Geschick bestimmt: Um Woche für Woche das Publikum zurückzugewinnen, mußten die Autoren und Zeichner vertraute Muster abrufen. Gerade das machte die Stärke der Comics als Teil des ansonsten allein von thematischer Veränderung bestimmten Mediums Zeitung aus. Hier war der Ruhepunkt, wo sich in einer übersichtlichen Welt alles gemäß den Erwartungen der Leser abspielte. So unglaubwürdig die Grundkonstellation auch sein mag, so sehr muß bei ihrer Ausarbeitung darauf geachtet werden, daß sie nicht wieder verändert wird. Dieses Dilemma hat die Entwicklung des Comics als Erzählform lange Zeit gebremst, weshalb völlig zu Recht das Hauptaugenmerk der Interpreten traditionell auf den Zeichnungen gelegen hat.

Es hat jedoch immer wieder Ausbruchsversuche gegeben, und den erfolgreichsten verdanken wir Moebius. Er konnte indes auf Erfahrungen setzen, die schon sein Alter ego Jean Giraud mit *Blueberry* gesammelt hatte, denn diese Westernserie war einer der wenigen Comics, die ihre Helden altern und – noch wichtiger – lernen ließen. Moebius hat gegen alle geläufigen Annahmen stets Wert darauf gelegt, daß man Jean Giraud gerade im Hinblick auf die Freiheit seines Arbeitens nicht unterschätzen möge. In *Histoire de mon double* findet sich dazu eine bezeichnende Äußerung: »Ich blieb meiner ersten Absicht treu: den Comic mit der Kunst zu verschränken.« Es hat sich eingebürgert, von Moebius als großem Künstler, von Giraud dagegen eher als virtuosem Handwerker zu sprechen. Doch das biographische Doppelspiel entspricht einem artistischen, und die Rollen sind nie so klar verteilt, wie es scheint. Verschränkungen sind dabei die grundlegenden Bewegungen, und sehr schnell wird klar, daß auch die Zeichnerpersönlichkeit Jean Giraud Resultat einer individuellen Konstruktion war, die durch ihr Gegenüber Moebius nicht weniger geprägt wurde als jenes durch sie. Das Pseudonym wurde zu einem Homonym: einer Bezeichnung, die mit anderem Wortlaut dasselbe aussagt. Somit beantwortet sich die Eingangsfrage (»Warum wählt man ein Pseudonym?«) auf überraschende Weise: um erkannt zu werden. Und zwar in seiner Andersartigkeit.

Die Tradition des Zeichnerpseudonyms geht in Frankreich zurück auf das neunzehnte Jahrhundert, als Witz- und Satireblätter wie *Le chat noir, Le petit Français illustré, Le bon vivant* oder *La semaine de Suzette* reüssierten. Sie richteten sich an ein gebildetes städtisches Publikum, das durch Museen und Buchillustrationen ästhetisch geschult war; mithin bedurften die zahlreichen Blätter der Zulieferung von Zeichnern, die den hohen Ansprüchen der Leserschaft Rechnung trugen. Die Mitarbeiter wurden vor allem aus Künstlerkreisen rekrutiert, die regelmäßige Publikation in den vielgelesenen Zeitschriften garantierte ein festes Einkommen. Doch zugleich scheuten sich die Zeichner, ihren in Galerien und Salons bereits eingeführten Namen mit der Tätigkeit auf einem als minderwertig verschrienen Feld in Verbindung zu bringen. Deshalb wählten sie in ihrer Funktion als Karikaturenzeichner Pseudonyme, die jedoch oft noch genug Anhaltspunkte boten, um die Identität des Künstlers offenzulegen – Henri de Saint-Alary zeichnete als »Henri de Sta« (Verkürzung des Namens), Georges Mory als »Georges Omry« (Anagramm des Namens) und Georges Colomb als »Christophe« (Verweis auf den gemeinsamen Familiennamen Columbus). Die Gründerväter der modernen französischsprachigen Comics, die Belgier Hergé und Jijé, handelten nach diesen Vorbildern; ihre Pseudonyme erklären sich als die phonetisch ausgeschriebenen Initialen der bürgerlichen Namen: Aus Georges Remi wurde RG, also »Hergé«, aus Joseph Gillain JG, also »Jijé«. Pech für Jean Giraud, daß sein eigener Lehrmeister schon das Pseudonym trug, das auch für ihn angesichts der Initialen JG nahegelegen hätte. Aber es wurde Moebius, denn mittlerweile war die Wahl eines Künstlernamens fester Bestandteil des Mythos vom frankobelgischen Comic. Gegen Ende seines Lebens hatte sich das geändert, doch das klassische Doppelspiel aus Ver- und Enthüllung betrieb Jean Giraud bis zu letzt.

Lehrjahre

Warum steht dieses Buch dann trotzdem im Zeichen von Moebius? Weil es vor allem Facetten des Werks dokumentiert, das Jean Giraud unter diesem Namen geschaffen hat. Die meisten der hier enthaltenen Zeichnungen und vor allem der im Anschluß an diesen Essay abgedruckte Comic *Fumetti*, der das skizzierte Doppelspiel des Jean Giraud auf die Spitze treibt, sind mit »Moebius« signiert. Zudem war diese Signatur das erste Pseudonym, das Jean Giraud für seine Arbeit wählte. Als er 1955 in Comicmagazinen wie *Far West* oder *Cœurs Vaillants* seine frühen Geschichten publizierte, waren sie noch brav mit »J. Giraud« gezeichnet. Diese Offenheit des Siebzehnjährigen beweist seine damals noch mangelnde Professionalität. Nach seiner Rückkehr aus Mexiko sollte Jean Giraud dann bei Jijé in die Lehre gehen, wie es ein Jahrzehnt zuvor vor ihm schon die großen Jungstars des französischen Comics der fünfziger Jahre getan hatten: André Franquin, Morris (Maurice de Bévère) und Will (Willy Maltaite). Bereits 1955, gleich nach der Veröffentlichung seiner ersten Westerncomics, hatte der junge Jean Giraud den damals schon legendären Jijé besucht. Der Belgier lebte mittlerweile in Paris und zeichnete damals seit einem Jahr die Serie *Jerry Spring,* und er tat dies in einem Stil, der in Frankreich oder Belgien fast vergessen war: dem der amerikanischen Abenteuercomics der Vorkriegszeit, als Milton Caniff in *Terry and the Pirates* und Alex Raymond in *Flash Gordon* oder *Secret Agent X-9* mit dem Pinsel jene Stimmungen geschaffen hatten, die den exotischen Handlungsorten ihrer Serien angemessen waren –

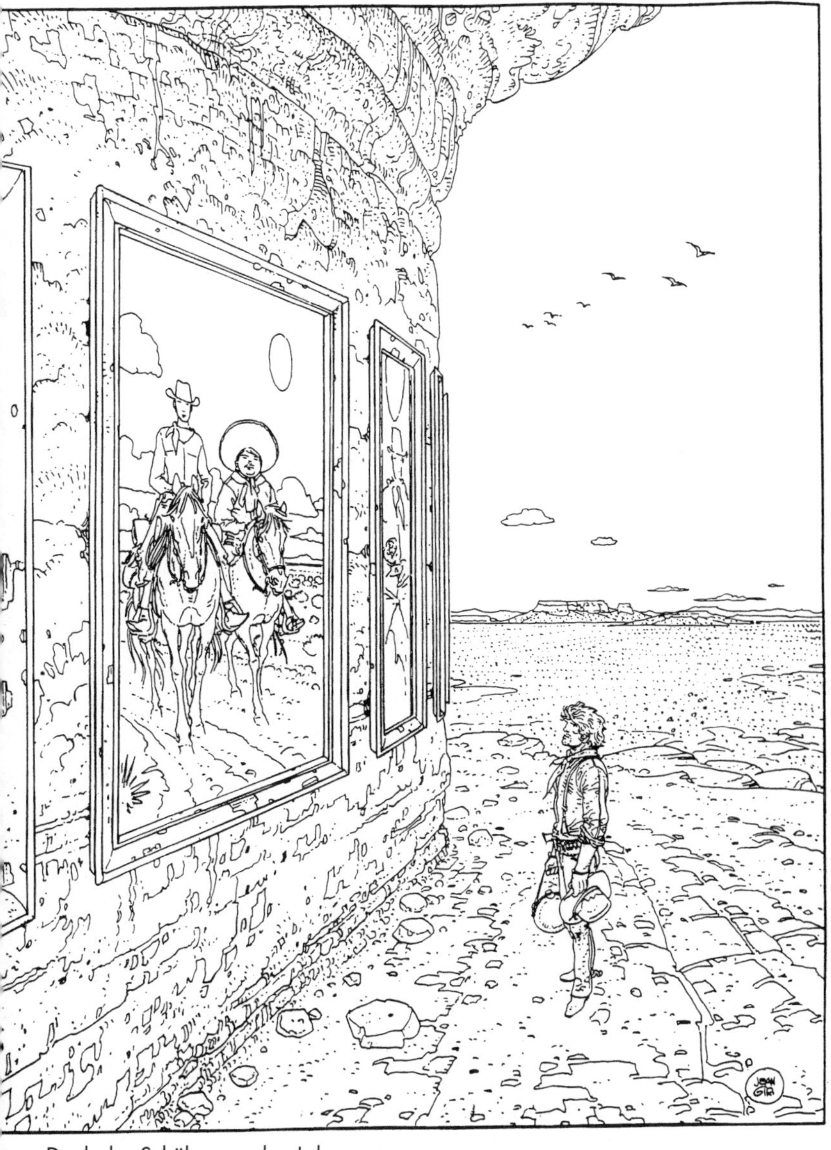

Dank des Schülers an den Lehrer:
»Blueberry vor Jerry Spring – Hommage an Joseph Gillain«.
Tuschezeichnung von 1983.

große Schwarzflächen, starke Schattierungen; es schien in diesen Geschichten permanent Nacht zu herrschen.

Im Europa der späten dreißiger Jahre, vor allem in Italien, Frankreich und Belgien, waren diese Comics kaum minder populär gewesen als in den Vereinigten Staaten, bevor die deutschen Besatzungsbehörden sie im Zweiten Weltkrieg verboten hatten. Manche Serien, deren Fortführung mitten in der Handlung durch den Einfuhrstopp unmöglich gemacht wurde (*Flash Gordon* und Lee Falks *Mandrake the Magician* waren zwei der berühmtesten Beispiele), mußten von europäischen Zeichnern beendet werden, die sich durch diese Arbeit Fertigkeiten aneigneten, die sie angesichts der übermächtigen amerikanischen Konkurrenz sonst wohl nie hätten entwickeln können (so setzte etwa Edgar Pierre Jacobs, der später für *Blake und Mortimer* gefeiert wurde, in Belgien *Flash Gordon* fort, und *Mandrake* wurde in Italien von einem Mann zu Ende gebracht, der in einem anderen Metier weltberühmt werden sollte: Federico Fellini).

Trotzdem erlangten die alten Abenteuerserien nach dem Krieg in Europa nie mehr ihre alte Popularität, weil die Kontinuität der Handlungen abgerissen war. Es fehlten den Lesern bis zu vier Jahre des Handlungsverlaufs. Als Jijé in den späten vierziger Jahren von einem langen Amerikaaufenthalt zurückkehrte, brachte er jedoch den klassischen Stil wieder mit – und schuf darauf aufbauend seinen Westerncomic *Jerry Spring,* der rückblickend zwar nicht anders als epigonal genannt werden kann, aber damals bei jungen europäischen Lesern, die die Vorbilder nicht mehr kennen konnten, als bahnbrechende Neuerung empfunden wurde.

In diese neubegründete Tradition stellte sich auch Jean Giraud mit seinen ersten Arbeiten, und als er 1962 Jijé als Assistent bei *Jerry Spring* zur Hand ging, entwickelte sich sein graphisches Talent unter der kundigen Anleitung des Älteren zur Meisterschaft. Als Zeichner, der lediglich die Bleistiftvorzeichnungen des eigentlichen Autors der Serie tuschte und bei der Publikation ungenannt blieb, brauchte Jean Giraud

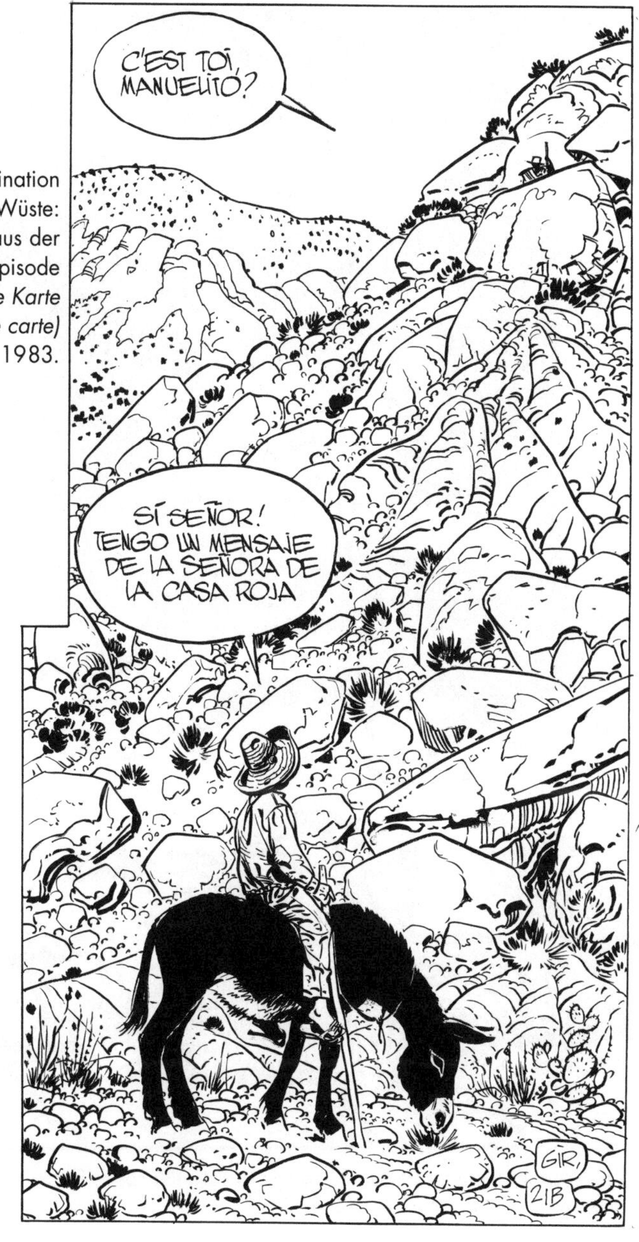

Die Faszination für die Wüste: inzelbild aus der *lueberry*-Episode *Die letzte Karte* *a dernière carte)* von 1983.

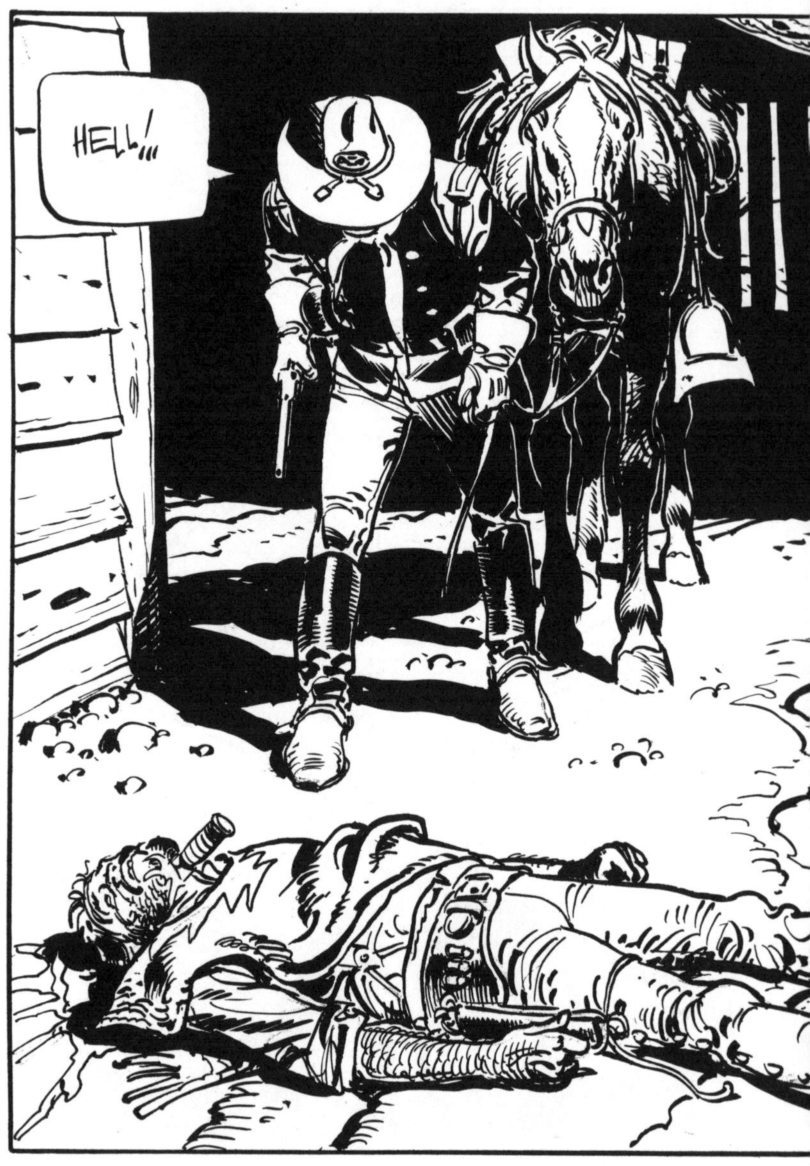

Der Western verlangt Opfer: Einzelbild aus der *Blueberry*-Episode *Gebrochene Nase (Nez cassé)* von 1979.

kein Pseudonym. Und kaum hatte er sich als Moebius bei *Hara-Kiri* eine einigermaßen kontinuierliche Mitarbeit gesichert, da bekam Jean Giraud auf Empfehlung Jijés das Angebot von Jean-Michel Charlier, dessen neue Serie für das Comicmagazin *Pilote* zu illustrieren. Neben Science-fiction hatten auch Westernerzählungen zu Jean Girauds prägenden Jugendlektüren gehört, vor allem in der Form reißerischer italienischer Comics, die damals in ganz Europa übersetzt wurden. Deshalb hatte er sich von Anbeginn seiner Arbeit als Zeichner auf den Western kapriziert, und seine Leidenschaft für den Film und der achtmonatige Aufenthalt in Mexiko bei seiner dorthin ausgewanderten Mutter hatten diese Liebe noch verstärkt. Da in der Genremischung des 1959 gegründeten *Pilote,* das sich eher an Jugendliche denn an Kinder richtete, noch ein Western fehlte, entwickelte Charlier jene Serie, die mittlerweile zu den bekanntesten und langlebigsten der Comicgeschichte zählt: *Blueberry.*

Als die Arbeit an *Blueberry* begann, wurde Jean Giraud klar, daß sein bisheriger Künstlername »Moebius« mehr war als ein bloßes Pseudonym, das man beliebig aus seinem Kontext hätte lösen können. Für die Westernserie wählte Giraud deshalb nicht die aus seiner Liebe zur Science-fiction geborene Signatur, sondern statt dessen eine klassische Abkürzung: Er firmierte fortan als »Gir«. Doch obwohl die Zeichnungen zu *Blueberry* nur diesen Namen als Signatur trugen, wurde in den Albenpublikationen von Beginn an der vollständige Name Jean Giraud als Zeichner genannt. So machte ein Verlagsirrtum das Anknüpfen an die Tradition des Pseudonyms unmöglich und erweckte in Jean Giraud zugleich das paradoxe Gefühl, daß sein wirklicher Name nun zum Künstlernamen werden sollte – und vielmehr der geopferte Moebius der Realität entsprach, die nun von Giraud durch den fiktiven Western übermalt werden würde.

Und es zeigte sich erstmals ein bestimmender Zug in Jean Girauds Werk: die Selbstbezüglichkeit. Denn auch Blueberry, der Titelheld der Serie, hat seinen Namen als Pseudonym gewählt, um von einer Seite zur anderen wechseln zu können. Der als Michael Steve Donovan geborene Südstaatler kämpfte im Bürgerkrieg für die Truppen der Union, denen er sich aber nur unter Preisgabe seines wirklichen Namens anschließen konnte. Nach dem Sieg blieb er dann als Leutnant in der Armee. So bewahrt die Erzählfiktion ein zentrales Element der Zeichnerbiographie – ein Phänomen, das die beiden bestimmenden Szenaristen im Werk Jean Girauds, Charlier und später Alexandro Jodorowsky, immer wieder bedient haben. Denn auch in der 1980 bis 1988 von Jodorowsky für Moebius verfaßten Serie *John Difool* oder in dem nach langer Pause 1998 endlich abgeschlossenen gemeinsamen Projekt *Le cœur couronné* (auf deutsch *Lust und Glaube*), das den von Moebius langgehegten Plan einer modernen Version des Marienlebens umzusetzen versucht, finden sich zahlreiche Passagen, die man leicht als Variationen der im Comicgeschäft einmaligen Situation einer doppelten Persönlichkeit deuten kann.

Und als Variationen eines im Leben von Jean Giraud besonders ausgeprägten Phänomens: seiner steten Suche nach Meistern. Es liegt nahe, sein Doppelspiel als Versuch zu begreifen, der Entscheidung für eine einzige dominante Persönlichkeit zumindest für sich selbst auszuweichen, nachdem er immer wieder äußeren Einflüssen ausgesetzt war, denen sich der Zeichner beinahe lustvoll unterworfen hat. In der Kette der prägenden Figuren für Jean Girauds Comics stand Jijé am Anfang, Charlier setzte sie fort, und Jodorowsky stand am Ende. Doch darüber hinaus hatte der Zeichner unter dem Eindruck charismatischer Persönlichkeiten immer wieder Lebensentwürfe begonnen, denen er sich nicht nur privat mit Haut und Haaren verschrieb, sondern die auch wesentliche Züge seines Werks bestimmt haben. So zählte Jean Giraud von 1979 bis 1985 zu den überzeugten Anhängern der Ufo-Sekte von Jean-Paul Appel-Guéry, der unter dem Namen Ios angeblich Kontakt zu Außerirdischen unterhielt, die einen Teil der Menschheit ins All mitnehmen wollten, um sie vor der drohenden Vernichtung zu bewahren.

Erst 1988, nach der Übersiedelung in die Vereinigten Staaten, brach Jean Giraud endgültig mit dieser Gruppe, mit der er und seine Familie 1983 nach Tahiti ausgewandert waren, nachdem sie zuvor schon ein Jahr in einer Kommune von Ios-Anhängern verbracht hatten. In den Jahren seiner Sektenzugehörigkeit entstand die *John Difool*-Serie, die in ihrer Metaphorik von der Verschmelzung der Gegensätze und vom Aufgehen in einer spirituellen Gemeinschaft viele Grundzüge der Lehre von Appel-Guéry bewahrt hat.

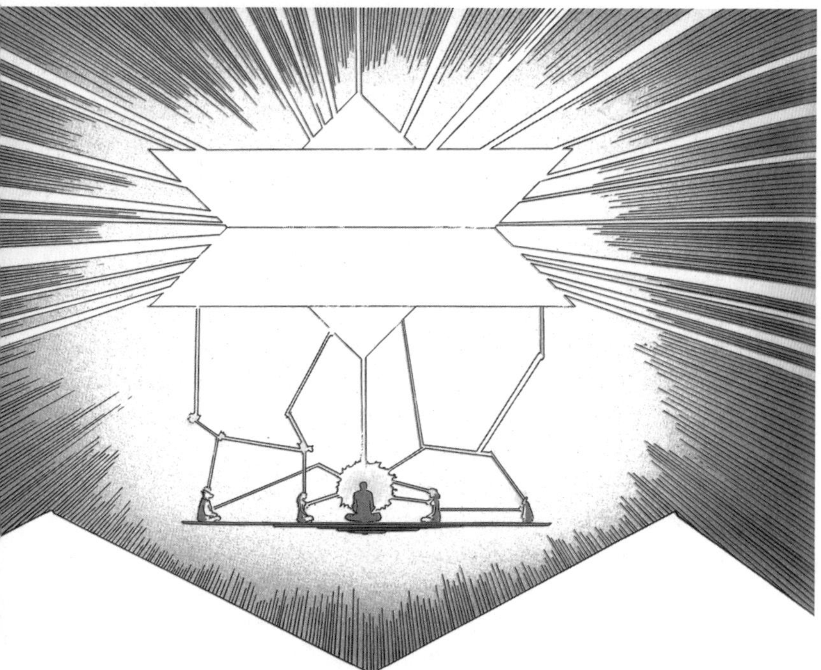

Der Ufo-Glaube findet seinen Weg in den Comic: Einzelbild aus dem *John Difool*-Album *In nächster Nähe (La planète Difool)* von 1988.

Wieviel Jodorowskys Szenario dabei dem Einfluß von Moebius verdankt oder inwieweit der chilenische Autor selbst durch seine metaphysischen Entwürfe die Ausprägung der entsprechenden Neigungen bei Jean Giraud gefördert hat, ist nicht zu rekonstruieren. Auch hier kommt die Verschränkung als bestimmendes Prinzip für Jean Giraud wieder zu ihrem Recht. In Jodorowsky hatte er einen Gleichgesinnten gefunden.

Die Faszination, die der Zeichner für den 1927 geborenen Chilenen empfand, erwies sich schon 1965, als Jean Giraud auf seiner zweiten Mexikoreise Illustrationen zu Gedichten des ihm bis dahin unbekannten spanischsprachigen Schriftstellers anfertigte, weil ihm deren Tonfall und Stimmung so entsprachen. Das war die erste Begegnung mit dem Werk von Alexandro Jodorowsky. Erst zehn Jahre später trafen sich beide zum ersten Mal, als Jodorowsky Frank L. Herberts Science-fiction-Roman *Dune* verfilmen wollte. Moebius, dessen Comics wiederum der Chilene bewunderte, sollte dazu die Entwürfe zeichnen. Die Verfilmung zerschlug sich, doch aus den unzähligen Skizzen, die Moebius zum Verlauf der Handlung bereits angefertigt hatte, erwuchs der Kern der Erzählung von *John Difool,* in der sich alles um den *Incal* dreht, eine zweigeteilte göttliche Kraft, deren Vereinigung eine neue Welt begründen soll. Moebius für einen solchen Stoff als Grundlage eines Comicprojekts zu begeistern war einfach, zumal ein Großteil der Figuren durch die Arbeit an *Dune* schon fertig konzipiert war. So wanderten ganze Passagen des Storyboards aus dem ungedrehten Film in die sechs Comicalben, die als Höhepunkt im Schaffen von Moebius gelten.

Doch während der intensiven Zusammenarbeit mit Jodorowsky hatte auch *Blueberry* sich weiterhin behauptet, der nur von 1987 bis 1991 eine Unterbrechung erfuhr, als Jean Giraud nach dem Bruch mit der Ufo-Sekte sein Leben neu aufbauen mußte und zudem 1989 Charlier verstarb. Stabilität verschaffte dem Zeichner in jenen Jahren vor allem eine neue Begeisterung, die Jean Giraud für die Instinktotherapie entwickelte.

Dieses von Guy-Claude Burger begründete Ernährungsmodell verbietet den Verzehr von verarbeiteten Rohstoffen; alles Essen soll allein aus Rohkost bestehen. Auch das vermochte Moebius in einem Comiczyklus zu verarbeiten, der von

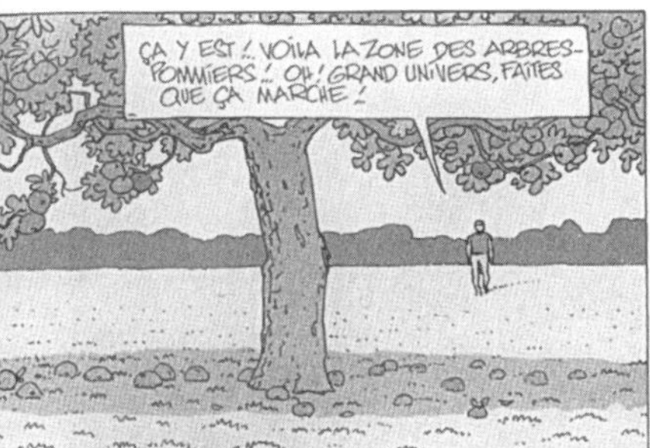

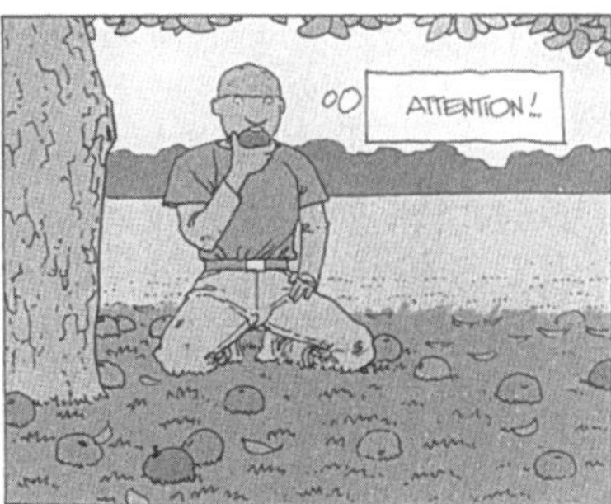

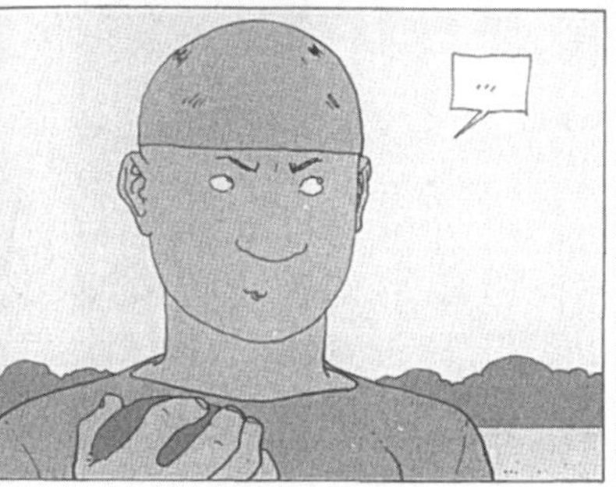

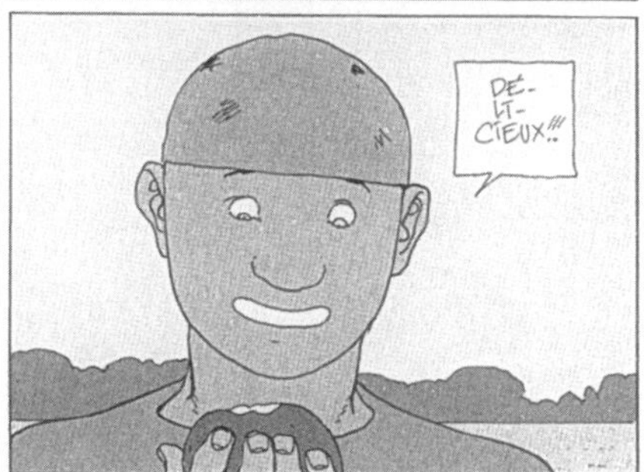

Instinkto-Ernährung erfreut auch Raumfahrer:
Aus dem *Sternenwanderer*-Album *Die Gärten von Edena (Les Jardins d'Edena)* von 1988.

1990 bis 1994 in vier Bänden erschien und zunächst unabgeschlossen blieb: *Le monde d'Edena (Die Sternenwanderer)*. Darin entdecken zwei Raumfahrer der Zukunft, die durch die Zivilisation jeglichem Kontakt mit der Natur entfremdet sind, auf dem unberührten Planeten Edena deren Kräfte wieder. Aus dem anfangs androgynen Paar werden Mann und Frau, die in ihrem Paradies ein neues, natürlich besseres Geschlecht hervorbringen können. Bis es soweit ist, haben sie sich, wie die Helden aller Moebius-Comics, ihren Dämonen zu stellen und durchlaufen einen mühsamen Weg, der erst über die Entzweiung zur Vereinigung führt. Hier hatte sich Moebius als sein eigener Szenarist des zentralen Themas all seiner Arbeiten, des Ausgleichs differierender Persönlichkeiten als Konstante menschlichen Handelns, angenommen.

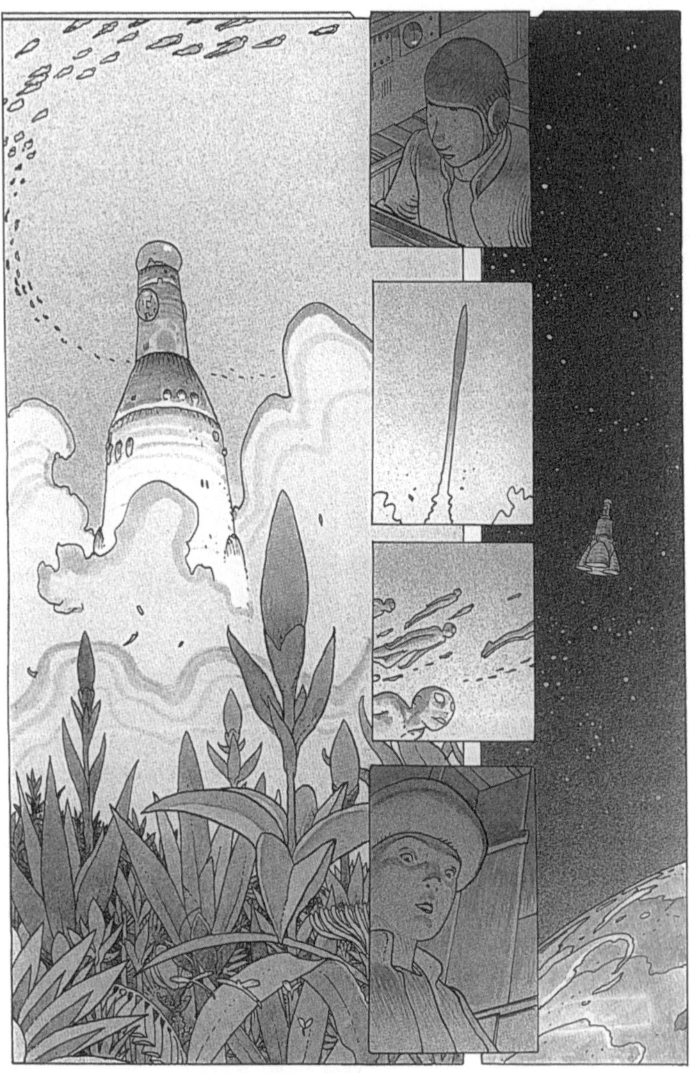

Der Aufbruch zu neuen Welten als Rettung:
Schlußseite von *La planète encore,* 1990.

Kreuzungen

Moebius trug diesen Konflikt auf dem Zeichentisch aus. Und die Lösung lag immer in der Kreuzung der Gegensätze, ohne sie vollkommen aufzuheben. Aus der Kombination entstand dann ein Drittes, was »das beste der beiden Eltern« vereinte. So definierte Moebius auch als sein großes Ziel, »eine Kreuzung zwischen dem Comic und der Welt der Kunst herzustellen«. Und dabei ist es geblieben, denn Kunst und Comic stritten in den Arbeiten ebenso heftig miteinander wie Jean Giraud und Moebius. Den Frontverlauf auf diesem Schlachtfeld nachzuzeichnen ist eine reizvolle Herausforderung. So ist etwa im Zuge der Beschäftigung mit abstrakten Kompositionen, denen sich Moebius nach dem Abschluß von *John Difool* und seiner endgültigen Lösung von los für ein Jahr verschrieb, auch eine vierseitige Comicgeschichte entstanden, die mit den dabei entwickelten Formen arbeitet: *Nuna,* abgedruckt in dem Sammelband mit dem bezeichnenden Titel *Chaos.* Die Bemühungen von Moebius, sich volle künstlerische Freiheit zu verschaffen, um dadurch sein Comicschaffen zu beflügeln, sind gescheitert. Als er in der Mitte der siebziger Jahre im von ihm 1975 mitbegründeten Comicmagazin *Métal hurlant* die Prinzipien der surrealistischen *écriture automatique* auf das Zeichnen von Geschichten übertrug, waren die Ergebnisse wesentlich interessanter gewesen.

Auch der Ausgleich von Jean Giraud und Moebius brachte nichts Drittes hervor. Beide Zeichnerpersönlichkeiten haben lediglich Eroberungszüge auf das jeweils andere Terrain gemacht. Die strikte Persönlichkeitsspaltung jedenfalls, der sich Jean Giraud verschrieb, als er nach zehn Jahren Pause Moebius 1973 reaktivierte, dessen Signatur aber lediglich Science-fiction-Geschichten vorbehalten wollte, wurde aufgehoben. Das hatte jedoch vor allem pragmatische Gründe: Weil der europäisch geprägte Stil von Moebius im Gegensatz zu dem von Giraud, der seine amerikanischen Vorbilder gar nicht verleugnen will, einen weltweiten Siegeszug angetreten

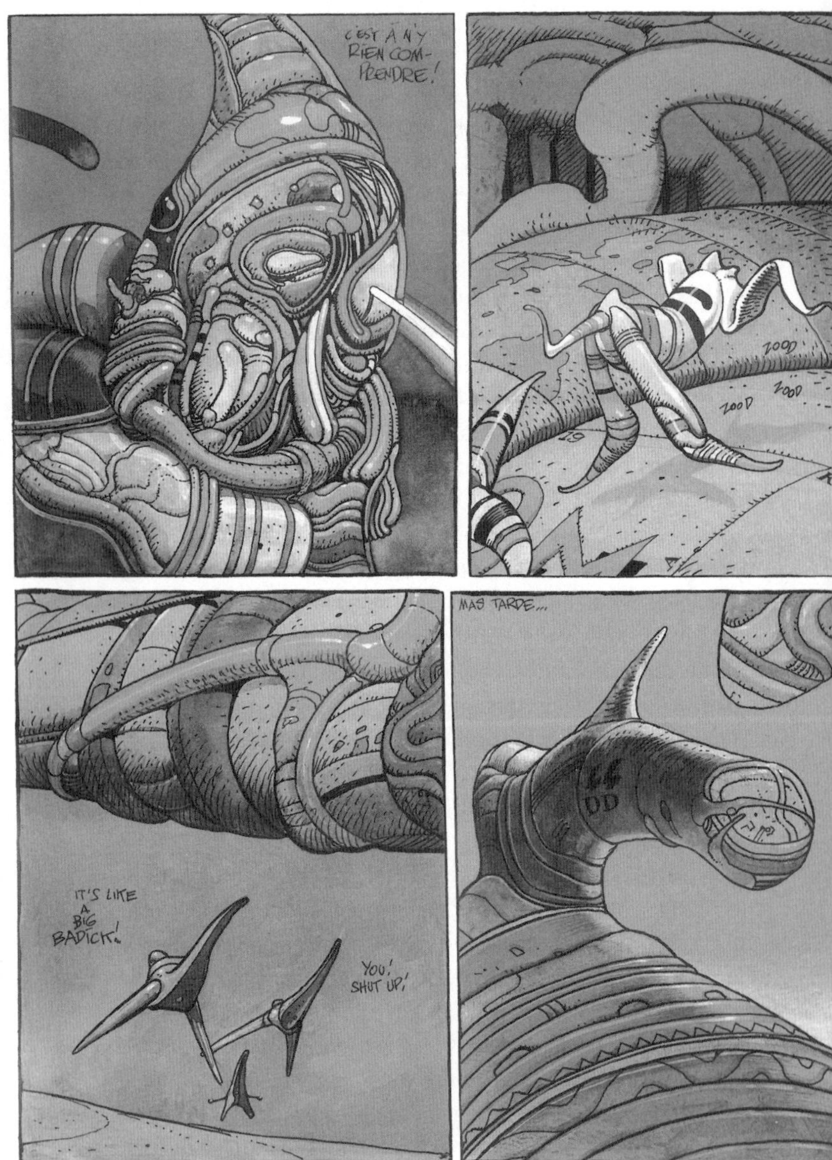

Auch abstrakt kann der Comic nicht auf Worte verzichten:
Seite der Kurzgeschichte *Nuna* aus dem Sammelband *Chaos*, 1991.

hatte – über das Comicmagazin *Heavy Metal,* das als amerikanische Ausgabe von *Métal hurlant* großen Anklang in den Vereinigten Staaten fand, bis zur Mitarbeit an Filmen wie *Tron, Alien, The Abyss* oder *Das fünfte Element*–, war Giraud ins Hintertreffen geraten. In Amerika wird sogar *Blueberry* als ein Werk von Moebius verkauft, um die Popularität des Namens zu nutzen. Und mit Ausnahme der Westernserie war Giraud auch in Europa nichts mehr zur eigenen Profilierung geblieben. Illustrationsaufträge wie etwa für Dantes *Göttliche Komödie* wurden später gleichfalls von Moebius erledigt. Keine Spur mehr von der früheren Konsequenz, die dazu führte, daß die wichtigste Geschichte im Gesamtwerk von Jean Giraud, *La déviation (Der Umweg)* von 1973, die alles das vorwegnahm, was in den Folgejahren Moebius ausmachen sollte,

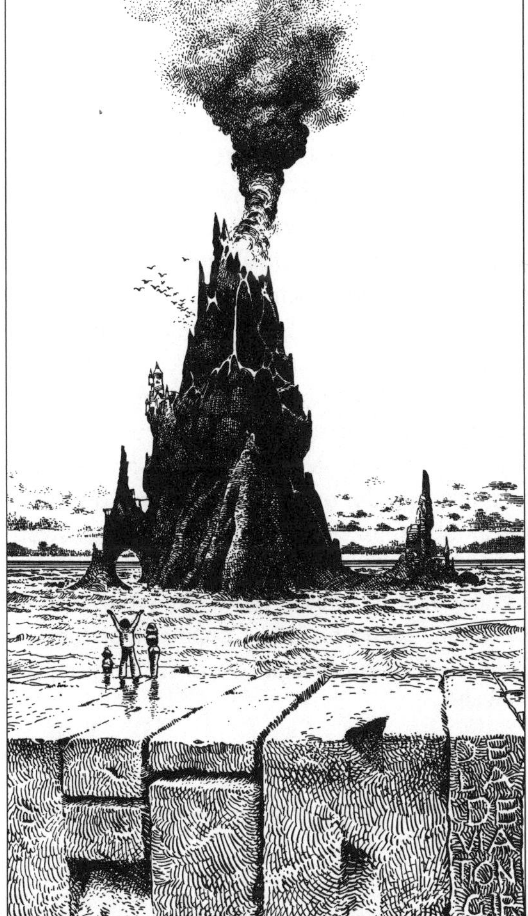

Ende des Umwegs, Anfang der Karriere als Moebius: das noch mit ›GIR‹ signierte Schlußbild von *Der Umweg (La déviation)*, 1973.

noch mit »Gir« signiert war, weil der Zeichner seine kurze Erzählung als humoristischen Comic ansah, dem nicht das visionäre Element eines Moebius beigemischt war.

»Ich sah die Grenze zwischen Gir und Moebius noch nicht klar«, hat er sich gerechtfertigt. Das hätte er später variieren können: Ich sehe die Grenze zwischen Gir und Moebius nicht mehr klar. Wenn man die Fortsetzungen der beiden großen Serien beider Zeichnerpersönlichkeiten vergleicht, also von *Blueberry* den 1995 begonnenen Abschluß *Tombstone*-Zyklus und die im Jahr 2000 gestartete Weiterführung der *John Difool*-Reihe, die Moebius in den achtziger Jahren zum Leitbild des Science-fiction-Comics gemacht hatte, so war zwar der Unterschied im graphischen Detail geblieben, aber beide Reihen näherten sich im oberflächlichen Erscheinungsbild einander an. In *Blueberry* fand sich immer noch die überbordende Fülle mit dem Pinsel getuschter Schraffuren, Punkte und Linien, die der Serie ihr düsteres, oftmals geradezu schmutziges Aussehen verleihen, das den illusionslosen Schilderungen des Wilden Westens, wie Charlier und Giraud sie betreiben, so sehr gerecht wird, aber die Seitenarchitektur des Comics hatte unendlich viel von Moebius übernommen: ineinander verschachtelte Bilder und Sprechblasen, die teilweise gegen den üblichen Lesefluß Abkürzungen bei der Lektüre nahelegten, indem sie einzelne Panels zu überspringen schienen, andere wiederum zusammenzogen. Vom klassischen Seitenlayout bei *Blueberry*, das so oft als »Kino im Comic« beschrieben wurde, war nichts mehr geblieben; die Bilder konnten jedes beliebige Format einnehmen, und die Montage war nunmehr zum bestimmenden Moment geworden – ganz wie bei Moebius, dessen Arbeitsstil Jean Giraud in Fortführung der *écriture automatique* als *dessin automatique* beschrieben hat. Insofern ist es bemerkenswert, daß sich unter den Einzelbildern aus *Blueberry*, deren Reproduktion der Zeichner sich für diesen Band wünschte, fast nur Hochformate befinden – eine für den Comic untypische Gestaltung, die Giraud indes graphisch wie dramaturgisch zur Perfektion entwickelt hat.

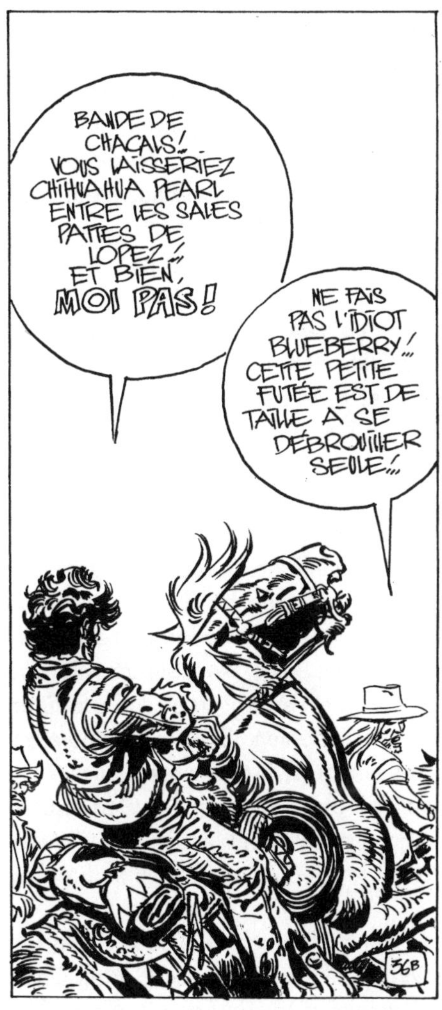

Dynamik aus dem hohen Raum: Einzelbild aus der *Blueberry*-Episode *Der Mann, der $ 500000 wert ist (L'homme qui valait 500000 $)* von 1971.

Die assoziative, hochemotionale Arbeitsweise, die sich in *Blueberry* angedeutet hat und bei Moebius in Vollendung zu bewundern ist, bricht mit den Regeln des Comics, der traditionell aus der sorgfältigen Komposition der Seiten seine Ausdruckskraft zieht und gerade dadurch dem Film so verwandt ist, weil eine immens aufwendige Vorbereitung (Kompositionsstudien, Vorzeichnungen, Farbmuster) erforderlich ist, bis das fertige Bild entstehen kann.

Der mühselige Produktionsprozeß war bei aller Faszination Jean Girauds für das Kino auch der Grund, warum der Zeichner immer wieder seine Zuflucht eher bei der Musik genommen hat: Sie bezeichnete er als sein künstlerisches Ideal, weil Musik aus dem Augenblick und für den Augenblick entsteht und im Moment ihrer Entstehung schon konsumiert ist. In der Umbruchphase der frühen siebziger Jahre, als Moebius zurückkehrte, hat Jean Giraud einmal sein Mißbehagen gegenüber dem fixierten Bild ausgedrückt: »Wenn man ein Bild zeichnet, bewegt es sich nicht mehr, es ist in der Zeit erstarrt.«

Das aber ist, wie wir gesehen haben, gerade das Prinzip des Comics – auch erzählerisch. Moebius jedoch bemühte sich um Beweglichkeit. Sie versuchte er durch Improvisation zu erlangen, und noch in der französischen Neuausgabe von *Le garage hermétique (Die Hermetische Garage)* aus dem Jahr 2000 faßt Moebius seine Begeisterung für diese mittlerweile legendäre Serie von Kurzgeschichten aus den Jahren zwischen 1976 und 1979 so zusammen: »*Die Hermetische Garage* ist kein geschlossenes Werk. Sie verbirgt in sich Ouvertüren und Übergänge zu anderen Systemen. Solche expandierenden Universen erlauben es einem, sich alles vorzustellen.« Da ist wieder das Ideal von der Überwindung der Gegensätze herauszuhören, dessen Programm Moebius in seiner Autobiographie lapidar in die Formulierung »Ich bin eine Brücke« kleidete.

Genau darum ging es am Ende auch in *Blueberry*. In die geschlossene Welt des Wilden Westens, deren Garant Charlier von 1964 bis 1989 gewesen ist, drang seit dessen Tod mehr und mehr Moebius ein (ganz wie Giraud es angekündigt hatte, als er davon sprach, nichts mehr außer Moebius zu machen), dessen prinzipielle Ungebundenheit aber in Konflikt mit Giraud geriet. Das war schon einmal so gewesen, 1968, als das Album *General Gelbhaar* entstand. Da fanden sich mit einem Mal Bilder in der *Blueberry*-Reihe, die auf Moebius vorauswiesen – großflächige Kompositionen, die allein aus dem Zauber der Linie lebten, ohne den manierierten Tuschestil, der bislang die Westernserie bestimmt hatte. Diese Bilder waren inhaltlich wohlbegründet – sie gaben weitläufige Schneeszenerien wieder, in denen es außer den handelnden Personen kaum noch Bezugspunkte für das Auge gab –, doch es war kein Zufall, daß sich ausgerechnet im Jahr 1968 darin schon die Wiedergeburt von Moebius ankündigte: Denn Jean Giraud durchlief in der politisierten Redaktion von *Pilote,* die sich in harten Auseinandersetzungen mit dem Chefredakteur René Goscinny, der als Verfasser der *Asterix*-Serie berühmt geworden war, größere künstlerische Freiheiten und Mitbestimmungsrechte bei der Konzeption des Magazins erkämpfen wollte, eine Entwicklung, deren Bedeutung er in späteren Jahren eher noch höher einschätzte als unmittelbar nach den Ereignissen.

Diese Epoche, die *Blueberry* auf einen ersten Gipfel (sowohl graphisch als auch kommerziell) führte, ließ Jean Giraud seine Möglichkeiten erkennen, den Comic als individuelle Erzählform zu nutzen. Hatte er bisher mit Ausnahme der Geschichten, die er als Jugendlicher gezeichnet hatte, und der kurzen Episode als Moebius bei *Hara-Kiri* nur nach den Szenarios anderer gearbeitet, so sollte er bereits im nächsten *Blueberry*-Zyklus um die »vergessene Goldmine«, der 1969 begann, Charlier dazu bewegen, ihn in die Arbeit an der Vorlage miteinzubeziehen. Und Jean Giraud begann in jenen Jahren, sich nach Publikationsmöglichkeiten für eigene Comics umzusehen.

Mit ihnen kehrte von 1973 an dann Moebius zurück. Er war für ein Jahrzehnt unsichtbar geworden, doch privat hatte Jean Giraud neben seiner Arbeit an *Blueberry* zahllose kurze Geschichten und Illustrationen angefertigt, die in einem ganz anderen Stil gehalten waren als die erfolgreiche Westernserie. Er vollzog in Frankreich etwas nach, was zur selben Zeit in Kalifornien den Comic grundlegend veränderte: Dort bildete sich unter der Bezeichnung »Underground« eine Richtung

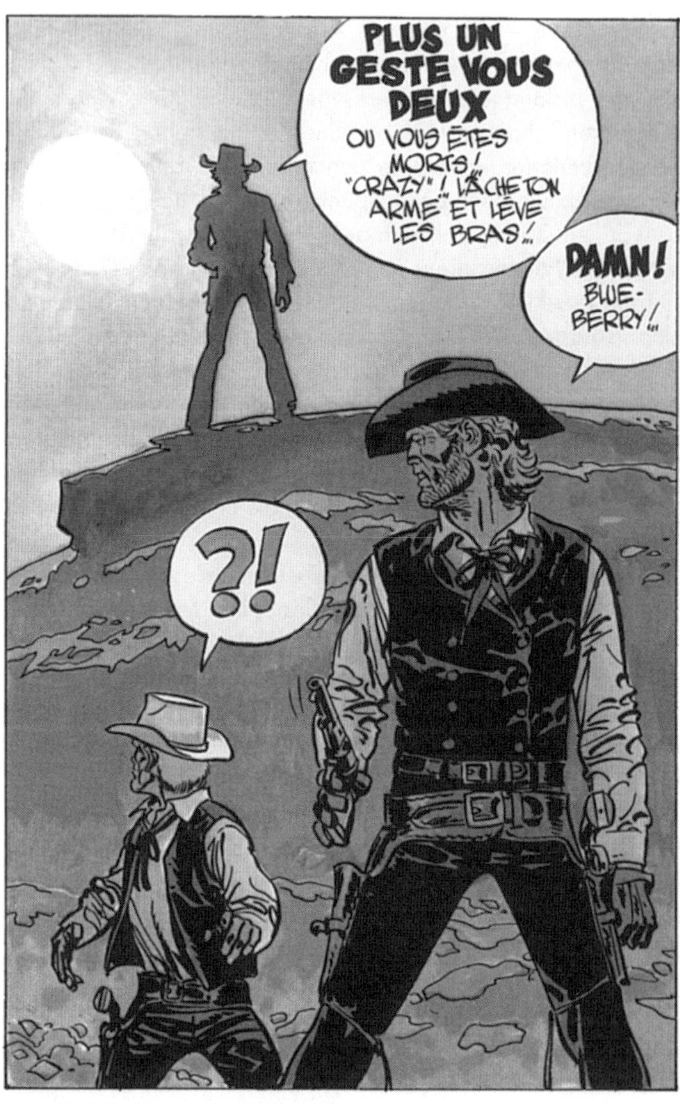

Musterhaft komponierter Wilder Westen:
Einzelbild aus der *Blueberry*-Episode *Die vergessene Goldmine (La mine d'allemand perdu)* von 1969.

heraus, die in ihren Comics statt der üblichen Abenteuer- oder Witzhandlungen persönliche Geschichten erzählen wollte. Die Vertreter dieses mehr inhaltlich als graphisch neuen Stils, allen voran Robert Crumb, aber auch Gilbert Shelton, Bill Griffith oder Art Spiegelman, nutzten vor allem die bislang eher verachteten Traditionen ihres Metiers und legten ihre Zeichnungen bewußt einfach an, setzten auf derbe Schwarzweißkontraste statt auf subtile Schattierungen und Schraffuren, und sie ließen die Knollennase wieder über den mittlerweile etablierten realistischen Stil triumphieren. Damit näherten sie sich dem in Europa vorherrschenden Stil an, der vor allem von den großen künstlerischen Antipoden Hergé und André Franquin geprägt worden war: Die Verzerrung à la Franquin beziehungsweise Abstrahierung der menschlichen Gestalt, wie Hergé sie entwickelt hatte, zog nun auch in Amerika ein, wo seit Jahrzehnten nur die anatomische Surrealität der Superhelden geherrscht hatte, während die naturalistische Schule der alten Zeitungscomics, in deren Fußstapfen ja Giraud getreten war, ganz an den Rand gedrängt wurde.

Das galt auch für den skurrilen Stil der amerikanischen Zeichner des EC-Verlags um Harvey Kurtzman und Will Elder, die mit *Mad* eine völlig neue Form des gezeichneten Humors begründet hatten. Auf seiner Mexikoreise von 1955, die in so vielen Aspekten initiatorischen Charakter besaß, hatte Jean Giraud auch *Mad* kennengelernt. Mit diesen Heften und anderen Comics eignete er sich die englische Sprache an. Doch der wahre Effekt der ungebärdigen Gruppe um Kurtzman zeigte sich erst, als Moebius wieder zu zeichnen begann. Diese verspätete Wirkung entsprach dem Geist der Zeit: Gerade aus dem anarchischen Humor von *Mad* und den Schwarzweißkontrasten der alten Zeitungscomicstrips wurde jene Mischung zusammengerührt, die als »Underground« Furore machen sollte. Beide Elemente sollten auch konstitutiv für das Werk von Moebius werden.

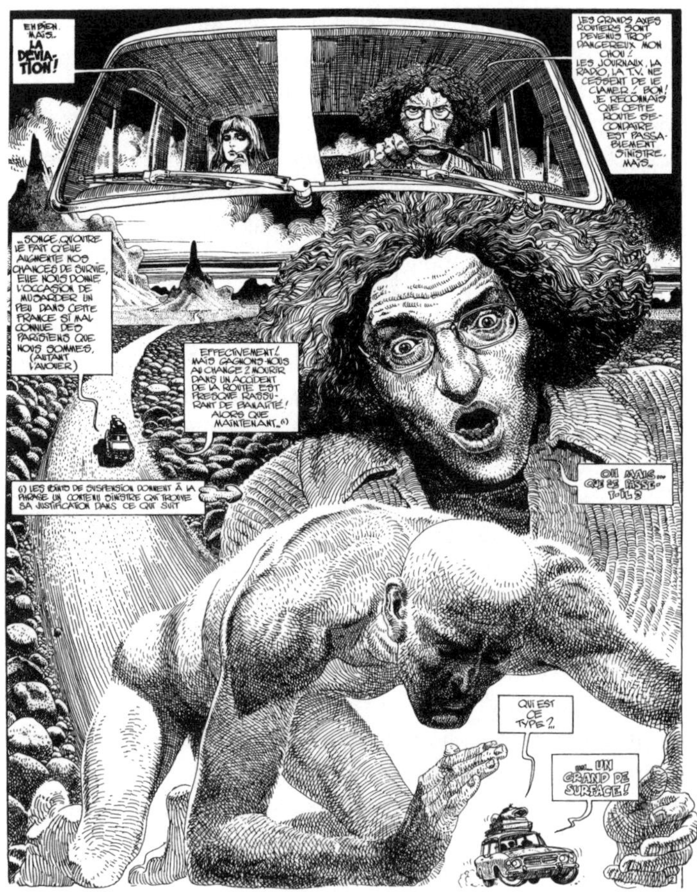

Der Zeichner als sein eigener Held:
Seite aus *Der Umweg (La déviation)* von 1973.

Umleitungen

Dabei steigerte Moebius unter dem Eindruck der amerikanischen Arbeiten, die so genau dem entsprachen, worin auch er schon seit den Zeichnungen für *Hara-Kiri* (dessen Grundkonzept sich *Mad* verdankte) das Prinzip seiner Comics erkannt hatte, deren Charakteristika ins beinahe Abstruse. Moebius ist in den siebziger Jahren vor allem ein Schwarzweißzeichner, der zu Beginn seiner neuen Karriere all die graphischen Erfahrungen nutzt, die Giraud schon gesammelt hatte. Statt des Pinsels, der bei *Blueberry* vorherrscht, gebraucht Moebius die Feder, um noch exakter arbeiten zu können. Es geht um die Klarheit des Ausdrucks, die graphisch ein Gegengewicht zu den durch denkbar persönliche Aspekte beschwerten Szenarios setzen soll. Gerade die ersten Moebius-Arbeiten aber führen noch das Prinzip von *La déviation* aus dem Jahr 1973 fort, jener Geschichte von der »Umleitung«, die durch ihre überbordende Vielfalt an Schattierungen, Schraffuren, Punkten und unterschiedlich dicken Linien eine Dreidimensionalität erhielt, die es vorher nicht gegeben hatte und die trotzdem nicht den Eindruck von Realismus erweckte. Vielmehr war es eine Traumwelt, in die Giraud und dann Moebius seine Leser entführte: viel zu plastisch, um wahr zu sein. Schnell nahm Moebius diese Elemente aber wieder zurück und setzte sie in Zukunft nur noch zur graphischen Akzentuierung ein. *Die Hermetische Garage* ist diesbezüglich der Wendepunkt, in diesen Geschichten entsteht der Moebius, wie wir ihn kennen: Durchsichtiger war noch nie gezeichnet worden.

Die klare Linie verleiht Moebius Flügel:
Einzelbild aus *Die Hermetische Garage (La garage hermétique)*, 1979.

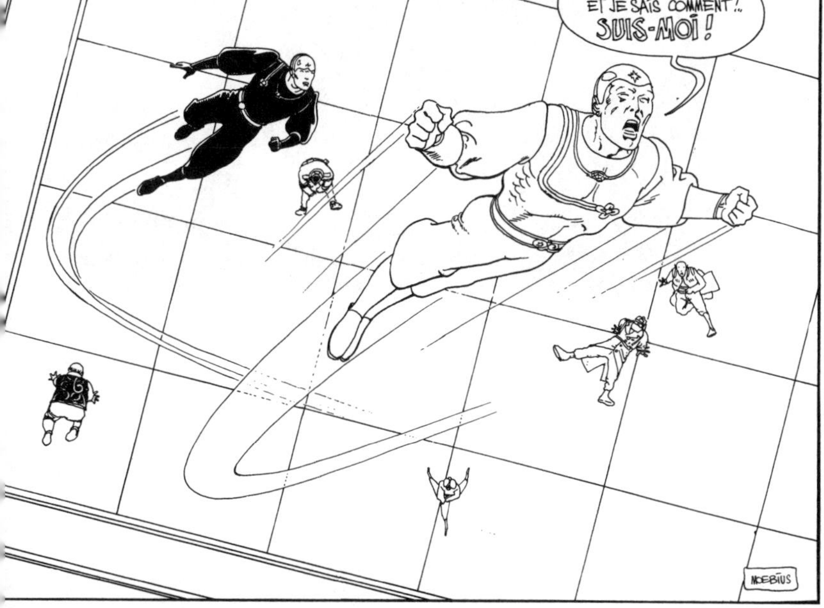

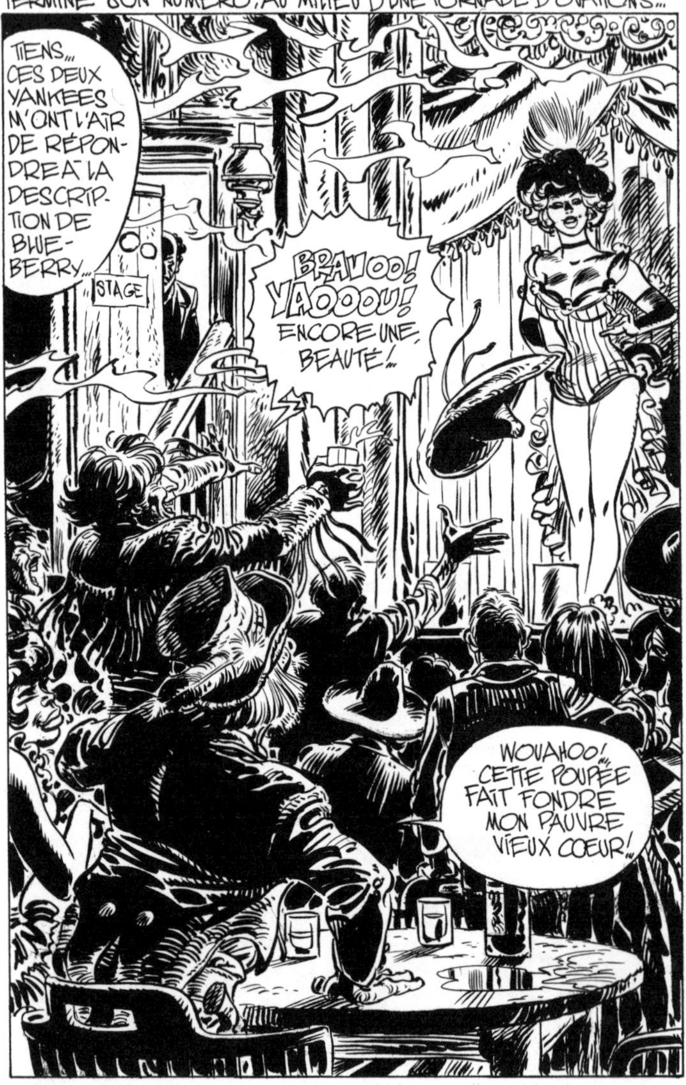

Die dunkle Fläche verleiht Jean Giraud Gewicht:
Einzelbild aus der *Blueberry*-Episode *Der Mann, der $ 500 000 wert ist (L'homme qui valait 500 000 $)* von 1971.

Zuletzt ist dieser Eindruck verwischt worden durch die opulente Farbgebung, die sich Moebius erarbeitet hatte und die seit dem großen kommerziellen Erfolg der *John Difool*-Serie auch sein Werk prägte. Auch hier profitierte er von den Erfahrungen Girauds mit *Blueberry*, doch gerade deshalb war vor allem in den letzten Arbeiten das zuvor immer noch vorhandene Distinktionsmerkmal zwischen Giraud und Moebius (detailliert bis in die letzte Schattierung der erste, spontan und ganz auf die klare Linie konzentriert der andere) kaum noch wahrnehmbar. Denn die Möglichkeiten der Computerkolorierung hatten auch Moebius im ersten Band des neuen *John Difool*, der den Zyklus *Après l'Incal (Nach dem Inkal)* eröffnete, verführt: *Nach der Katharsis*, 2000 in Frankreich erschienen, war ein Farbenfeuerwerk. Aber dadurch wurde die schwarzweiße Strenge der Originalseiten durch eine bunte Plastizität abgelöst, die zurück in die siebziger Jahre führte, als Moebius genauso begonnen hatte: im Zeichen der Dreidimensionalität der Zeichnung.

Die Strenge der Farblosigkeit: Zwei Bilder aus dem *John Difool*-Album *Nach der Katharsis (Le nouveau rêve)* von 2000.

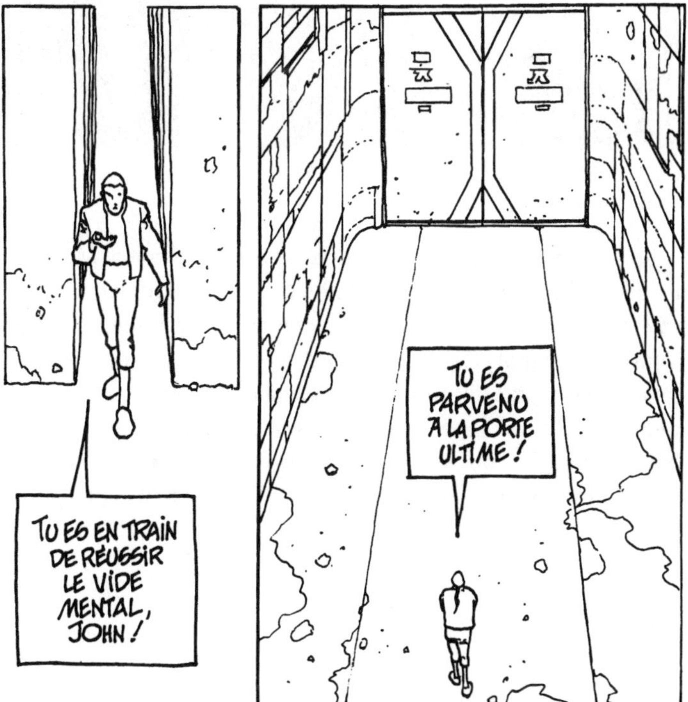

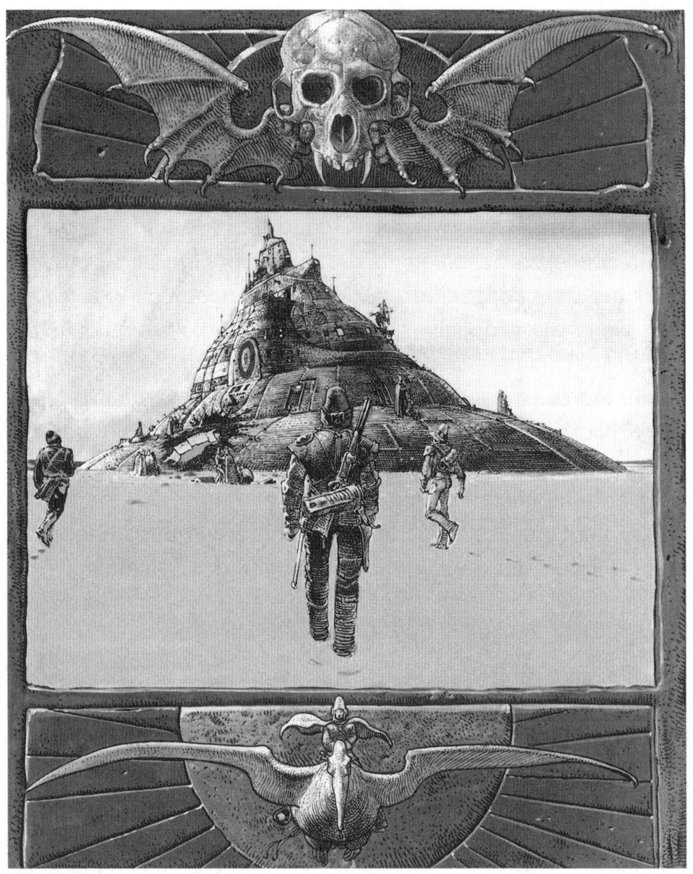

Das Urbild aller modernen Science-fiction:
Seite aus *Arzach* von 1976.

Arzach hieß damals die Serie, die den Namen Moebius in aller Munde brachte. Ihr Titelheld ist ein einsamer Krieger, der auf seiner Betonmöwe die Weiten einer außerirdischen Wüste überfliegt. Kein Wort wird in diesen Kurzgeschichten gesprochen, und alles ist in eine psychedelische Farbenvielfalt getaucht, die verstehen läßt, daß Moebius behauptete: »Diese Seiten schlugen ein wie eine Bombe.« Hier hatte er eine Welt geschaffen, die ein Aussehen besaß, das vor dem Hintergrund der abstrakten Wüstenszenerie eine prinzipielle Fremdartigkeit und Feindschaft ausstrahlte. Der Verzicht auf jedes Wort erhöhte diesen Effekt noch. Und so entstand ein Idealbild von Science-fiction, das sofort ins kollektive Bildgedächtnis Eingang fand. Noch heute sehen die meisten Filme des Genres so aus, als hätte Moebius sie entworfen.

Er selbst hatte sich dagegen weiterentwickelt – hin zur perfekten *ligne claire* in der Nachfolge Hergés, wie sie in den *Sternenwanderern* zu finden ist, oder eben zu einer düsteren Technowelt, die gerade in ihrem bis in den letzten Winkel vernetzten und zubetonierten Dekor den Kontrast zur befreienden Wüste darstellt, in der zwar Feindschaft herrschen mag, aber der Mensch ein ebenbürtiger Partner ist. Trotzdem waren Reminiszenzen erhalten geblieben. Die dunkle Farbpalette etwa, die in *Nach der Katharsis* Verwendung fand, tat das ihre, um die Unterschiede zum Braun-Grau des gleichzeitig publizierten *Tombstone*-Zyklus der *Blueberry*-Reihe einzuebnen und damit Jean Giraud als Autor mit ins Boot zu holen. Doch die Virtuosität der Kolorierung kaschierte durch ihre diffizilen Farbverläufe und -übergänge die prinzipielle graphische Großzügigkeit der neuen *Incal*-Geschichte, deren Bildkompositionen sich als schwarzweiße Zeichnungen nicht minder deutlich von *Blueberry* abgesetzt hätten als in den achtziger Jahren, als man glauben mochte, daß Giraud und Moebius die zwei entgegengesetzten Pole der Comicwelt wären.

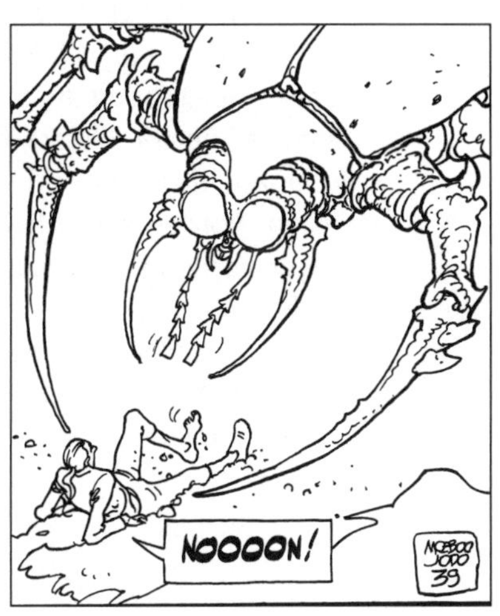

Der Albtraum als traditionelles Element bei Moebius: Einzelbild aus dem *John Difool*-Album *Nach der Katharsis (Le nouveau rêve)*, 2000.

Doch im Comic entzweite sich weiterhin, was oberflächlich zusammengeführt wurde. Sei es nur, daß auch in den jeweils neuen Folgen der beiden großen Serien die Sprechblasen unterschiedlich ausgeführt wurden: Rund waren sie bei Girauds *Blueberry*, eckig in der *John Difool*-Serie von Moebius. Bisweilen wurden aber auch hier die Differenzen überbrückt. War *Blueberry* geradezu berüchtigt für seine ausufernden Texte, so finden sich im *Tombstone*-Zyklus mit einem Mal ganze Seiten ohne jeden Dialog – ein Kunstgriff, der sich Moebius verdankte, der seit *Arzach* das Wort immer zugunsten der Atmosphäre zurückzustellen bereit gewesen war.

Was sich unter der opulenten Oberfläche abspielte, war ein Kampf zwischen den beiden Zeichnerpersönlichkeiten, die sich dafür gerne im Arsenal des jeweils anderen munitionierten. Dabei hatte sich am Anfang, als Moebius neben Giraud trat, etwas ganz anderes angedeutet. Aus den frühen sechziger Jahren haben sich die ersten Skizzen zu *La déviation* erhalten, die dann erst 1973 ausgeführt werden sollte.

Aus diesen Zeichnungen ist schon der Inhalt erkennbar: die Irrfahrt einer Familie in einem Kleinwagen, die durch die titelgebende Umleitung in eine surreale Welt gelangt, in der sie auf Riesen und Monster trifft, kurz: auf die Abgründe ihrer eigenen Träume und Ängste. Doch die Alltäglichkeit der Ausgangssituation ist noch nicht gebrochen durch den Geniestreich, den die spätere Ausarbeitung hervorbrachte. Denn in der Kurzgeschichte von 1973 zeichnete Giraud sich selbst mit Frau und Tochter als Autoinsassen. Seine »Umleitung« wird so entschlüsselbar als Aufbruch in eine andere Welt, in der die Phantasie Triumphe feiert. Entgegen den üblichen Deutungen, daß darin allein die Wiederauferstehung als Moebius allegorisiert worden sei, scheint es eher eine Beschreibung von Girauds vorheriger Karriere zu sein, die in der »Umleitung« erzählt wird.

Diese Umleitung nämlich mit all ihren monströsen Aspekten, den Kämpfen und Widerständen, in denen und gegen die sich Jean Giraud zu behaupten hat, ist viel eher die Arbeit an *Blueberry*, die ihn von der Normalität weggeführt hat, die eine Existenz als Moebius ohne Giraud bedeutet hätte. So betrachtet, war es wieder einmal mehr als Zufall, daß Jean Giraud *La déviation* nicht mit Moebius signiert hat, so sehr auch Zeichenstil und Inhalt dazu verführt haben mögen. Sein Gespür damals war richtig, auch wenn er es später als falsch betrachtete.

In der »Umleitung« artikulierte sich der nunmehr befreite Zeichner, der mit beiden Persönlichkeiten leben kann. Damals waren beide, wenn auch nur für die Dauer von sieben Seiten, im Comic vereint.

Kopflos

Woran ist diese Harmonie, die so grandios im Möbiusband ihre Metapher gefunden hat, gescheitert? Daran, daß Giraud seine beiden künstlerischen Existenzformen als Masken nutzte – ohne sie selbst ernst zu nehmen. Er genoß das Doppelspiel, die Verwirrung des Publikums, den Beifall der Interpreten. Die innere Notwendigkeit, die Moebius wieder ins Leben gerufen haben wollte, um ein Ventil zu schaffen für die Kreativität Girauds, die sich in *Blueberry* nicht entfalten konnte (trotz später erkämpften Mitspracherechts am Szenario und graphischer Experimente, die alles vergessen ließen, was der französische realistische Comic zuvor hervorgebracht hatte), war ja durch *La déviation* schon widerlegt: Giraud konnte es auch allein.

Die Pointe der scheinbar überflüssigen Geburt von Moebius aus dem Geist der »Umleitung« ist, daß der Zeichner dadurch tatsächlich ein Modell schuf, mit dem viel leichter zurechtzukommen war. Die kaum auszuhaltende Spannung in seinem Werk konnte auf zwei Schultern verteilt werden, und statt eines Januskopfes erforderte das Verständnis des Jean Giraud nur noch die Imagination eines doppelköpfigen Monsters.

Wie naiv ist diese Betrachtungsweise! Oftmals möchte man sie direkt durch das Werk selbst für widerlegt ansehen: »Schaut

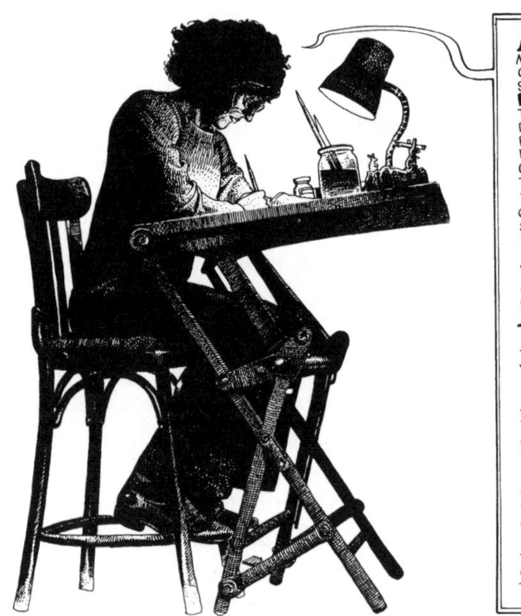

Auch so kann man eine Geschichte fortschreiben:
Einzelbild aus *Der Umweg (La déviation)* von 1973.

nur, ohne Kopf!« scheint Moebius den Betrachtern zuzurufen, wenn sein *dessin automatique* zum Vorschein kommt. Es ist ein Zeichnen aus der Situation heraus, das den Künstler schließlich über alle Unwägbarkeiten triumphieren ließ: »Moebius kann keine Fehler machen«, lautete seine Maxime. Denn Fehler kann nur machen, wer Vorgaben hat. Auf der anderen Seite stand angeblich Girauds *Blueberry*, dem man die Planung noch des kleinsten Details anzusehen meint und für den der Zeichner immer wieder neue Techniken zu entwickeln schien, um die Illusion vollkommen zu machen. Doch viel zu selten ist das verbindende Element zwischen beiden erkannt worden. Jijé ist da eine Ausnahme. Er lehnte Moebius bezeichnenderweise vehement ab, weil er dessen Überflüssigkeit zu erkennen glaubte. Jijé erkannte mit sicherem Blick, daß schon in *Blueberry* jenes Element der künstlerischen Freiheit zu finden war, das dann in den Händen von Moebius zum allein bestimmenden Zug wurde: »Giraud hat wenig nach der Natur gezeichnet, im Gegensatz zu meinen Theorien. Er hat mehr Einfühlungsvermögen als Beobachtungsgabe.« Diese Introspektion war Basis aller Arbeiten von Jean Giraud, egal ob unter seinem wahren Namen oder als Moebius.

Nach *La déviation*, die diese These so deutlich machte, sollte fast drei Jahrzehnte kein im klassischen Sinne autobiographischer Comic mehr erscheinen, obwohl Moebius kein Geheimnis daraus gemacht hat, daß es weitere gab. »Ich habe mehrere Geschichten begonnen, in denen ich selbst die Hauptperson bin«, teilte er 1998 der französischen Comiczeitschrift *Tao* mit. »Aber ich habe sie noch nicht abgeschlossen, weil ich Skrupel habe, schüchtern bin, ängstlich. Um wirklich genial zu sein, darf man keine Angst haben. Man muß den Dingen wirklich auf den Grund gehen.«

Auch für diese Forderung an sich selbst hat Moebius eine salomonische Lösung gefunden. Im Jahr 2000, als Jean

Alles hinter sich verbrannt: »Du hättest nicht etwa Feuer, Numa?« fragt Moebius den Buchautor Numa Sadoul. »Mir scheint, du wechselst das Thema«, lautet die Antwort. Aus einem Comic-Interview, 1974.

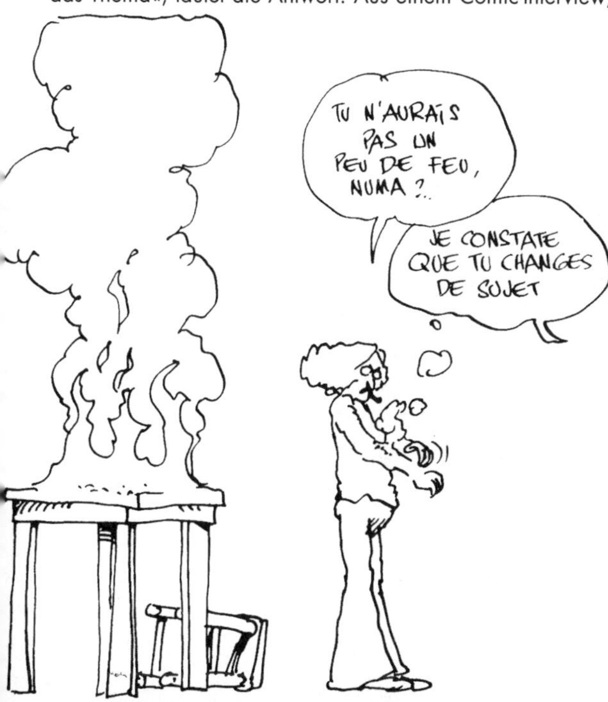

Giraud mit dem Abschluß des *Tombstone*-Zyklus ins Stocken geriet, begann er in einem seiner Notizbücher eine Geschichte aufzuzeichnen, die er *Fumetti* nannte. Das italienische Wort bezeichnet »Wölkchen« und ist über die Benennung der Sprechblasen in Italien zum Begriff für den Comic überhaupt geworden. Doch Moebius (als der Jean Giraud diese Erzählung signiert hat) benutzte das Wort in seiner Doppeldeutigkeit und berichtete in *Fumetti* nicht nur über seine gespaltene Existenz als Comiczeichner, sondern verquickte das psychologische Problem mit Fragen nach den Bedingungen der Inspiration. Es ist ein offenes Geheimnis, das viele Moebius-Geschichten unter dem Einfluß von Marihuana entstanden sind, das der Siebzehnjährige in Mexiko für sich entdeckt hatte. Doch im Zuge seiner Begeisterung für Rohkost in den späten siebziger Jahren hatte er jede Form von verarbeiteten Naturprodukten abgelehnt, und dazu zählten auch Zigaretten. Dennoch hat er immer wieder auf Drogen zurückgegriffen und sie genauso zuverlässig auch immer wieder aufgegeben. In der Begegnung des sechzigjährigen Jean Giraud mit seinem halb so alten jüngeren Ich, wie *Fumetti* sie erzählt, spielt der Einfluß von Marihuana eine große Rolle, und die »Wölkchen« des Titels verweisen somit über die Selbstreflexion auf den Comic hinaus auch auf die Leichtigkeit, mit der der jüngere Giraud seine Inspiration befeuern kann.

Gezeichnet wurde dieser jüngere Giraud so, wie wir ihn aus den Selbstportraits kennen, die Moebius in den siebziger Jahren angefertigt hat. Ungeachtet der Signatur »Moebius«, mit der ja schließlich alle Arbeiten abseits von *Blueberry* versehen waren, ist die Autorschaft der Erzählung also ebensowenig klar wie die der kurz zuvor entstandenen Autobiographie. Moebius machte noch einmal den Zwiespalt zwischen sich und Jean Giraud deutlich, denn es ist die Fortsetzung eines *Blueberry*-Bandes, an dem der ältere Giraud in *Fumetti* verzweifelt. Wenn dann die alten berühmten Helden ihre Schöpfer heimsuchen – neben Blueberry noch Major Grubert aus der *Hermetischen Garage* und Arzach –, fehlt als einzige Figur von

Bedeutung nur noch John Difool. Von ihm aber, dem das Prädikat des Narren schon im Namen eingeschrieben ist, brauchte Moebius keine Belästigung zu erwarten, denn seine Abenteuer wurden ja mühelos fortgesetzt – in dem Jahr, als *Fumetti* begonnen wurde, erschien der erste Band des neuen Zyklus *John Difool nach dem Incal.* Doch die autobiographischen Elemente gingen über die reine Comicproduktion jener Zeit hinaus, zumal die Fertigstellung von *Fumetti* sich bis in den Herbst des Jahres 2001 hingezogen hatte, so daß auf den letzten Seiten noch die Anschläge vom 11. September zum Thema werden konnten. Jean Giraud hat zeit seines Lebens immer wieder Tagebücher geführt und Briefe geschrieben, die für sein späteres Ich bestimmt waren, die er sich deshalb jeweils nach einem Jahrzehnt wieder vornahm und fortführte, doch diesmal trat er eine Zeitreise rückwärts an und klärte sein jüngeres Ich darüber auf, was in der Zukunft auf ihn warten würde.

Das war ein erstaunlicher Schritt für einen Zeichner, der zuvor immer nach vorne geblickt hatte. Aus *Fumetti* spricht die Reflexion eines Mannes, der im Jahr des Erscheinens des vorliegenden Buches fünfundsechzig wurde. Selbstverständlich war noch keine Rede davon, daß der wichtigste lebende Comiczeichner in Rente ginge, doch man spürte seinen damaligen Arbeiten die Beschäftigung mit dem Alter an – seien es die Illustrationen zur Paradiesreise in Dantes *Göttlicher Komödie* oder der alternde Blueberry im *Tombstone*-Zyklus, der nach einem Schuß in den Rücken für den größten Teil der Handlung ans Bett gefesselt und auf die Fürsorge einer jungen Frau angewiesen ist, dabei aber in ausgiebigen Reminiszenzen, die zum Schönsten zählen, was Giraud gezeichnet hat, sein Leben Revue passieren läßt. Es ist wiederum kein Zufall, daß Jean Giraud parallel zur Abfassung der neuen *Blueberry*-Folgen an seiner Autobiographie schrieb und in einer Schaffenskrise mit *Fumetti* begann.

Doch auch dieser so persönliche Comic – und das ist die salomonische Lösung – galt offiziell nicht abgeschlossen:

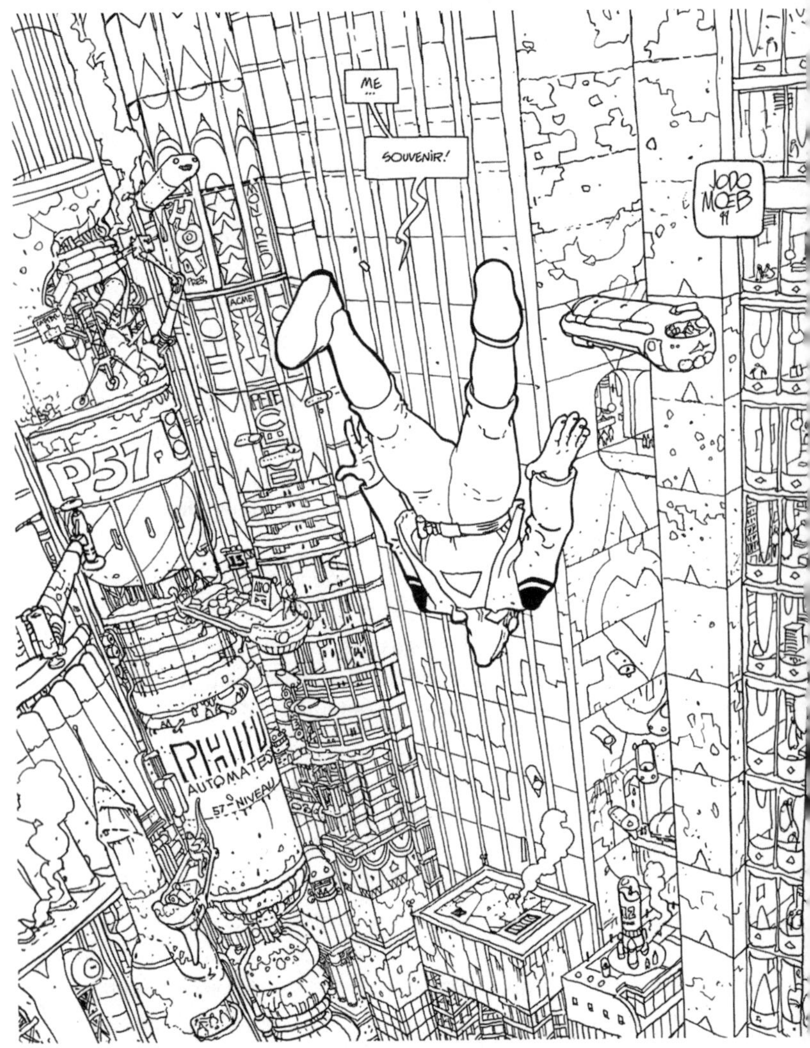

Das beste Ende ist der Absturz, der beste Anfang auch: Das erste Bild aus *Nach der Katharsis (Le nouveau rêve)* von 2000 wiederholt das letzte Bild aus dem *John Difool*-Album *In nächster Nähe (La planète Difool)* von 1988.

»A suivre ...« steht in klassischer Comic-Terminologie am Schluß der letzten Seite – Fortsetzung folgt. Aber das war ein Trick, wie so vieles bei Moebius. Nie hatte er ein besseres Ende gefunden. John Difool beschließt den ersten Zyklus um den Incal, indem er in einen gigantischen Schacht stürzt. Mit diesem Sturz hatte der Zyklus auch begonnen; ein Kreis schloß sich, und das hatte einen unangenehm fatalistischen Beiklang. Das Finale von *Fumetti* dagegen ruft den heiteren Ton der Lebenserinnerungen von Jean Giraud in Erinnerung: Wenn der Moebius des Comics sich nach langem Anlauf in die Lüfte erhebt, ist das eine Beschwörung jenes freien Laufs der Phantasie, die Giraud ein Leben lang begleitet hat.

Selbstportraits

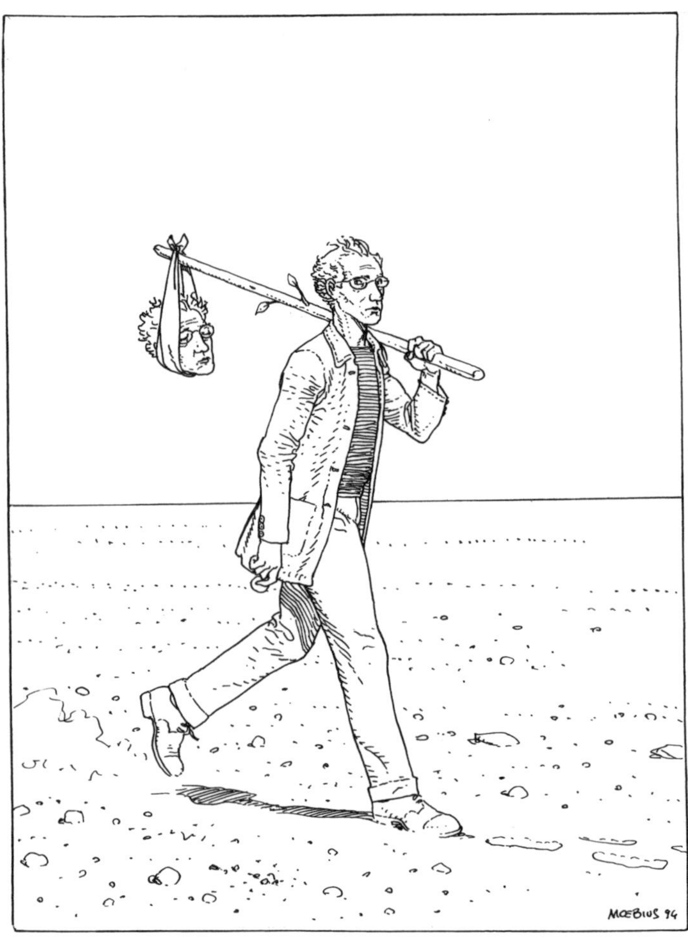

»Selbstportrait in der Wüste B«.
Aus den *Carnets,* 1994.

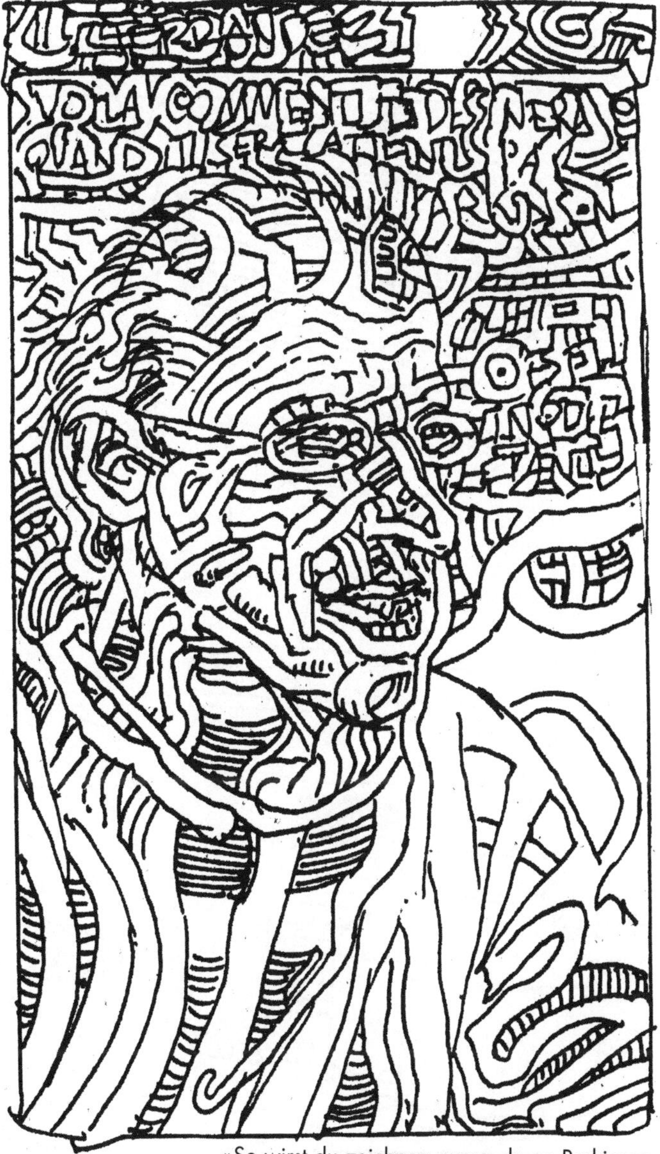

»So wirst du zeichnen, wenn du an Parkinson erkrankt bist«, ist in das Bild eingeschrieben: Selbstportrait aus den *Carnets*.

»Selbstportrait: Der Blick des Künstlers«.
Aus den *Carnets*.

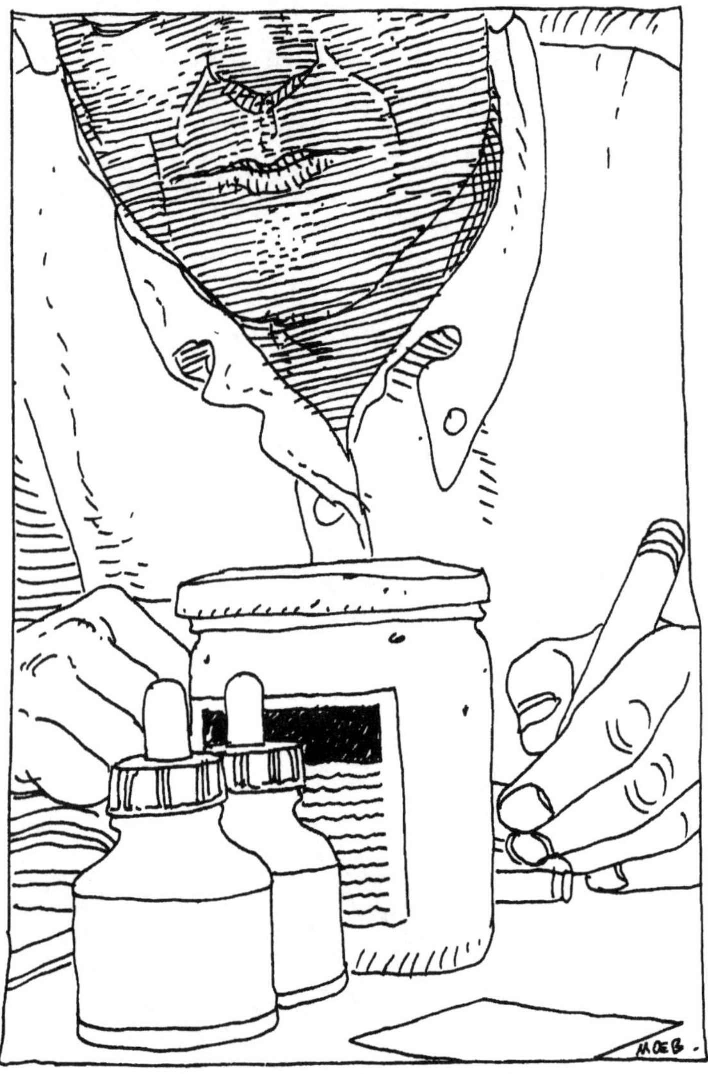

AUTO-PORTRAIT : LE REGARD
DE L'ARTISTE .

»Moebius von Raphaël gezeichnet«:
Am 10. Oktober 1995 portraitierte Moebius' fünfjähriger Sohn seinen Vater. Aus den *Carnets*.

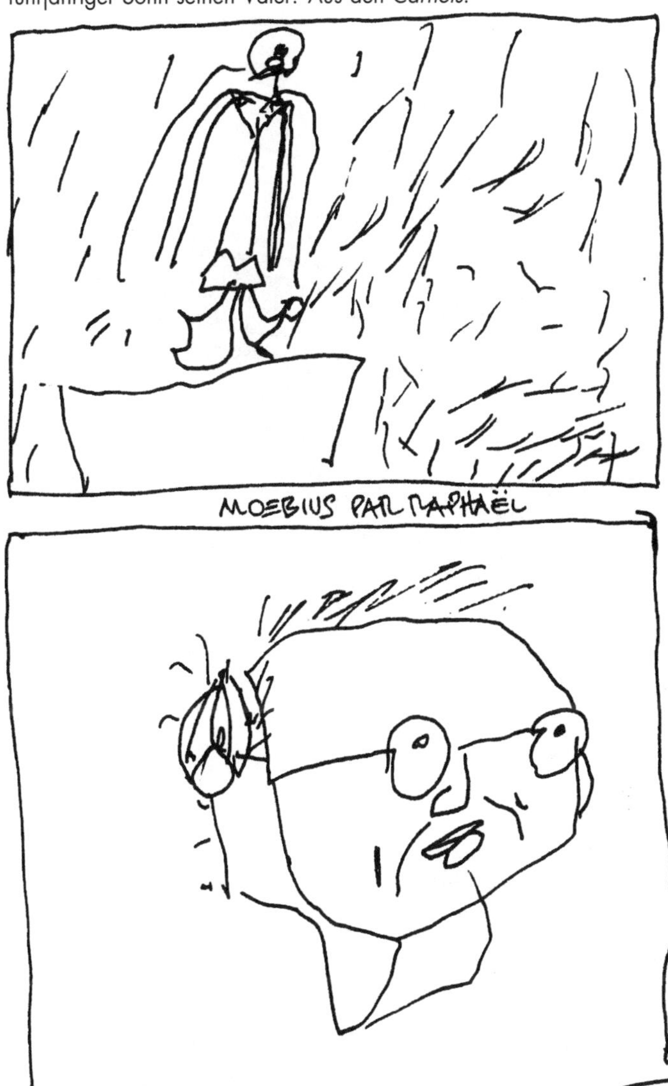

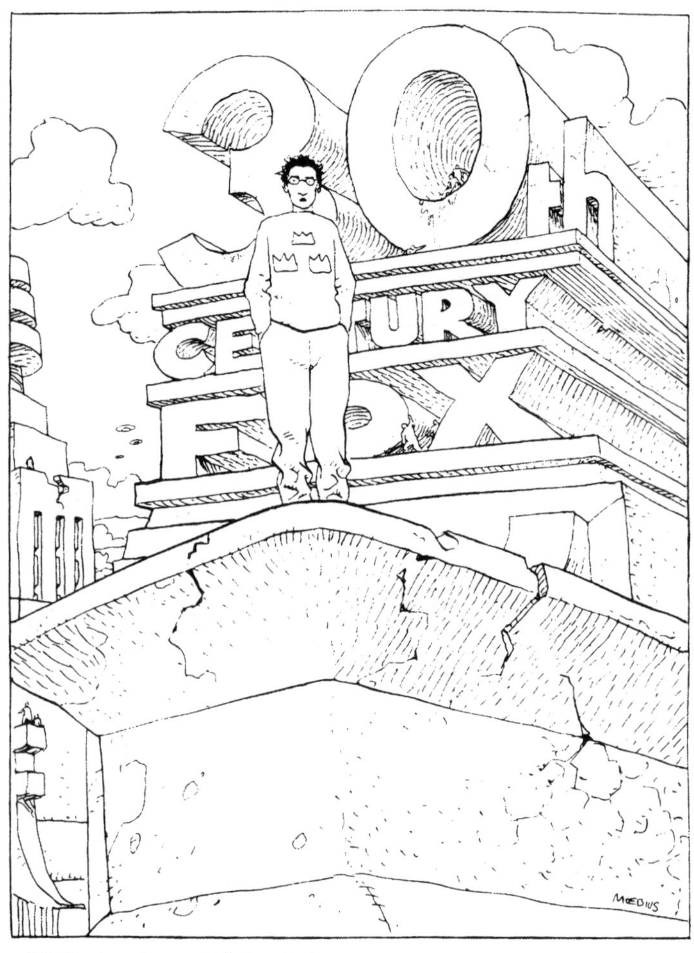

»30th Century Fox«: Selbstportrait aus den *Carnets* nach dem Umzug in die Vereinigten Staaten. Erschienen in *Starwatcher* 1986.

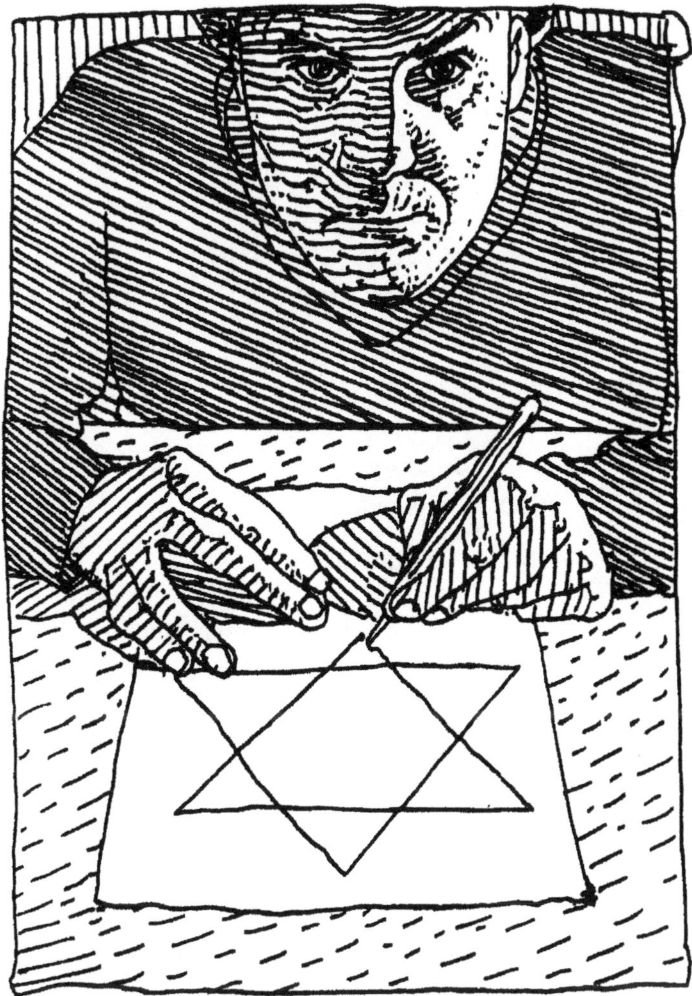

Selbstportrait, gezeichnet im April 1992
in Fort Worth, Texas. Aus den *Carnets.*

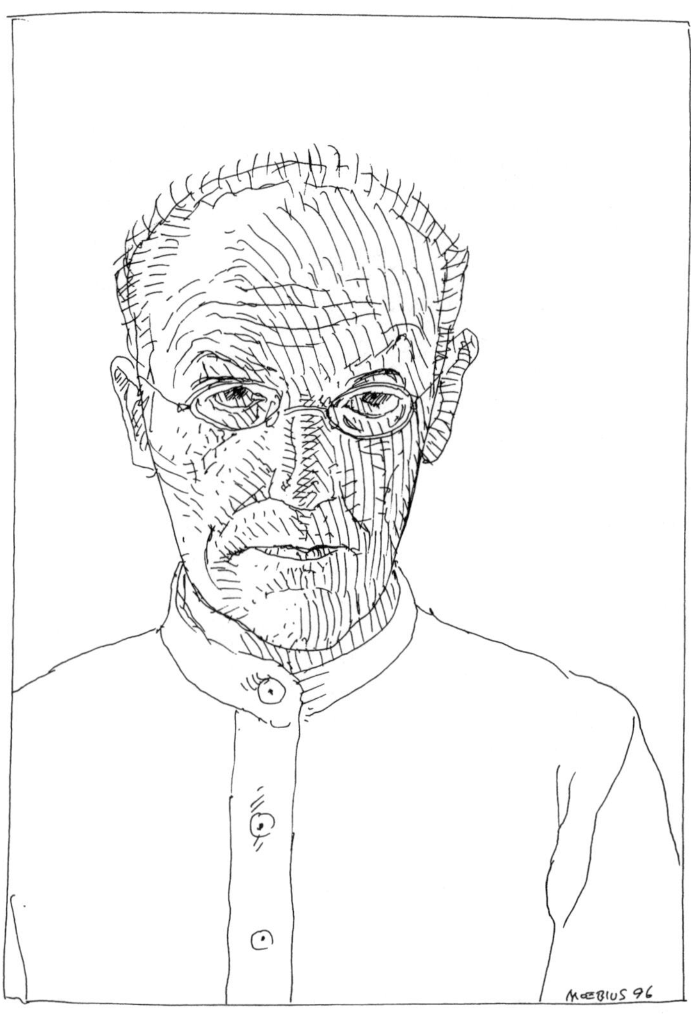

Selbstportrait aus dem Jahr 1996.
Erschienen im Ausstellungskatalog *1 monde réel* der Fondation Cartier, Paris 2000.

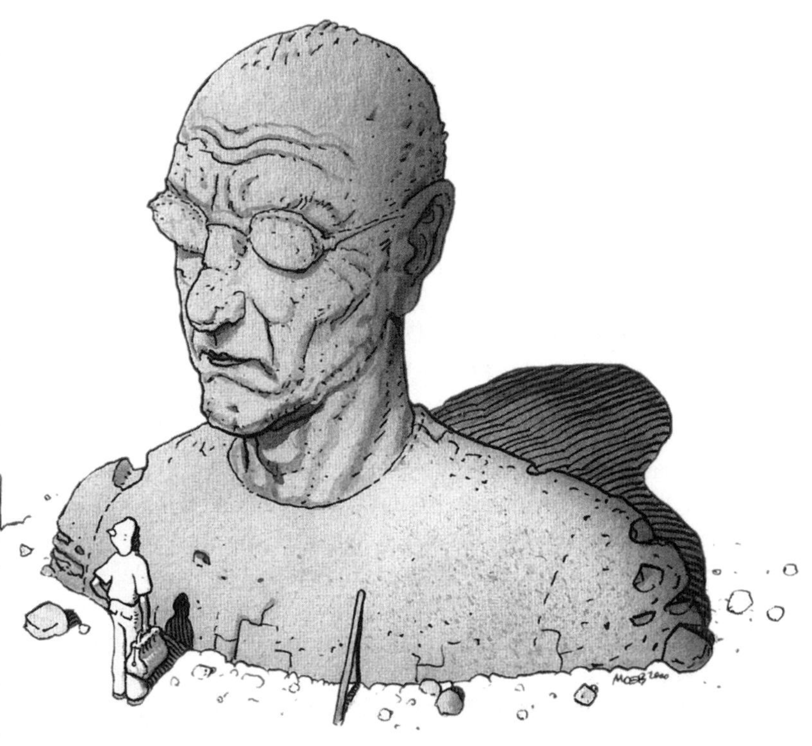

Selbstportrait für das Plakat der großen Moebius-Retrospektive *Trait de génie* im Comicmuseum von Angoulême, 2000.

Verstecken lohnt sich nicht

Autobiographie in den Wolken: Zu dem Comic ›Fumetti‹

Im wundersamen Werk von Moebius nehmen die Selbstportraits einen herausragenden Platz ein. Mit der Schilderung des familiären Abenteuers in *La déviation* beginnt der Siegeszug von Moebius, und in den Notizbüchern, aber auch den veröffentlichten Sammlungen von Gelegenheitszeichnungen finden sich immer wieder Darstellungen des Zeichners selbst. Wie seinem ersten großen Held Blueberry kann man anhand dieser Blätter Jean Giraud beim Altern zusehen, und es ist besonders eindrucksvoll, welche Ehrlichkeit er vor allem in den letzten Jahren in diesen Zeichnungen walten ließ – sei es in der subtilen Titelzeichnung für die Autobiographie *Histoire de mon double* oder in der ironischen Vignette, die Moebius für die Begleitpublikation schuf, die anläßlich der großen Retrospektive im Comicmuseum von Angoulême im Jahr 2000 erschienen ist. Einige weitere Beispiele aus den *Carnets* sind auf den vorangegangenen Seiten zu finden.

Im wundersamen Werk von Moebius nimmt auch *Fumetti* einen herausragenden Platz ein. Es ist ein autobiographischer Comic, aber er erzählt keine wahre Geschichte. Nichtsdestoweniger erzählt er wahrhaftig, wenn er von den Nöten einer Doppelexistenz berichtet, von den Schwierigkeiten eines Zeichners, von dessen Selbstzweifeln und den Strategien, diese zu überwinden. Und doch ist *Fumetti* nicht von jener Art Comics, die als mehr oder minder fiktionalisierte Selbstbespiegelung oder Tagebuchersatz in den letzten zehn Jahren populär geworden sind und in Joe Matts *Peep Show* und Fabrice Neauds *Journal* ihre interessantesten Beispiele gefunden haben. *Fumetti* weist schon durch den Titel seine Ambition aus, denn das Wort steht bekanntlich sowohl für »Comics« (der Sprechblasen wegen, die im Italienischen als »Wölkchen« bezeichnet werden, woraus sich metonymisch die Bezeichnung für Comics ergab) wie auch für Zigarettenqualm. Durch die Bezeichnung »Fumetti by Moebius« (Seite 97), dieses seltsame italienisch-englische Sprachgemisch auf der ersten Seite eines französischen Comics, ist die Geschichte sowohl als Bilderzählung aus der Feder von Moebius wie auch als dessen Phantasiegespinst ausgewiesen, das flüchtig wie Rauch geraten ist (und nicht zuletzt, wie man auch der Geschichte entnehmen kann, unter dem Eindruck von Marihuana entstand).

Drei Teile von nahezu gleichem Umfang umfaßt die Erzählung: eine dreißigseitige Ouvertüre, die einunddreißigseitige Kernerzählung und einen neunundzwanzig Seiten umfassenden Epilog. Sie sind deutlich voneinander geschieden durch Wechsel der Zeichentechnik (der erste Teil ist mit Feder, die beiden anderen sind mit Kugelschreiber gezeichnet), durch variierenden Textreichtum (der mittlere Teil besteht fast nur aus Dialogen, während die beiden ihn umrahmenden wortkarg und meist auf inneren Monolog beschränkt sind) und durch die Form der Selbstdarstellung von Moebius (im ersten und dritten Teil tritt er allein auf, in der Kernerzählung als Doppel aus gegenwärtigem und Jung-Moebius). Entstanden sind die insgesamt neunzig Seiten innerhalb eines Jahres, vom Dezember 2000 bis zum November 2001. Moebius arbeitete in dieser Phase am Abschlußband des vierteiligen *Tombstone*-Zyklus der *Blueberry*-Reihe, und in der Ouvertüre von *Fumetti* werden nicht nur die Schwierigkeiten geschildert, die ihm die Vollendung der äußerst komplexen Handlung jenes Albums bereitet hat, sondern es sind auch insgesamt vier Seitenskizzen enthalten, die im frühesten Stadium der Arbeit am Szenario entstanden und einen einmaligen Einblick in den Produktionsprozeß eines Moebius-Comics gestatten.

Fumetti – und das ist eine schöne Fortsetzung des allegorischen Titels der Erzählung – diente also in dieser schwierigen Schaffensphase dem Zeichner als Ventil; die »Blasen«, wie sie im Deutschen heißen würden, wurden gefüllt mit all der überschüssigen Energie, die sich, bedingt durch den mühsamen Fortschritt am vierten Band, nicht anders artikulieren konnte als in diesem »Nebenwerk«, das immer wieder hervorgenommen wurde, wenn die andere Arbeit stockte. So entstand schubweise, in einem schlichten Notizbuch ohne jede Vorzeichnung und Korrektur ausgeführt, eine Geschichte, die ein Jahr im Leben von Moebius dokumentiert und zugleich als Traktat über das Schreiben und Zeichnen zu lesen ist.

In den vielfältigen Konfrontationen, die Moebius in seinem Comic erlebt – tiefe Stürze ins Nichts, die Diskussionen mit Jung-Moebius, die Konflikte mit seinen eigenen Figuren, die verzweifelte Suche nach dem richtigen Szenario für *Blueberry* –, liegt das Movens der Handlung. Immer wieder neu setzt sie an, von einer durchgehenden Geschichte kann keine Rede sein, und doch führt sie auf verschlungenen Wegen zu einem Ende, das optimistischer kaum gedacht werden kann, aber doch unterschrieben ist mit »Fortsetzung folgt«, so daß die Figur des fliegenden Moebius, der seinen anfänglichen Sturz vergessen hat, als nicht mehr erscheint denn eine Vision, ein Traumgesicht, wie es nur der Comic vor Augen führen kann.

Man muß sich Moebius als einen träumenden Menschen vorstellen, der denselben zyklischen Prozeß von Dämmern, Phantasieren und Erwachen durchläuft wie John Difool, der Held seiner sechs *Incal*-Bände. Auf die durch tiefe Stürze eingeleitete und beendete Handlung dieses Zyklus spielt *Fumetti* an, wenn Moebius fliegt und fällt, und es ist bezeichnend, daß von seinen bekanntesten Charakteren allein John Difool nicht ins Geschehen des autobiographischen Comics eingreift. Allerdings kann der Moebius der Geschichte sich die Vermutung nicht verkneifen (Seite 146), daß Difool wohl gerade so sehr hinter Alexandro Jodorowsky, dem Szenaristen des *Incal*, hersein könnte, wie es Arzach, Major Grubert und Blueberry hinter ihm selbst sind.

Die Heimsuchung von Moebius durch drei seiner berühmtesten Helden macht deutlich, wie schwer ein Zeichner, der in seiner Arbeit so sehr auf Freiheit bedacht ist (»Mein größtes Vergnügen ist es, in alle Richtungen zugleich aufzubrechen«), an der Last populärer Figuren zu tragen hat. Blueberry ist seit vierzig Jahren ein ständiger Begleiter, und der Major wie auch Arzach haben seit ihren ersten Auftritten in der Mitte der siebziger Jahre gleichfalls immer wieder den Weg in Geschichten und Illustrationen von Moebius gefunden. Im Gegensatz zu Blueberry sind sie tatsächlich Produkte der Moebius-Phantasie, während der Westernheld ja von Jean-Michel Charlier ersonnen und unter der Signatur »Jean Giraud« gezeichnet wurde. Deshalb ist der Konflikt zwischen Moebius und Blueberry gravierender als die Auseinandersetzungen des Zeichners mit Arzach und dem Major, zumal es doch Blueberry ist, der während der Anfertigung von *Fumetti* vernachlässigt wird, weil der vierte Band seiner neuen Abenteuer so lange nicht fertig wird, wie Moebius alle kreative Energie auf den autobiographischen Comic richtet. Die Empörung des virilen Helden darüber, nunmehr schon mehr als zwei Jahre ans Bett gefesselt zu sein (Seite 173), verweist auf die unabgeschlossene Handlung des *Tombstone*-Zyklus, in dessen erstem Band Blueberry angeschossen wird und vom zweiten Album an als Rekonvaleszent das Krankenlager hüten muß. Im Abschlußband, der im berühmten Duell zwischen den Earps und den Clantons am OK Corral gipfeln wird, ist seine endgültige Genesung zu erwarten. Doch Moebius trödelte zugunsten von *Fumetti*.

Als Berater beschwört er deshalb sein Alter ego Jung-Moebius herauf, und zwar als jenen langhaarigen, bärtigen Mann, der in den siebziger Jahren das Pseudonym wiederbegründete und mit seinem Stil Furore machen sollte – und mit seiner schier unerschöpflichen Produktivität. Doch mit seinem zweiten Ich lädt Moebius sich dieselben Probleme noch einmal auf, denn der jähzornige junge Mann ist genauso verunsichert wie der ältere, wenn er auch die in die Handlung eingreifenden Figuren leichter in die Schranken zu weisen vermag. Doch als beide Moebiusse eine Zeitreise in die Kindheit machen und sich dort als zwölfjährigen Knaben sehen, der all die späteren Schwierigkeiten noch vor sich hat, die sie gerade zu lösen versuchen, erkennen sie sich endlich als Leidensgenossen gegenseitig an. Der Zuruf des älteren an den jüngeren, Verstecken lohne sich nicht (Seite 154), leitet das zentrale Gespräch, den Höhepunkt von *Fumetti* ein, in dem Moebius vor sich selbst Rechenschaft über die jüngere Vergangenheit ablegt.

Diese nur vierseitige Episode ist deshalb von einer solchen Intensität, weil Moebius hier ein einziges Mal die Außenwelt in die Handlung von *Fumetti* eindringen läßt. Seinem jüngeren Ich erzählt er von den Attentaten des 11. September 2001, und in den knappen Sprechblasentexten kommt die tiefe Erschütterung des Künstlers über diese Ereignisse zum Ausdruck – die Seiten entstanden am 13. und 14. September, unmittelbar unter dem Eindruck des Geschehens.

Wenige Wochen später sollte sich der spezifische Humor des Zeichners wieder durchsetzen, der noch mit Entsetzen Scherz treiben kann: Auf der Frankfurter Buchmesse stellte er sich für eine Signierstunde zur Verfügung, und das erste Bild, das er zeichnete, war die Panoramasicht aus einem gigantischen Bürofenster, auf das gerade ein Flugzeug zusteuert. Da hatte Moebius seinen Schock längst überwunden und baute das Horrormotiv in seine eigene futuristisch gestaltete Welt ein. Und dies gelang ihm perfekt, die Skizze hätte sich nahtlos in *Die Hermetische Garage* oder andere Science-fiction-Comics von Moebius eingefügt.

Das war bei *Fumetti* noch ganz anders, und deshalb ist diese spontane graphische Reaktion so interessant. Eingebettet ist der vierseitige Bericht in eine Erörterung der privaten Schwierigkeiten mit den Erben Charliers, die durch ihre Interventionen verhindert haben, daß Moebius den *Blueberry*-Geschichten die von ihm gewünschten Wendungen geben konnte. Schon lange wollte er die Westernserie um phantastische

Elemente bereichern, um auch hier seine beiden Zeichnerpersönlichkeiten Giraud und Moebius einander anzunähern, doch über vielfältige Ankündigungen kamen diese Absichten mangels Verständigung zwischen den Rechteinhabern bislang nicht hinaus. Diese offene Mitteilung über den Dissens zwischen dem Zeichner und den Autorenerben ist von einer derart burlesken Komik, daß sie den tiefernsten Einschub des Attentatsberichts sofort wieder vergessen läßt. Und so endet der Mittelteil von *Fumetti* auf einem denkbar heiteren Grundton: mit zwei verblüfften Gesichtern der beiden Moebiusse, die Arm in Arm den Leser anstarren, fassungslos über die Wendungen, die ein Leben nehmen kann.

In der Kette von Selbstportraits, die Moebius' Werk durchziehen, nimmt *Fumetti* eine Sonderstellung ein. Seit *La déviation* von 1973 hatte er keine Geschichte veröffentlicht, die ihn selbst zum Mittelpunkt des Geschehens machte, und eine trotz aller phantastischen Züge so nah an der Realität orientierte Handlung hatte es bislang in seinem Werk noch nie gegeben. Die neunzig Seiten von *Fumetti*, ohne Kenntnis über den weiteren Fortgang des Geschehens spontan von Seite zu Seite ohne festes Konzept entstanden, stellen ein erzählerisches wie graphisches Meisterwerk dar, weil hier der intuitiv zeichnende Moebius der siebziger Jahre noch einmal inszenieren darf. So gesehen ist es nur konsequent, daß es just das Alter ego aus ebenjener Zeit ist, das von dem Älteren zur Hilfe herbeigebeten wird. Und dadurch, daß hier der wilde, drogeninspirierte junge Moebius auf den asketischen alten Moebius trifft, entsteht aus dem Gespräch beider ein Rechenschaftsbericht über eine Karriere, die so extreme persönliche Wendungen und Wandlungen genommen hat wie kaum eine zweite.

Am Schluß aber ist Moebius daheim, in seiner eigenen Wüste. Auch dies ist eine Rückkehr zu den Anfängen, zu jener Schilderung des Ursprungs der Moebius-Ästhetik aus dem Blick durch eine Tür auf die große Weite der mexikanischen Wüste. So muß man *Fumetti* lesen, als einen Ausweg und einen Ausblick ins Unendliche, in alle Richtungen, denn so will Moebius ja arbeiten. Und das abschließende »Fortsetzung folgt« ist als ein Manifest des künstlerischen Willens zu verstehen. Nur solche Projekte wie dieser Comic können einem Mann, der alles versucht und alles erreicht hat, noch den Himmel öffnen. Am Ende ist Moebius selbst ein *fumetto*, eine Wolke am Himmel seiner Wüste.

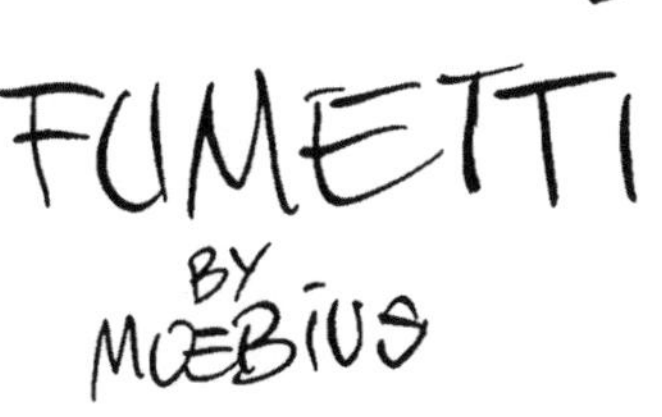

Aus dem Französischen von Andreas Platthaus.
Lettering von Frans Stummer.

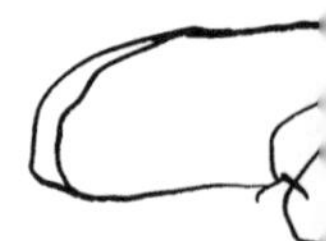

1. LEKTION
RAUCHEN VERBESSERT
DIE ZEICHNUNG NICHT

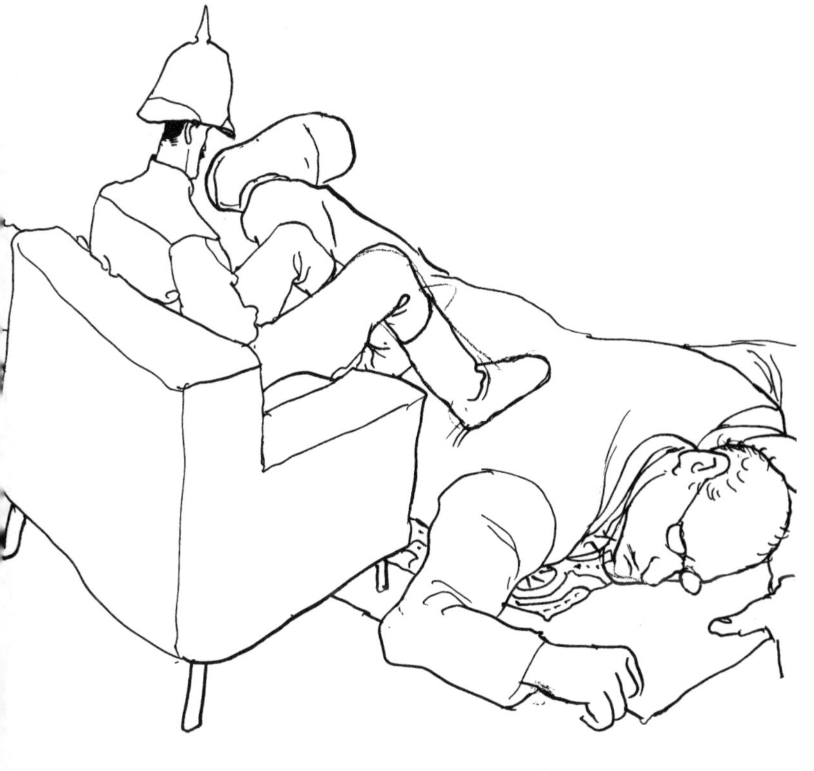

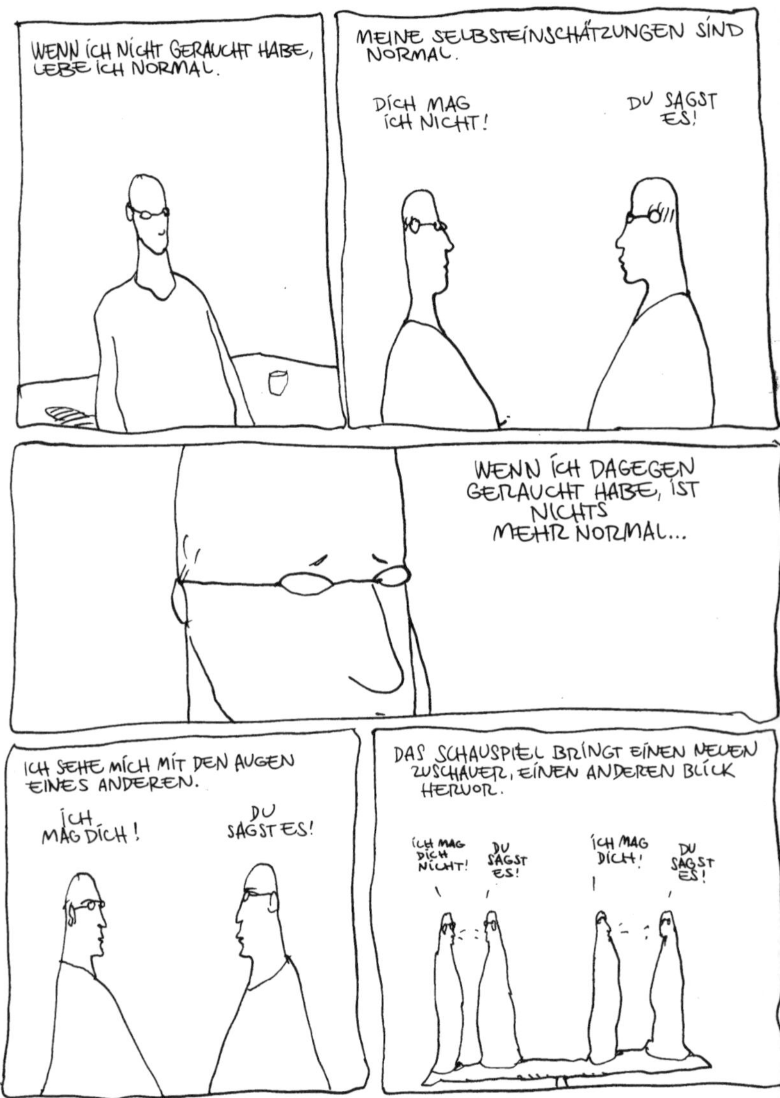
WENN ICH NICHT GERAUCHT HABE, LEBE ICH NORMAL.
MEINE SELBSTEINSCHÄTZUNGEN SIND NORMAL.
DICH MAG ICH NICHT!
DU SAGST ES!
WENN ICH DAGEGEN GERAUCHT HABE, IST NICHTS MEHR NORMAL...
ICH SEHE MICH MIT DEN AUGEN EINES ANDEREN.
ICH MAG DICH!
DU SAGST ES!
DAS SCHAUSPIEL BRINGT EINEN NEUEN ZUSCHAUER, EINEN ANDEREN BLICK HERVOR.
ICH MAG DICH NICHT!
DU SAGST ES!
ICH MAG DICH!
DU SAGST ES!

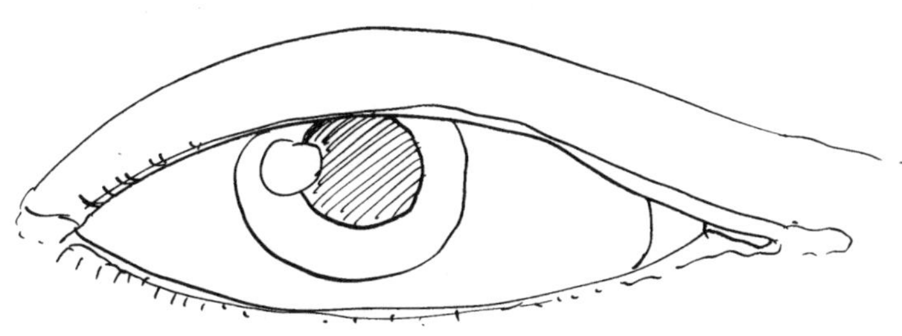
WENN MAN DIESEN PROZESS DER BLICKERWEITERUNG FORTFÜHRT,
GELANGT MAN ZU EINER ART LETZTEN BLICK, DEN MAN GEMEINHIN DURCH EINÄUGIGKEIT SYMBOLISIERT, ABER DABEIHANDELT ES SICH NATÜRLICH NUR UM EINE SPRACHKONVENTION.

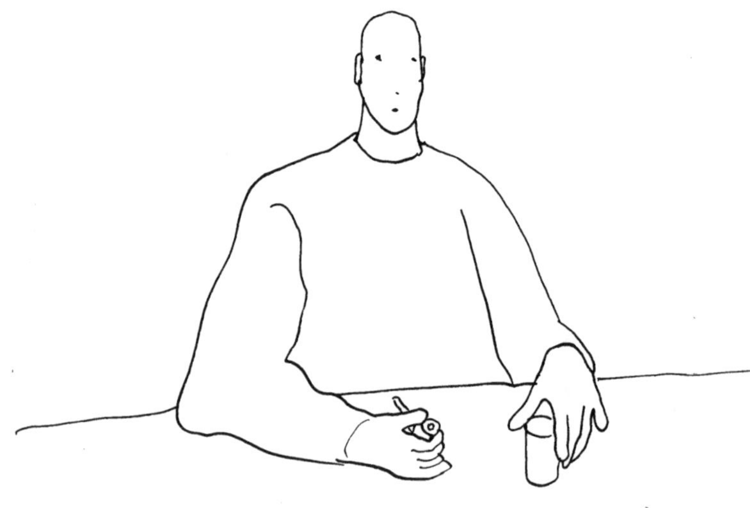
RAUCHEN IST FÜR MICH EINE HEILIGE HANDLUNG,
ABER MAN MUSS GERAUCHT HABEN, UM SICH DARAN ZU ERINNERN.

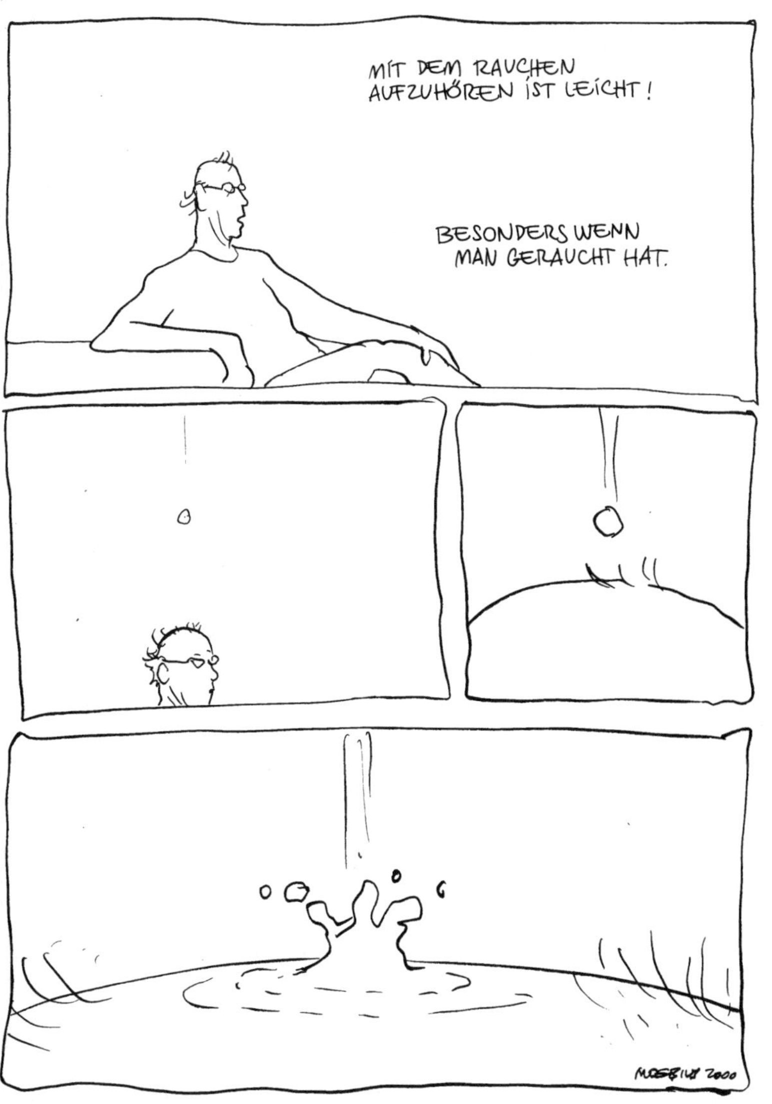
MIT DEM RAUCHEN AUFZUHÖREN IST LEICHT!
BESONDERS WENN MAN GERAUCHT HAT.
MOEBIUS 2000

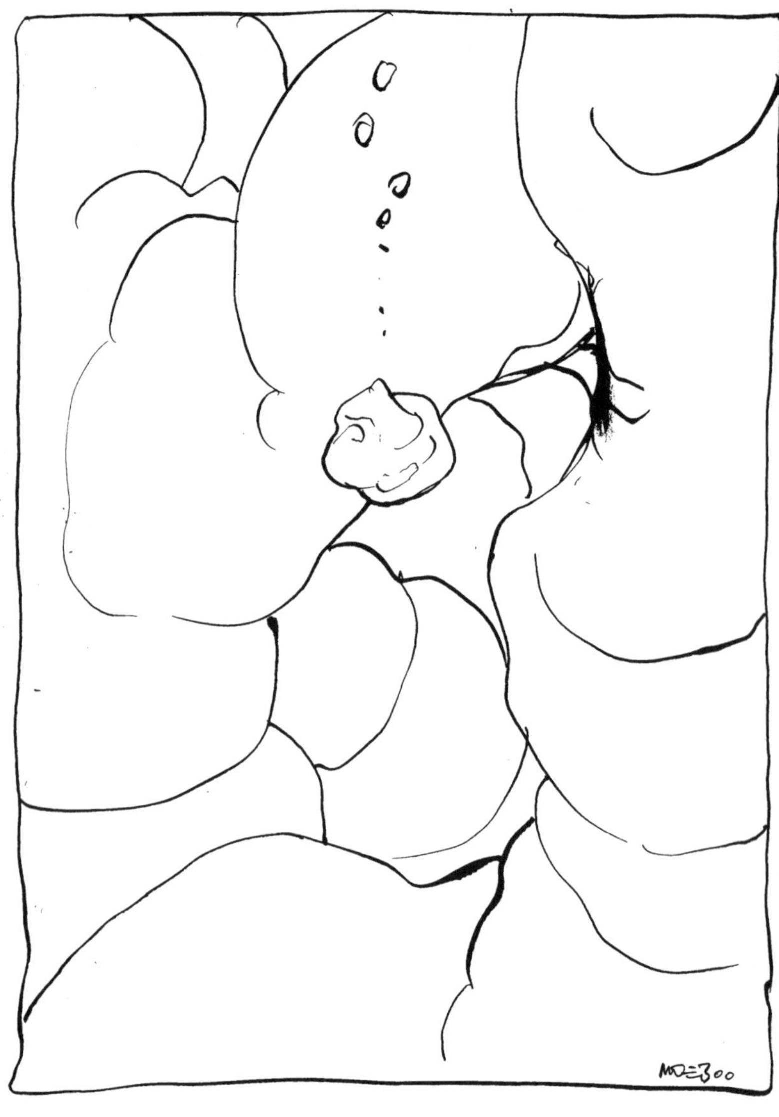

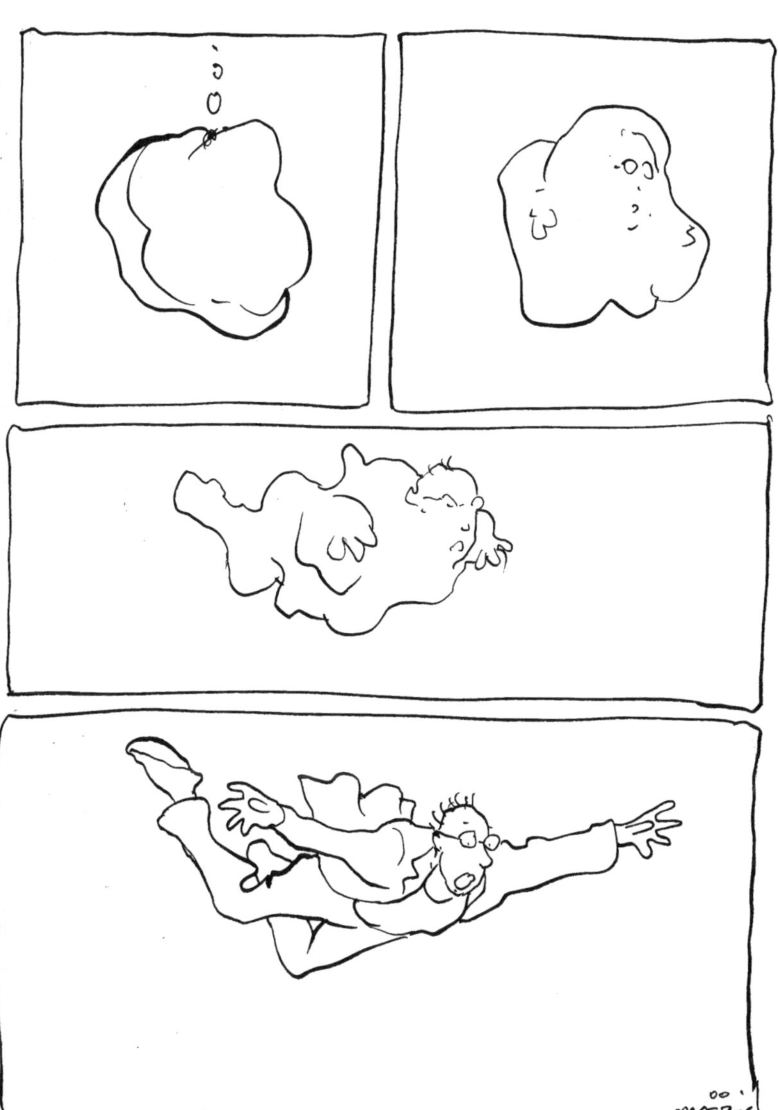
MOEBIUS

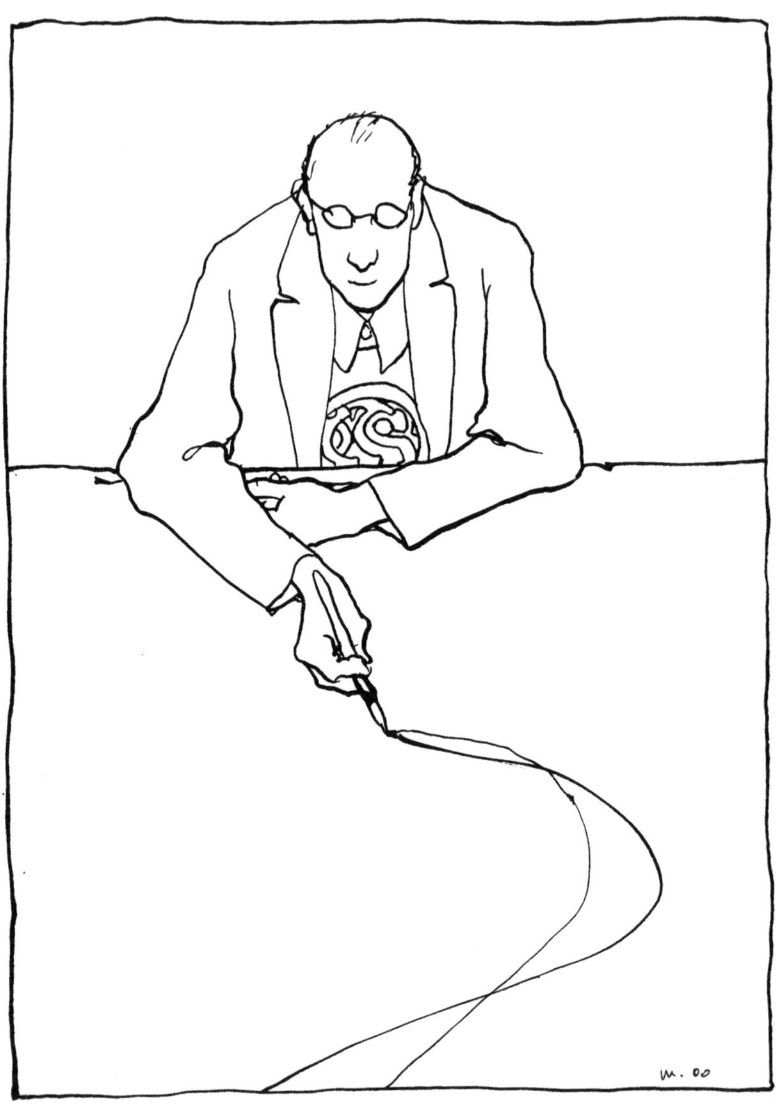

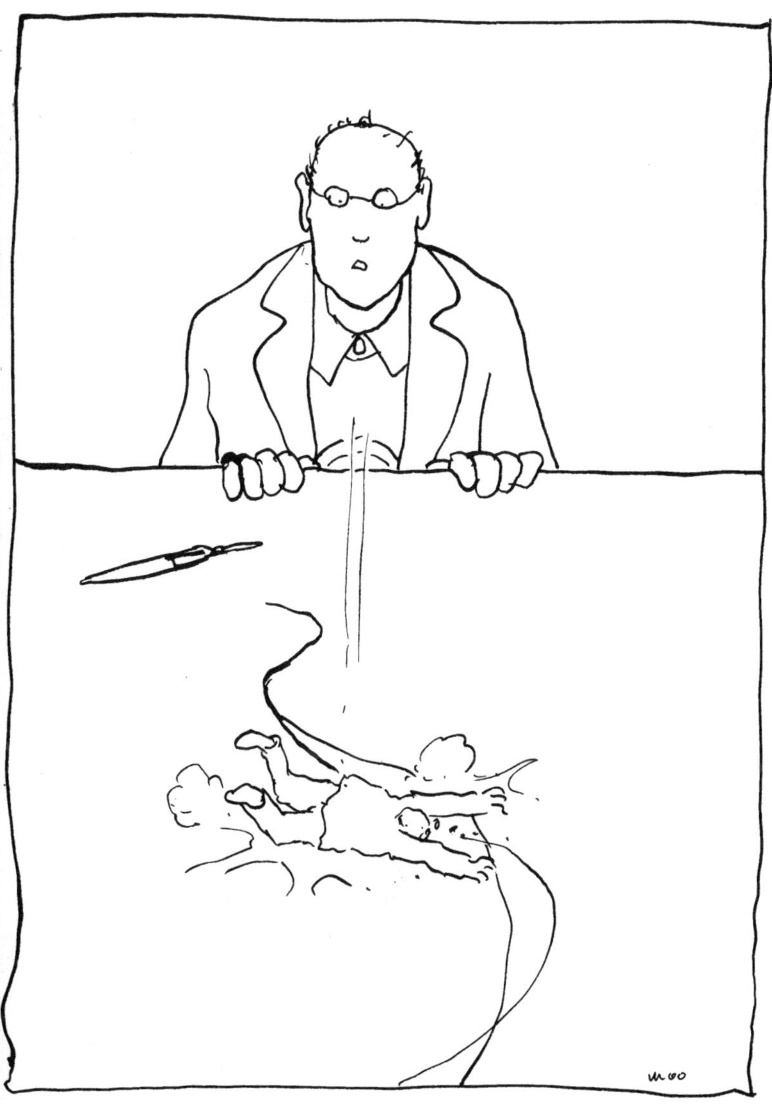

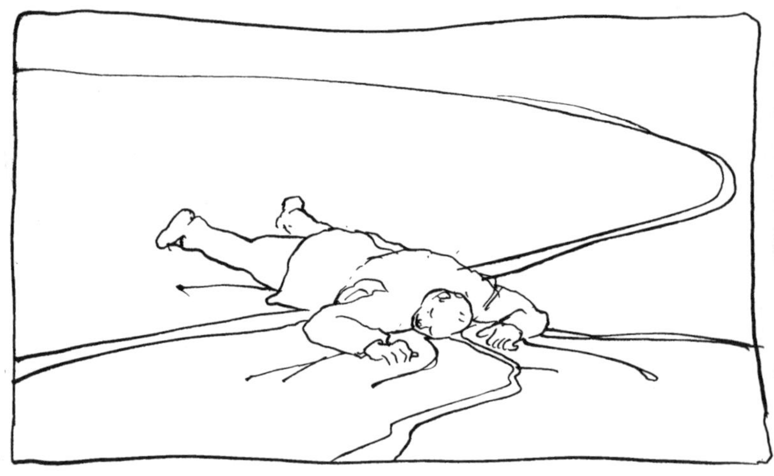

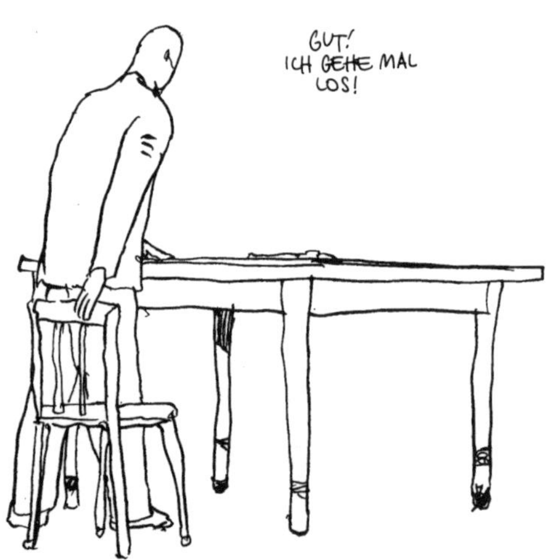

DER ERNÜCHTERTE MOEBIUS ERHEBT SICH UND VERSCHWINDE
FÜR EIN PAAR AUGENBLICKE AUS DEN AUGEN DER NACHWELT.

ER BESCHLIESST,
EIN BLUEBERRY-SZENARIO
ANZUFANGEN.

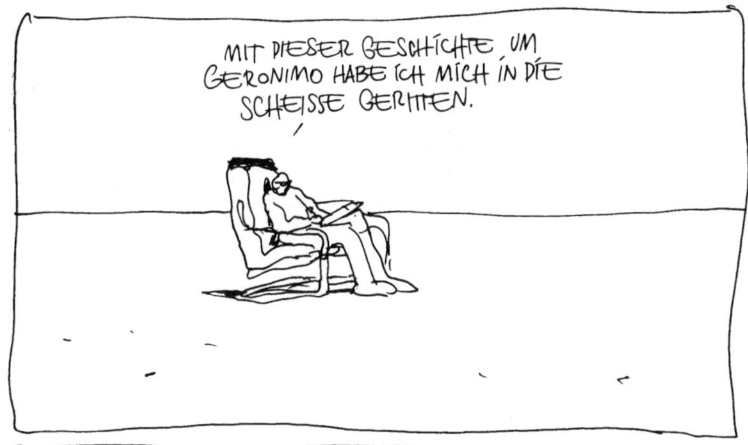

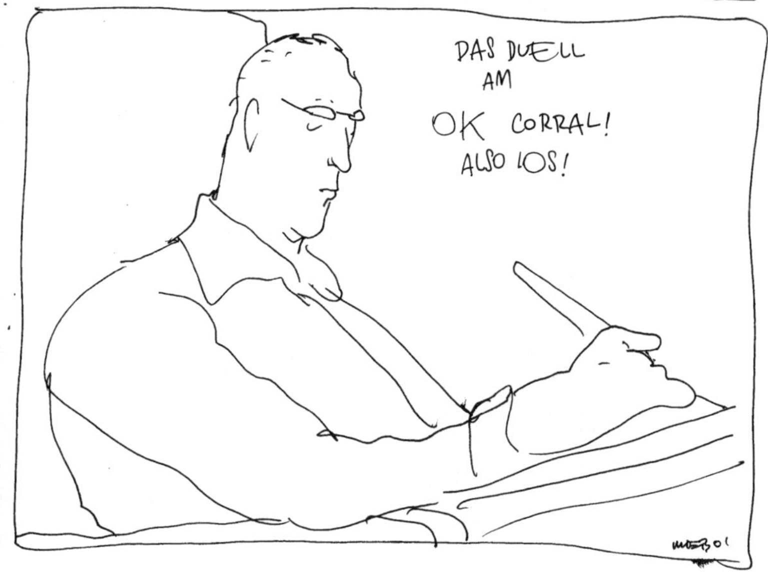

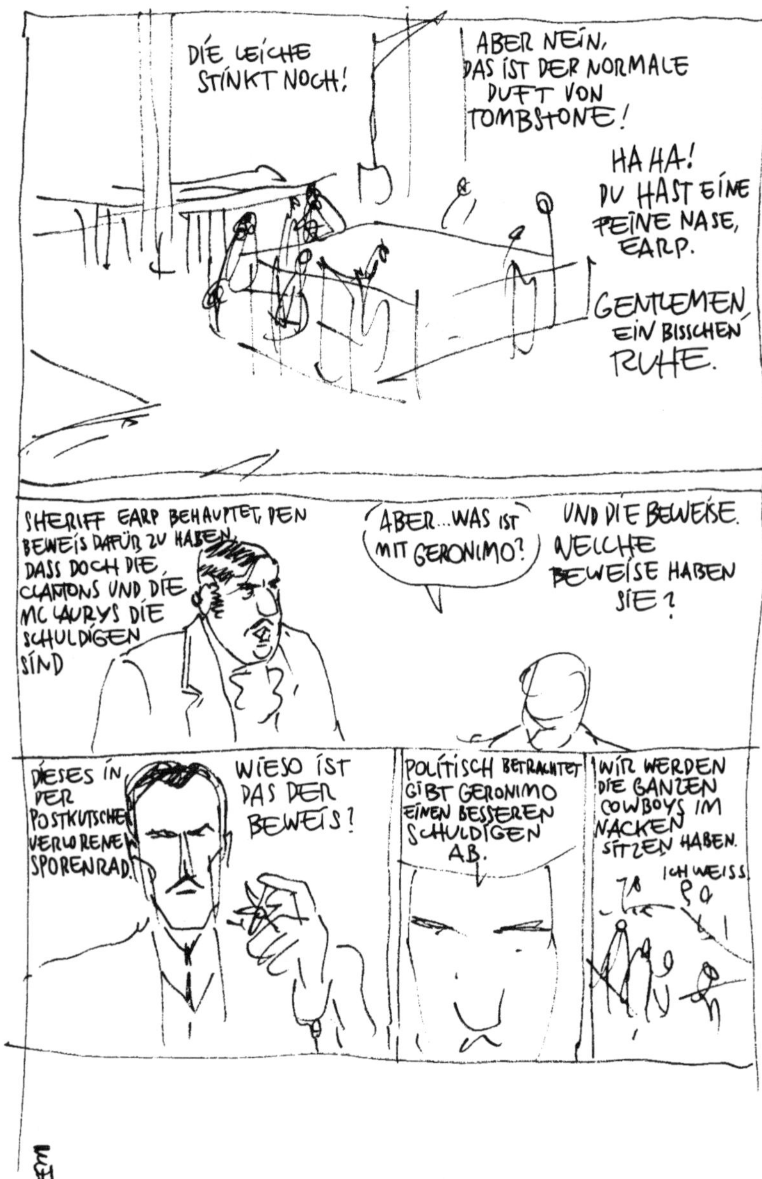
DIE LEICHE STINKT NOCH!
ABER NEIN, DAS IST DER NORMALE DUFT VON TOMBSTONE!
HAHA! DU HAST EINE FEINE NASE, EARP.
GENTLEMEN, EIN BISSCHEN RUHE.
SHERIFF EARP BEHAUPTET, DEN BEWEIS DAFÜR ZU HABEN, DASS DOCH DIE CLANTONS UND DIE MC LAURYS DIE SCHULDIGEN SIND
ABER...WAS IST MIT GERONIMO?
UND DIE BEWEISE. WELCHE BEWEISE HABEN SIE?
DIESES IN DER POSTKUTSCHE VERLORENE SPORENRAD.
WIESO IST DAS DER BEWEIS?
POLITISCH BETRACHTET GIBT GERONIMO EINEN BESSEREN SCHULDIGEN AB.
WIR WERDEN DIE GANZEN COWBOYS IM NACKEN SITZEN HABEN.
ICH WEISS.

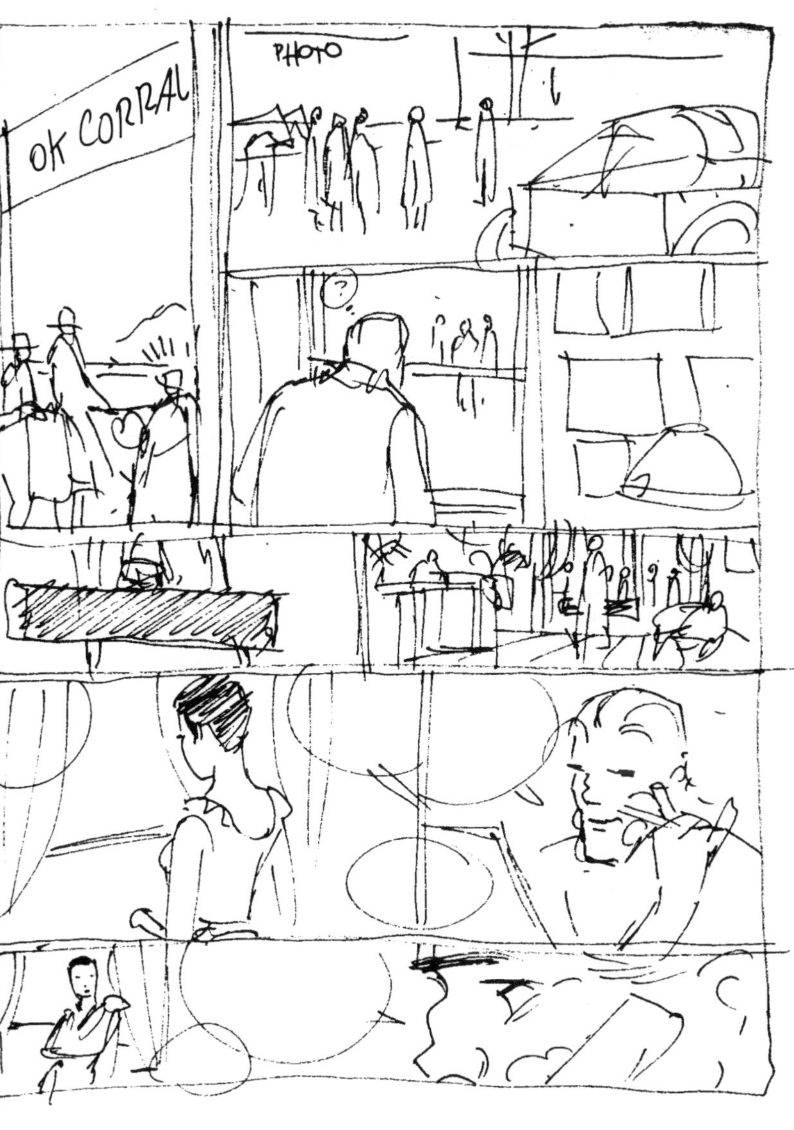
OK CORRAL
PHOTO

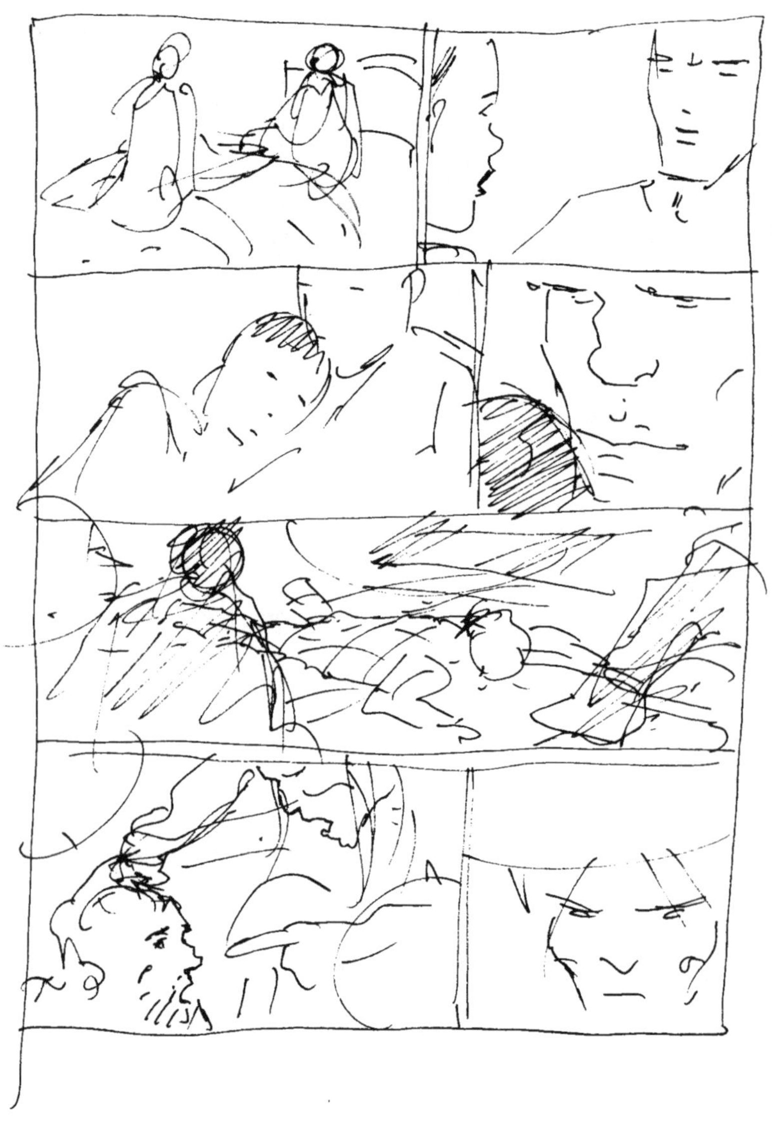

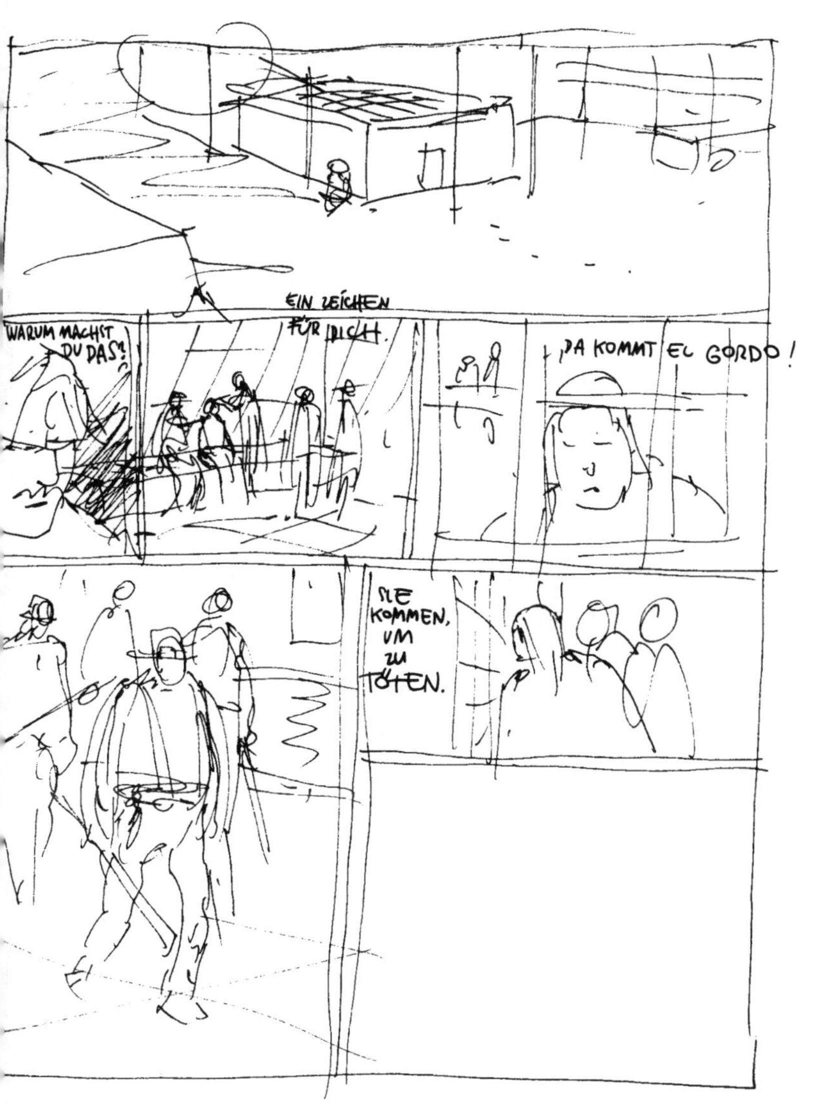
EIN ZEICHEN FÜR DICH.
WARUM MACHST DU DAS?
¡DA KOMMT EL GORDO!
SIE KOMMEN, UM ZU TÖTEN.

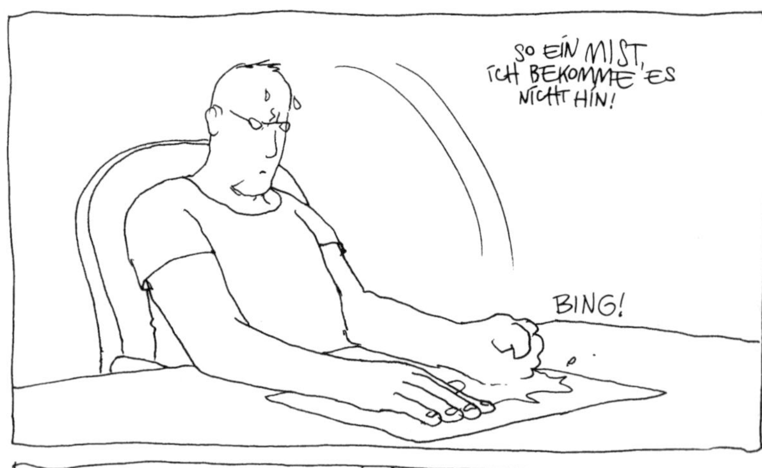
SO EIN MIST, ICH BEKOMME ES NICHT HIN!
BING!

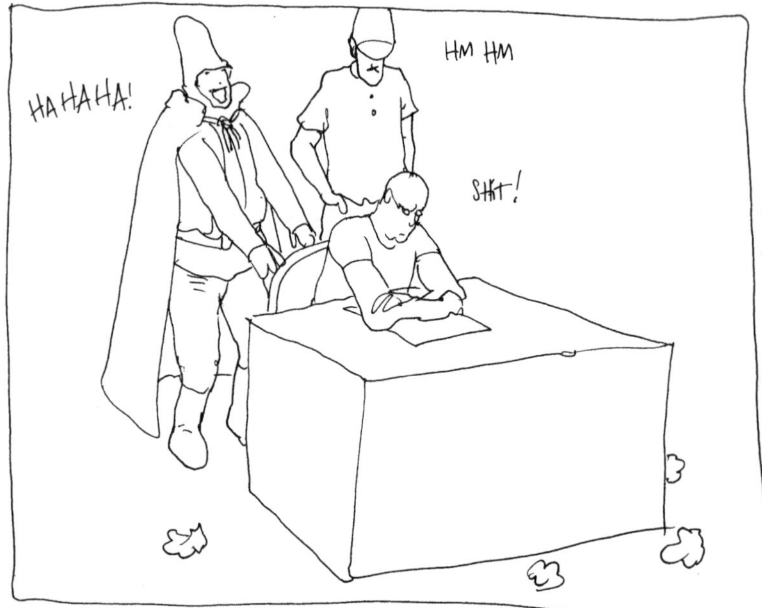
HAHAHA!
HM HM
SHIT!
MOEB 01

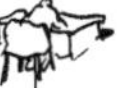
SCHEISSE!

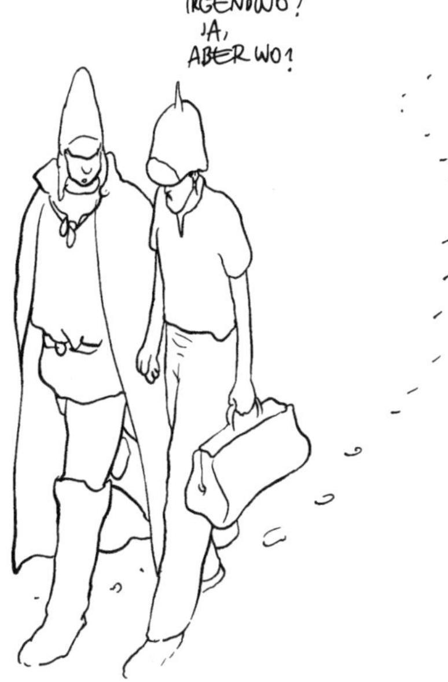
IRGENDWO MACHT MIR DER TYP SORGEN.
IRGENDWO! JA, ABER WO?

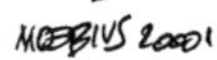
MOEBIUS 2001

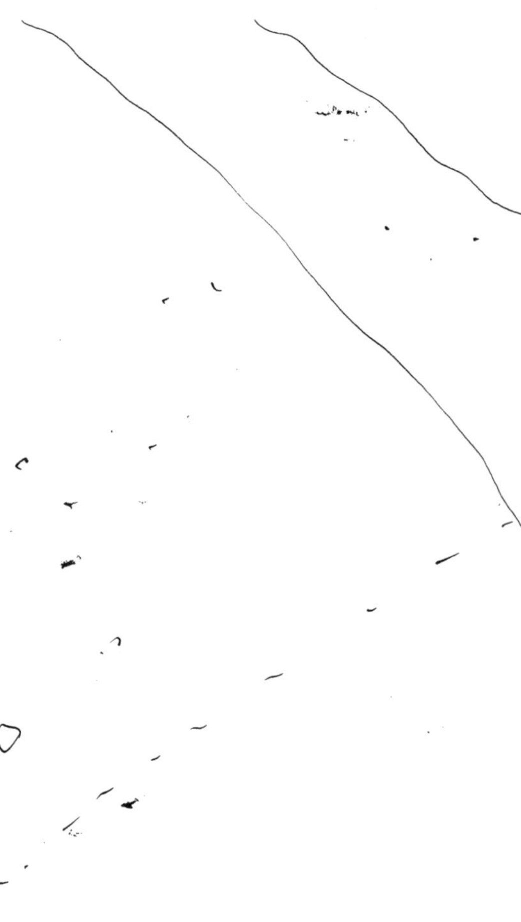

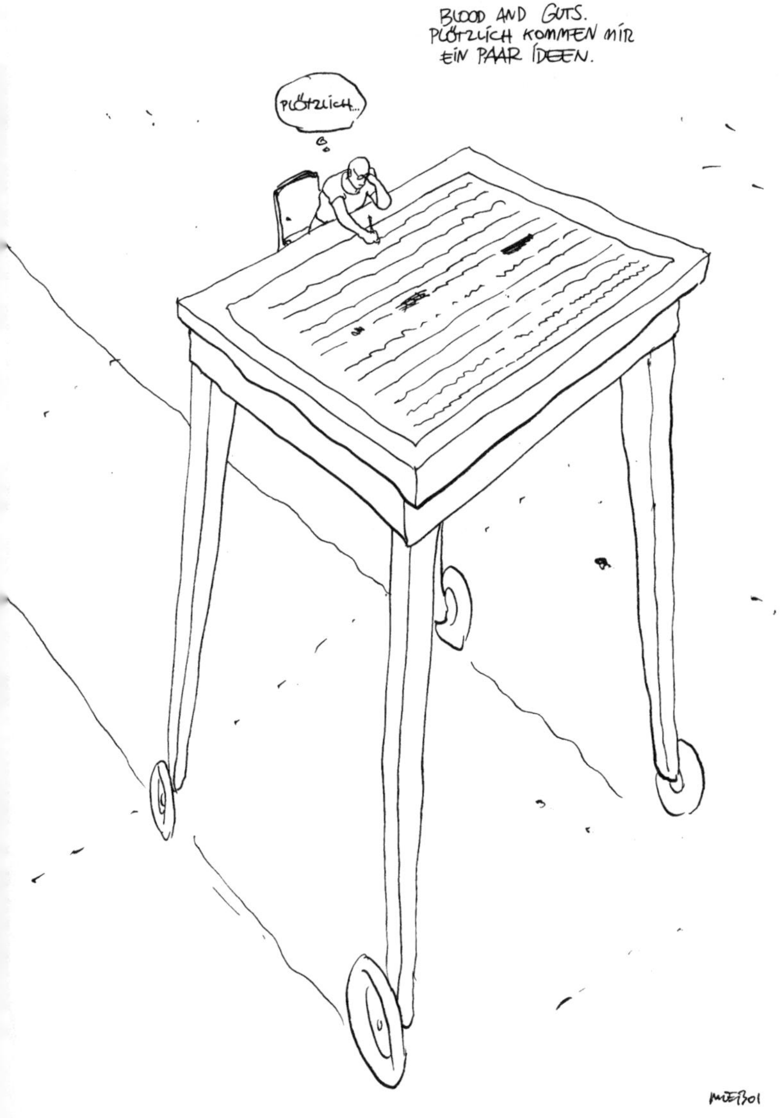

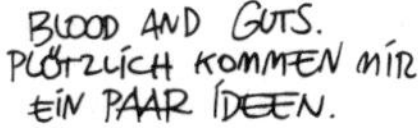
BLOOD AND GUTS.
PLÖTZLICH KOMMEN MIR
EIN PAAR IDEEN.
PLÖTZLICH...

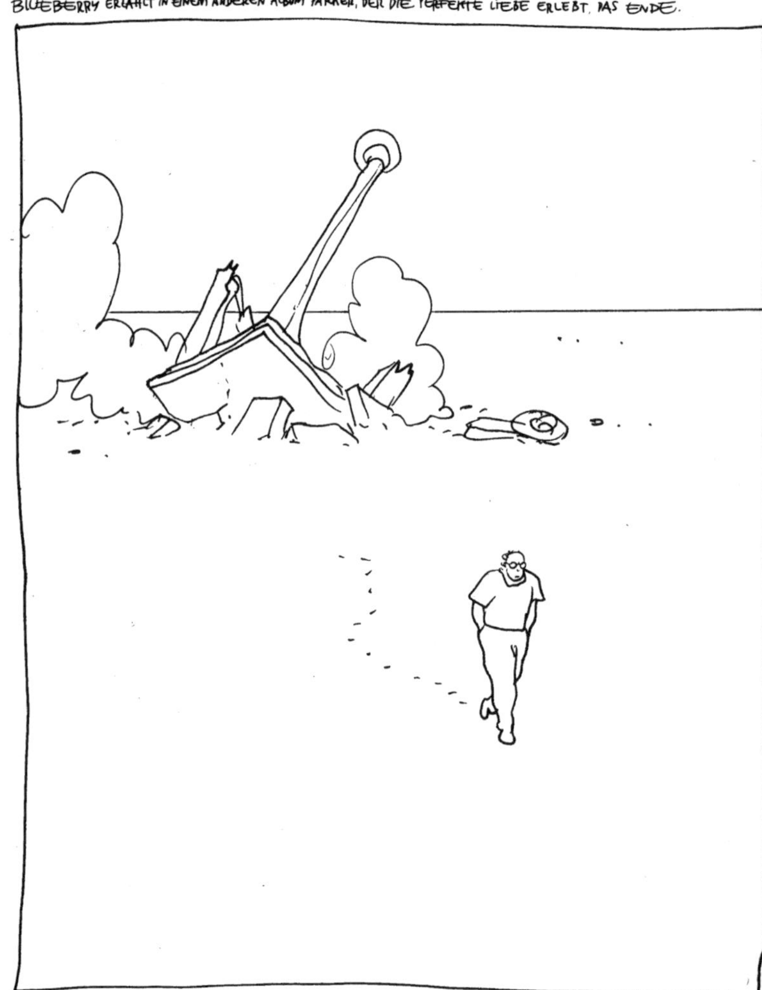
ANSTATT EARP VOR DER FALLE ZU WARNEN, VERSUCHT CLUM, STRAWFIELD SINGEN ZU LASSEN, WIRD ABER GEFANGEN GENOMMEN UND IN DEN SCHACHT EINER GOLDMINE GEWORFEN.
(CLUM MUSS WÄHLEN ZWISCHEN { GERONIMO
EARP → OK
WÄHREND DES GANZEN ALBUMS VERSUCHT CAMPBELL DIE FORTSETZUNG DER GESCHICHTE ZU ERFAHREN, ABER ER STIRBT KURZ VOR DEM ENDE UND MURMELT DABEI: „… DIE FORTSETZUNG … ICH MUSS WISSEN, WIE ES WEITERGEHT!“ (WIRD MAN SEHEN) ERMORDET VOM MÖRDER.
BLUEBERRY ERZÄHLT IN EINEM ANDEREN ALBUM PARKER, DER DIE PERFEKTE LIEBE ERLEBT, DAS ENDE.

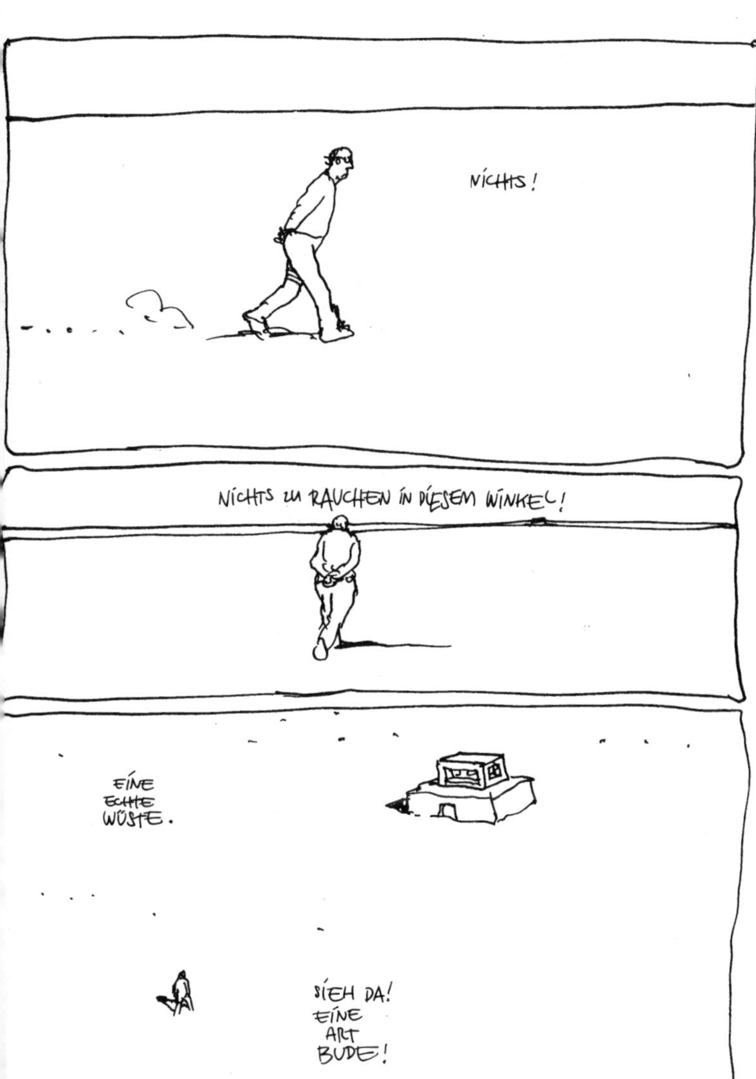
NICHTS!
NICHTS ZU RAUCHEN IN DIESEM WINKEL!
EINE ECHTE WÜSTE.
SIEH DA! EINE ART BUDE!

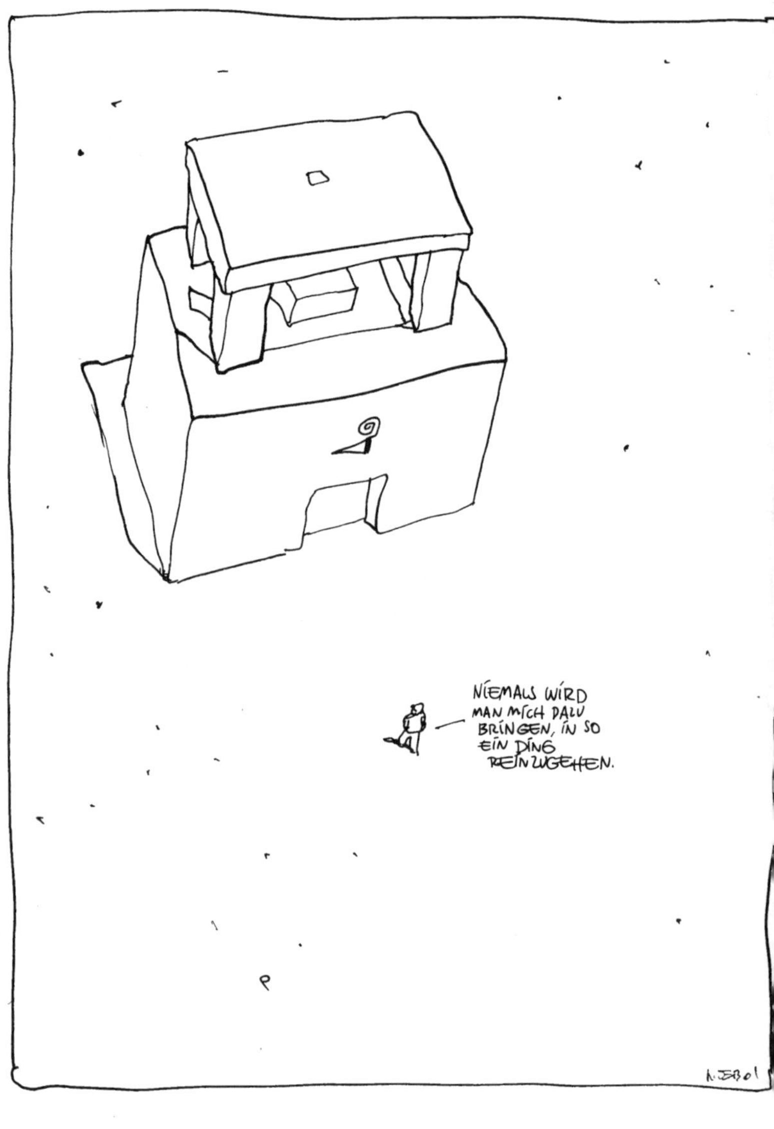
NIEMALS WIRD MAN MICH DAZU BRINGEN, IN SO EIN DING REINZUGEHEN.

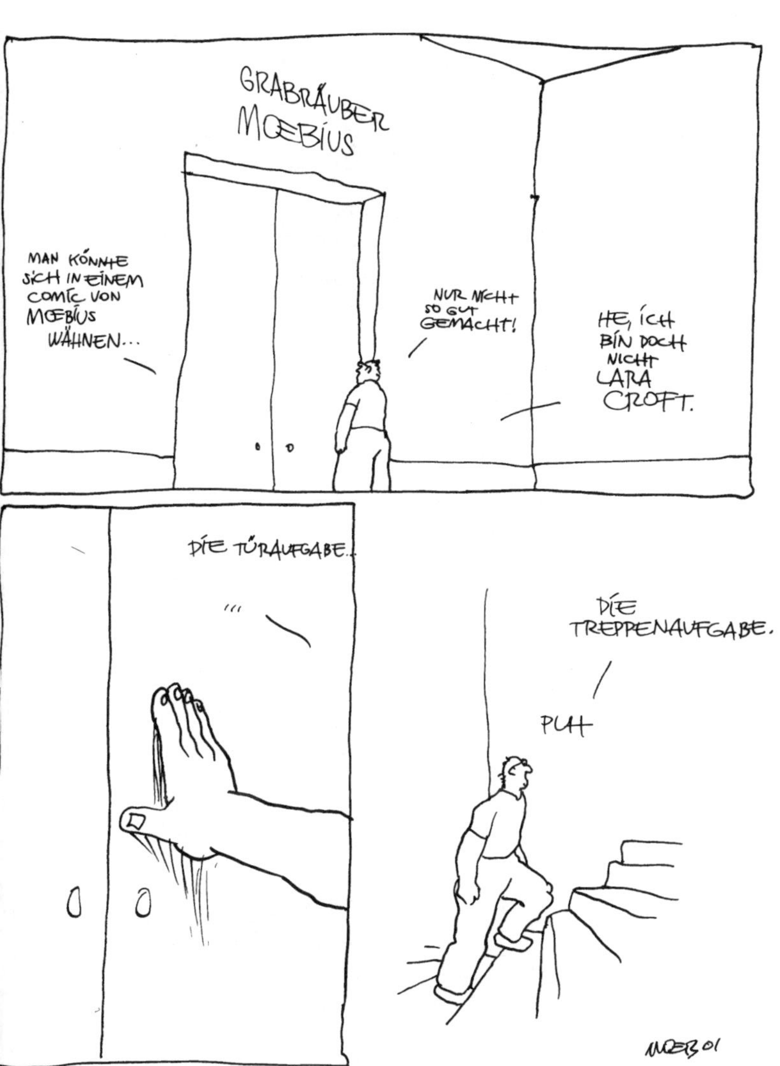
GRABRÄUBER MOEBIUS
MAN KÖNNTE SICH IN EINEM COMIC VON MOEBIUS WÄHNEN...
NUR NICHT SO GUT GEMACHT!
HE, ICH BIN DOCH NICHT LARA CROFT.
DIE TÜRAUFGABE...
DIE TREPPENAUFGABE.
PUH
MOEB 01

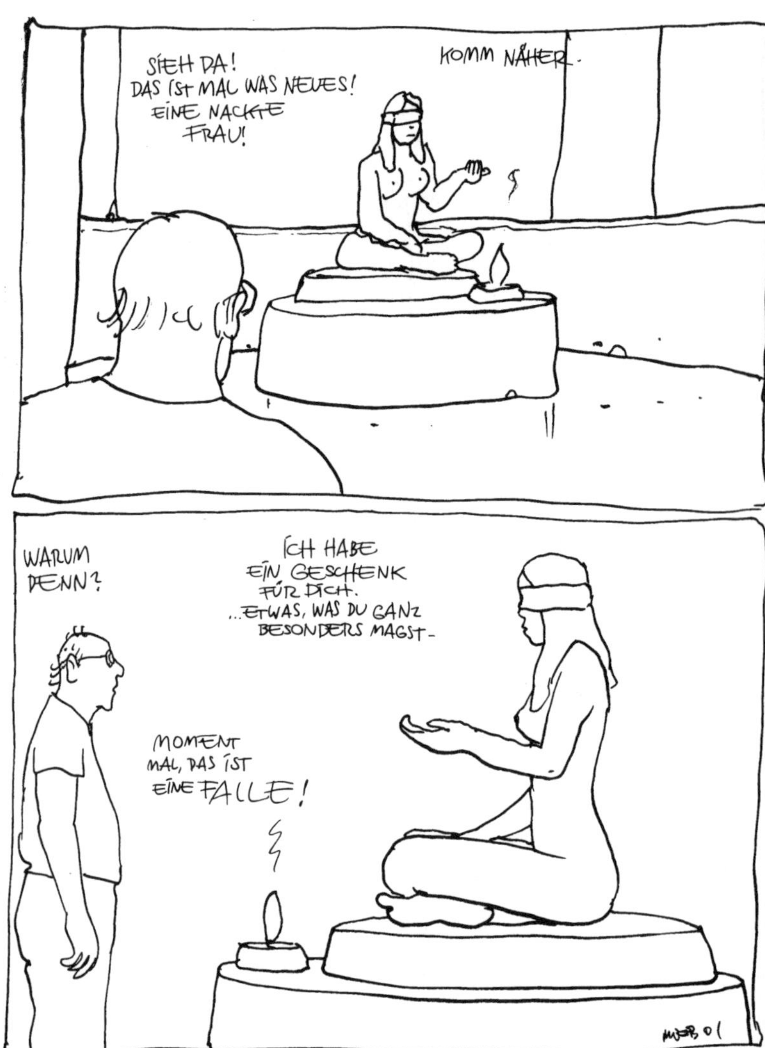
SIEH DA!
DAS IST MAL WAS NEUES!
EINE NACKTE FRAU!
KOMM NÄHER.
WARUM DENN?
ICH HABE EIN GESCHENK FÜR DICH.
...ETWAS, WAS DU GANZ BESONDERS MAGST-
MOMENT MAL, DAS IST EINE FALLE!
MOEB 01

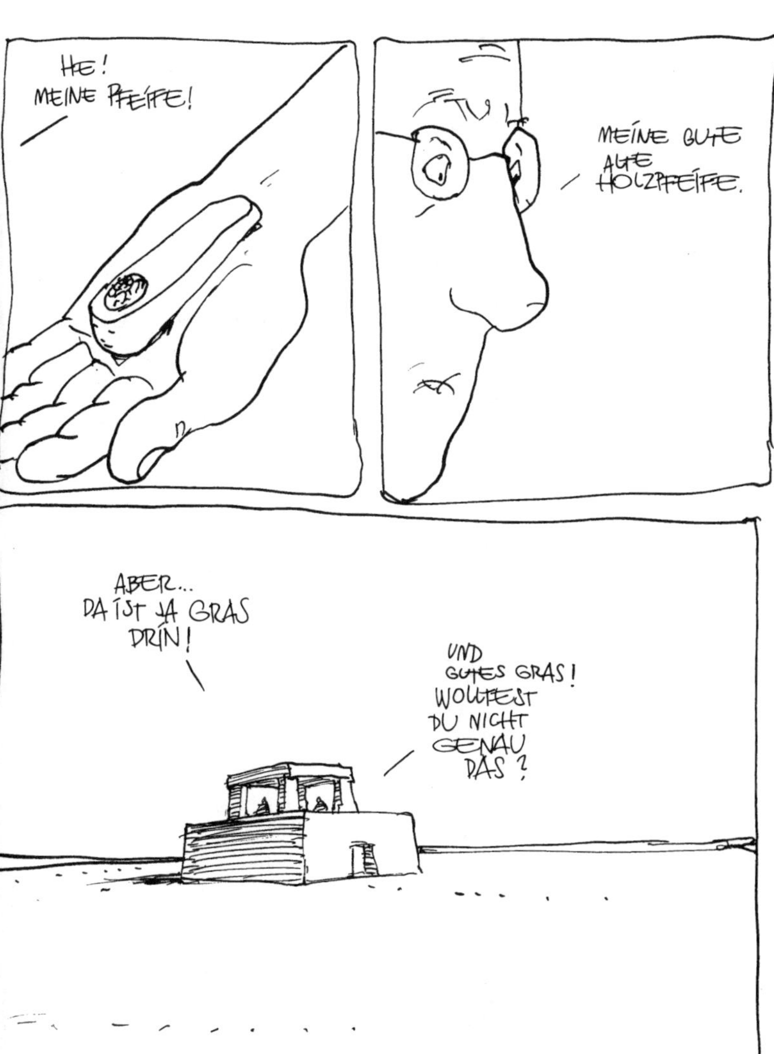
HE!
MEINE PFEIFE!
MEINE GUTE ALTE HOLZPFEIFE.
ABER...
DA IST JA GRAS DRIN!
UND GUTES GRAS!
WOLLTEST DU NICHT GENAU DAS?

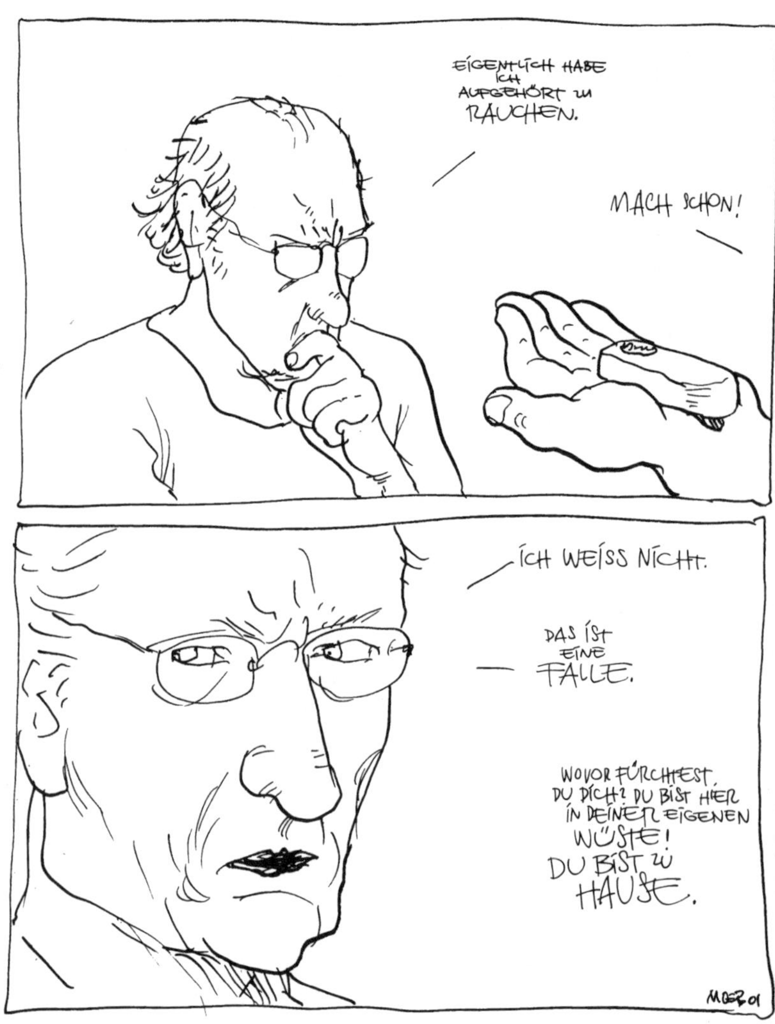
EIGENTLICH HABE ICH AUFGEHÖRT ZU RAUCHEN.
MACH SCHON!
ICH WEISS NICHT.
DAS IST EINE FALLE.
WOVOR FÜRCHTEST DU DICH? DU BIST HIER IN DEINER EIGENEN WÜSTE!
DU BIST ZU HAUSE.
MOEB 01

SPÄTER...
DONNERWETTER, ICH HABE WIDERSTANDEN! ICH BIN GENAUSO GUT WIE MATT SCUDDER.
KEINE FRAGE!
MŒB 01

... DAS IST WIRKLICH MEINE EIGENE WÜSTE.

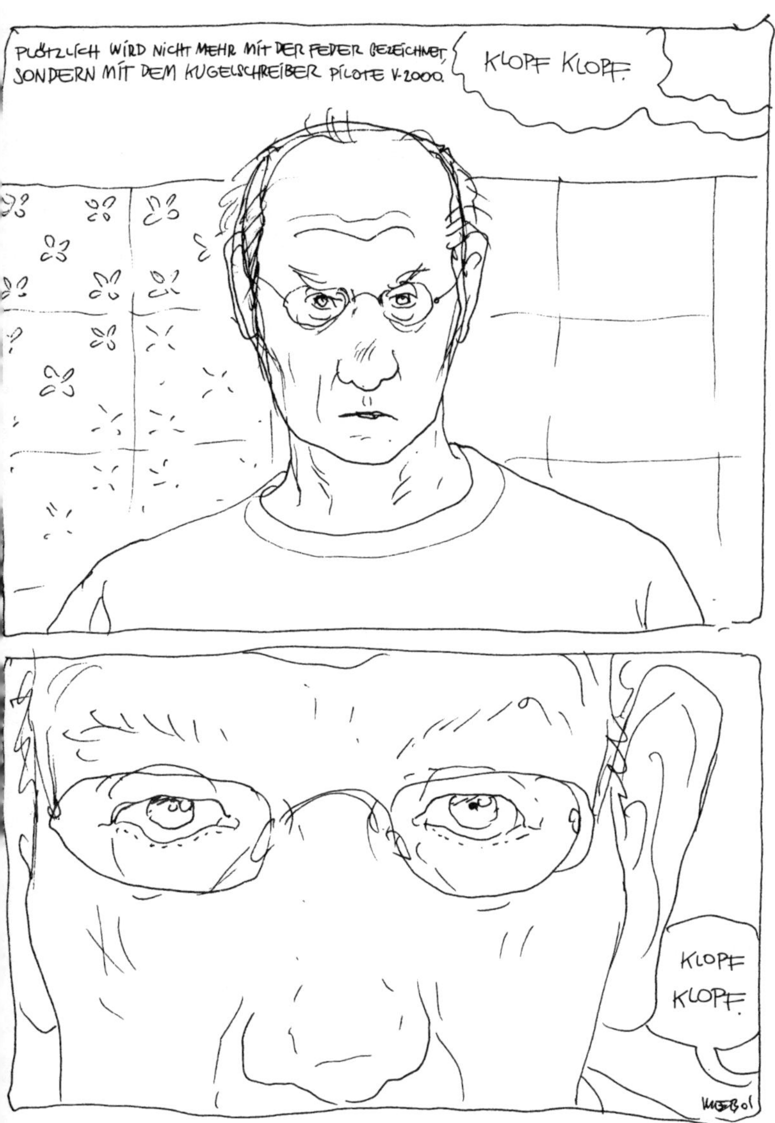
PLÖTZLICH WIRD NICHT MEHR MIT DER FEDER GEZEICHNET, SONDERN MIT DEM KUGELSCHREIBER PILOTE V-2000.
KLOPF KLOPF
KLOPF KLOPF

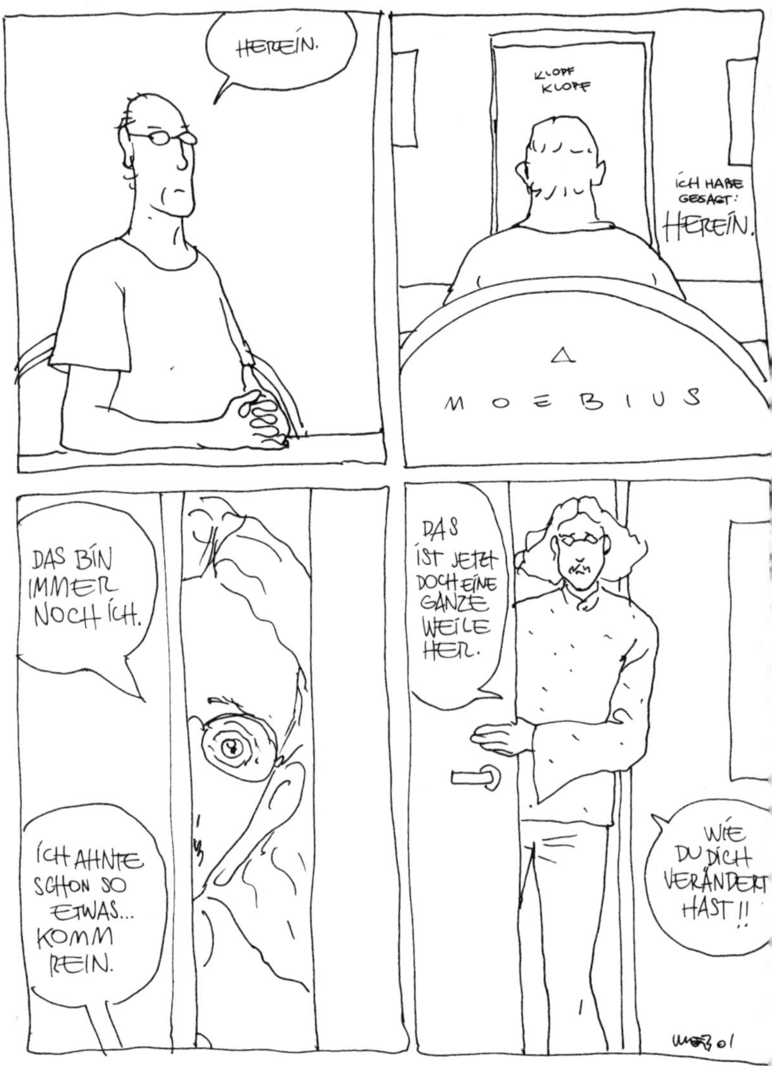
HEREIN.
KLOPF KLOPF
ICH HABE GESAGT: HEREIN.
MOEBIUS
DAS BIN IMMER NOCH ICH.
ICH AHNTE SCHON SO ETWAS... KOMM REIN.
DAS IST JETZT DOCH EINE GANZE WEILE HER.
WIE DU DICH VERÄNDERT HAST!!

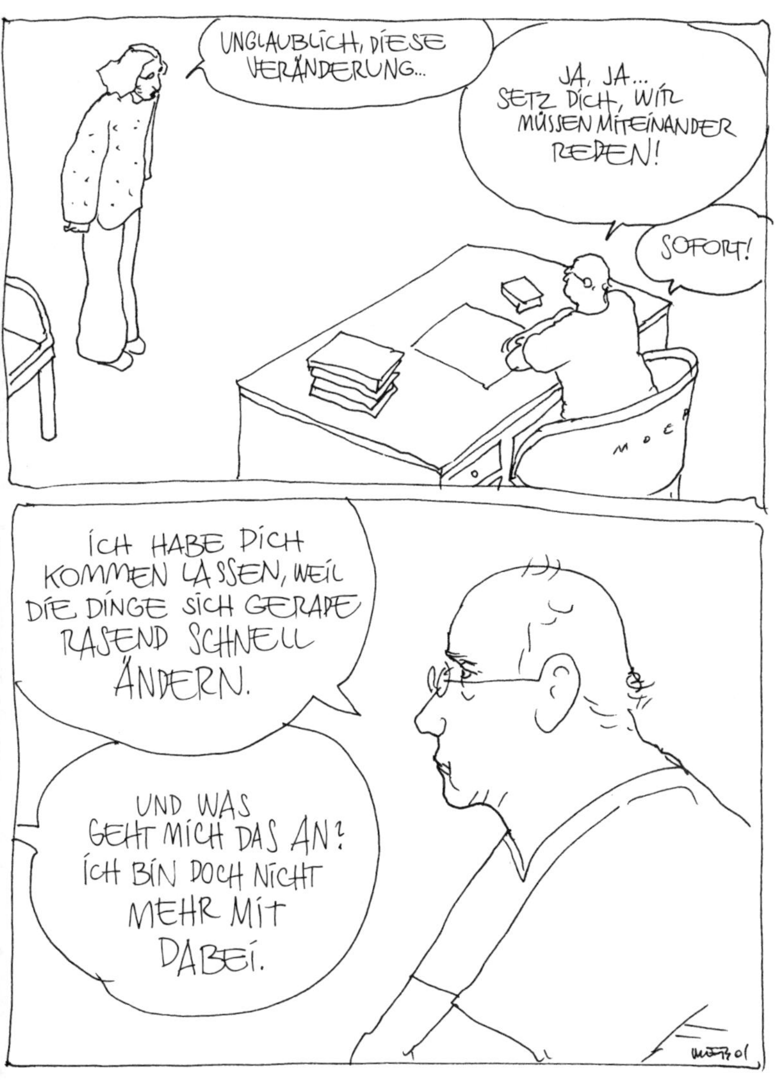
UNGLAUBLICH, DIESE VERÄNDERUNG...
JA, JA...
SETZ DICH, WIR MÜSSEN MITEINANDER REDEN!
SOFORT!
ICH HABE DICH KOMMEN LASSEN, WEIL DIE DINGE SICH GERADE RASEND SCHNELL ÄNDERN.
UND WAS GEHT MICH DAS AN?
ICH BIN DOCH NICHT MEHR MIT DABEI.

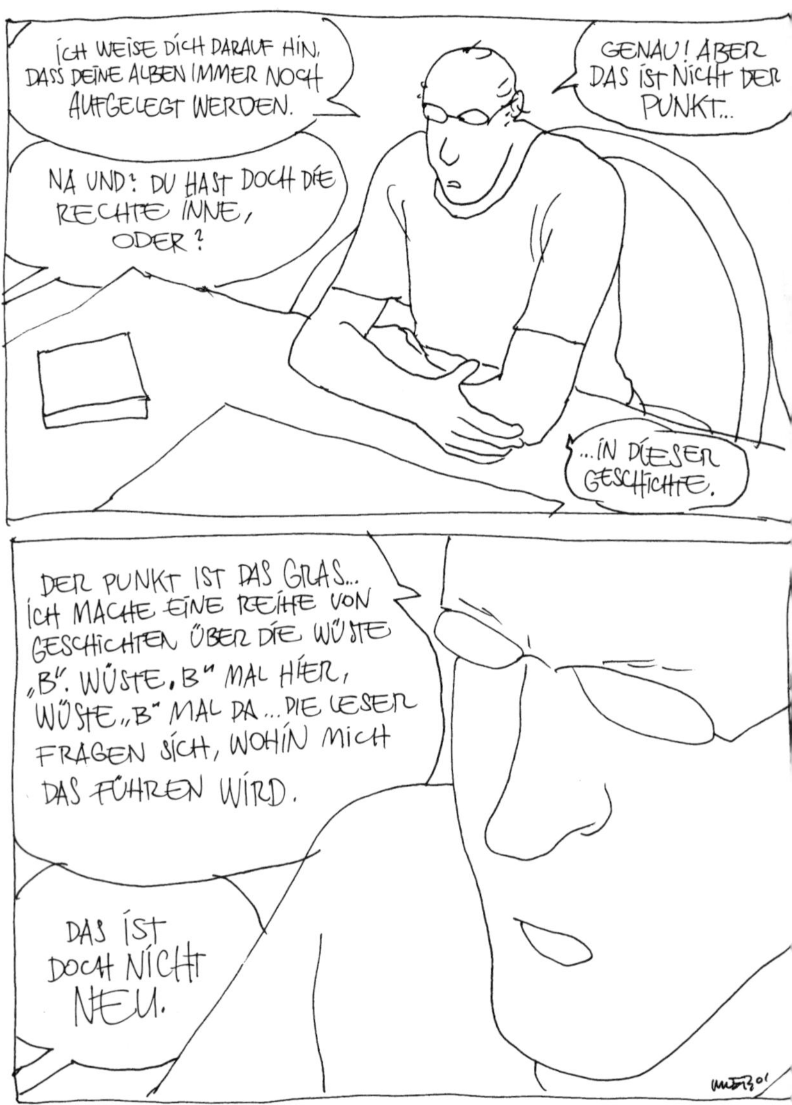
ICH WEISE DICH DARAUF HIN, DASS DEINE ALBEN IMMER NOCH AUFGELEGT WERDEN.
GENAU! ABER DAS IST NICHT DER PUNKT...
NA UND? DU HAST DOCH DIE RECHTE INNE, ODER?
...IN DIESER GESCHICHTE.
DER PUNKT IST DAS GRAS... ICH MACHE EINE REIHE VON GESCHICHTEN ÜBER DIE WÜSTE „B". WÜSTE „B" MAL HIER, WÜSTE „B" MAL DA... DIE LESER FRAGEN SICH, WOHIN MICH DAS FÜHREN WIRD.
DAS IST DOCH NICHT NEU.

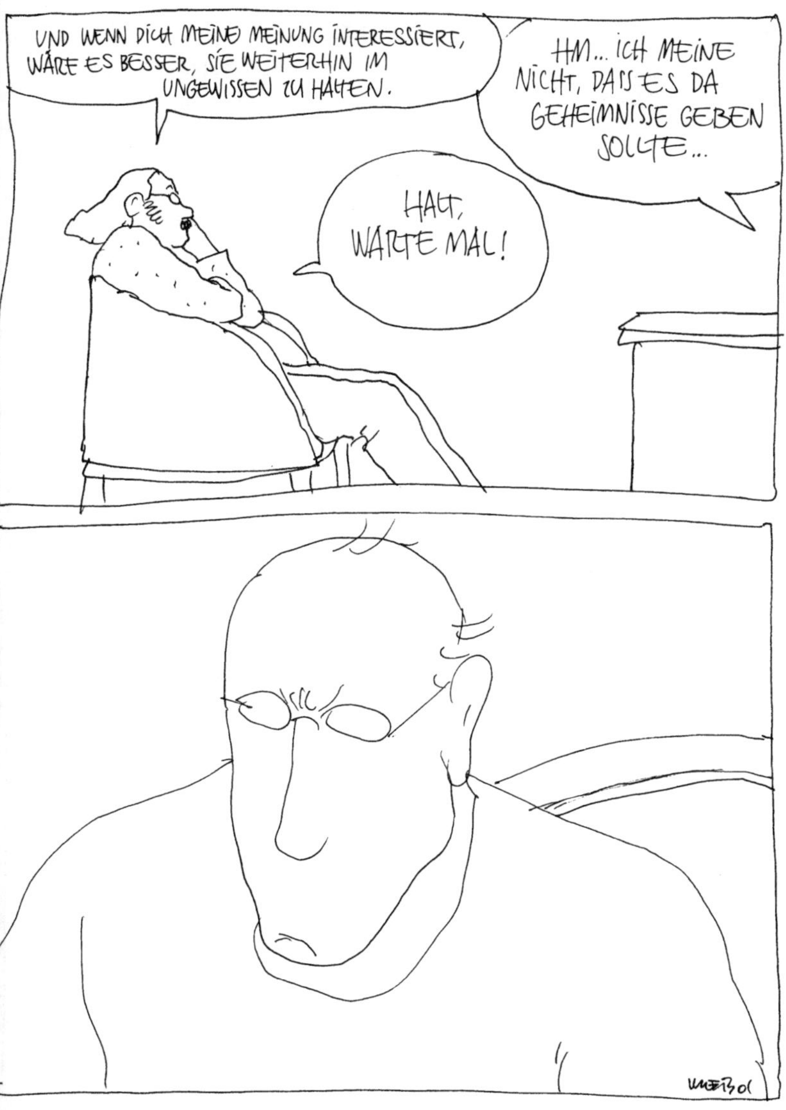
UND WENN DICH MEINE MEINUNG INTERESSIERT, WÄRE ES BESSER, SIE WEITERHIN IM UNGEWISSEN ZU HALTEN.
HM... ICH MEINE NICHT, DASS ES DA GEHEIMNISSE GEBEN SOLLTE...
HALT, WARTE MAL!

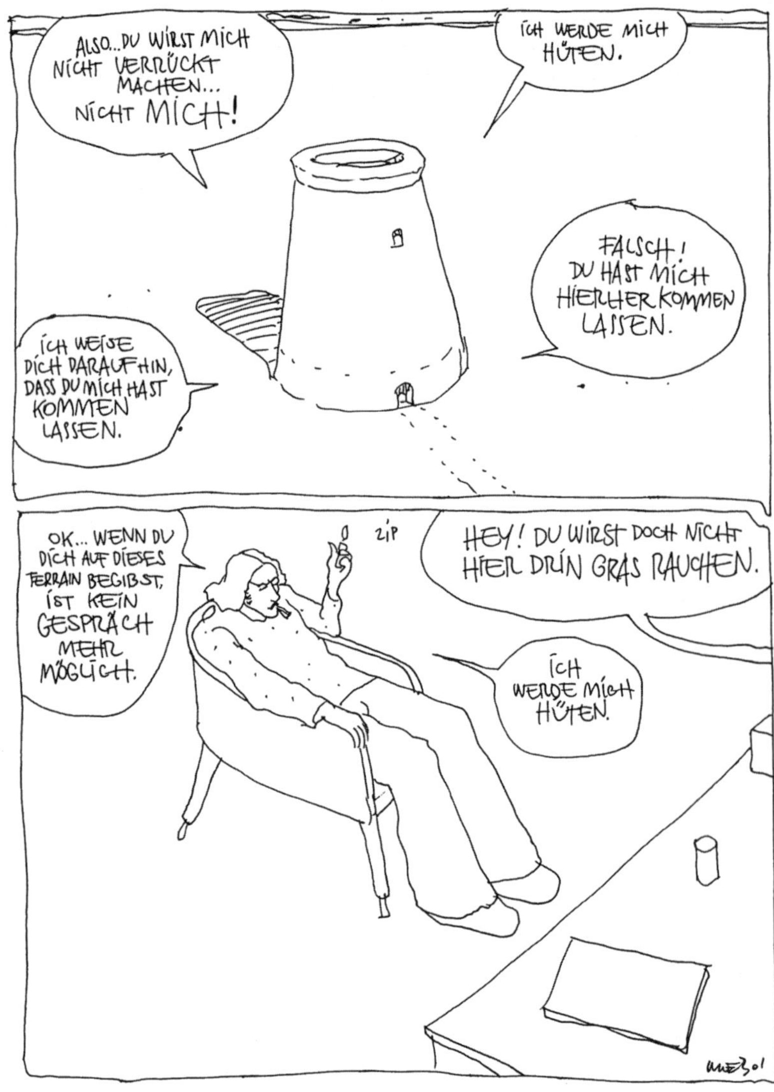
ALSO... DU WIRST MICH NICHT VERRÜCKT MACHEN... NICHT MICH!
ICH WERDE MICH HÜTEN.
FALSCH! DU HAST MICH HIERHER KOMMEN LASSEN.
ICH WEISE DICH DARAUFHIN, DASS DU MICH HAST KOMMEN LASSEN.
OK... WENN DU DICH AUF DIESES TERRAIN BEGIBST, IST KEIN GESPRÄCH MEHR MÖGLICH.
ZIP
HEY! DU WIRST DOCH NICHT HIER DRIN GRAS RAUCHEN.
ICH WERDE MICH HÜTEN.

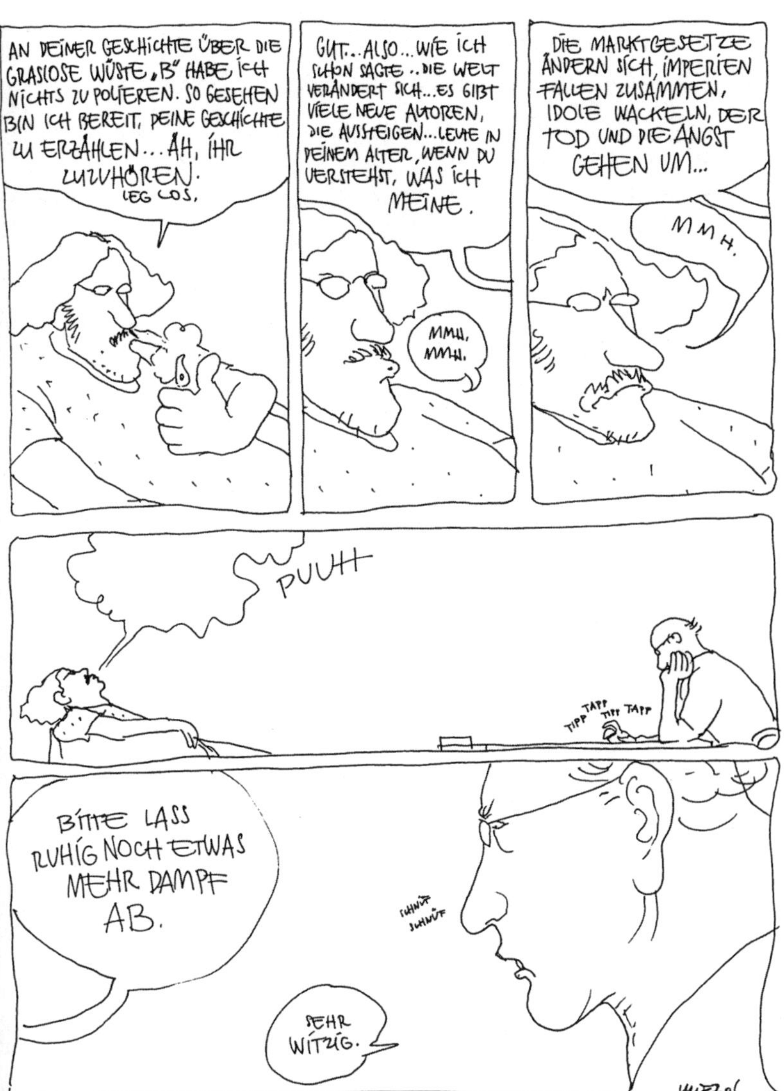
AN DEINER GESCHICHTE ÜBER DIE GRASLOSE WÜSTE „B“ HABE ICH NICHTS ZU POLIEREN. SO GESEHEN BIN ICH BEREIT, DEINE GESCHICHTE ZU ERZÄHLEN... ÄH, IHR ZUZUHÖREN.
LEG LOS.
GUT.. ALSO... WIE ICH SCHON SAGTE.. DIE WELT VERÄNDERT SICH... ES GIBT VIELE NEUE AUTOREN, DIE AUSSTEIGEN... LEUTE IN DEINEM ALTER, WENN DU VERSTEHST, WAS ICH MEINE.
MMH, MMH.
DIE MARKTGESETZE ÄNDERN SICH, IMPERIEN FALLEN ZUSAMMEN, IDOLE WACKELN, DER TOD UND DIE ANGST GEHEN UM...
MMH.
PUUH
TIPP TAPP TIPP TAPP
BITTE LASS RUHIG NOCH ETWAS MEHR DAMPF AB.
SCHNÜF SCHNÜF
SEHR WITZIG.

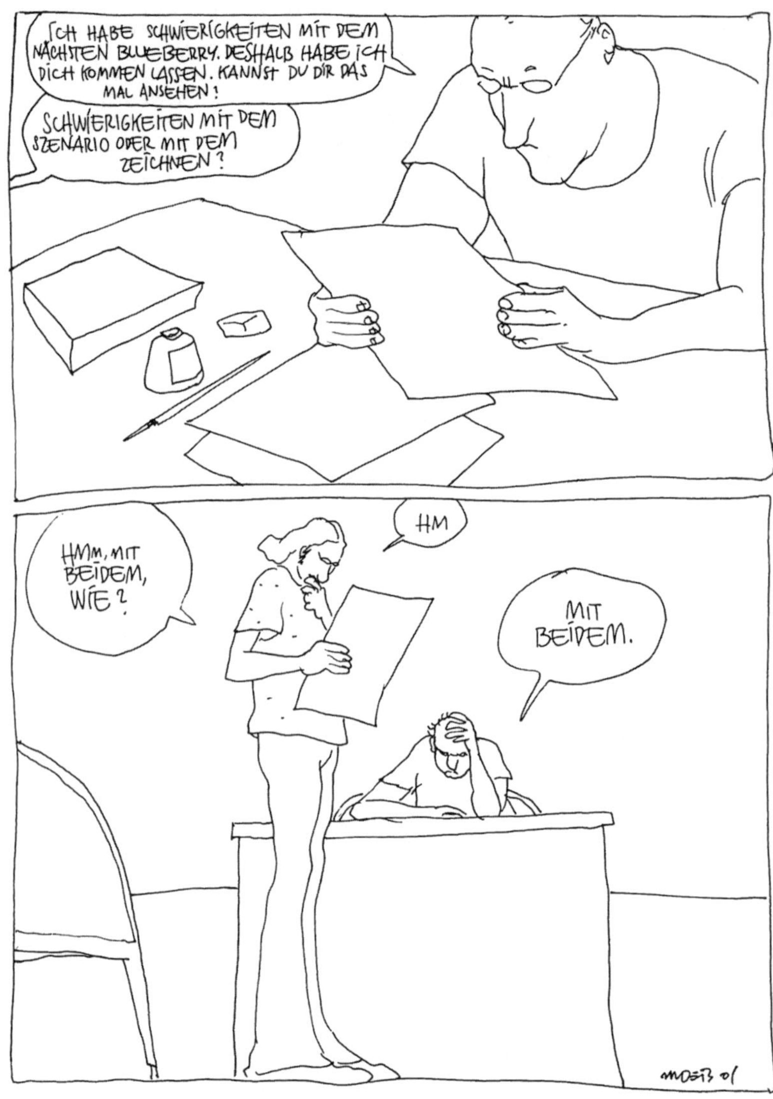
ICH HABE SCHWIERIGKEITEN MIT DEM NÄCHSTEN BLUEBERRY. DESHALB HABE ICH DICH KOMMEN LASSEN. KANNST DU DIR DAS MAL ANSEHEN!
SCHWIERIGKEITEN MIT DEM SZENARIO ODER MIT DEM ZEICHNEN?
HMM, MIT BEIDEM, WIE?
HM
MIT BEIDEM.

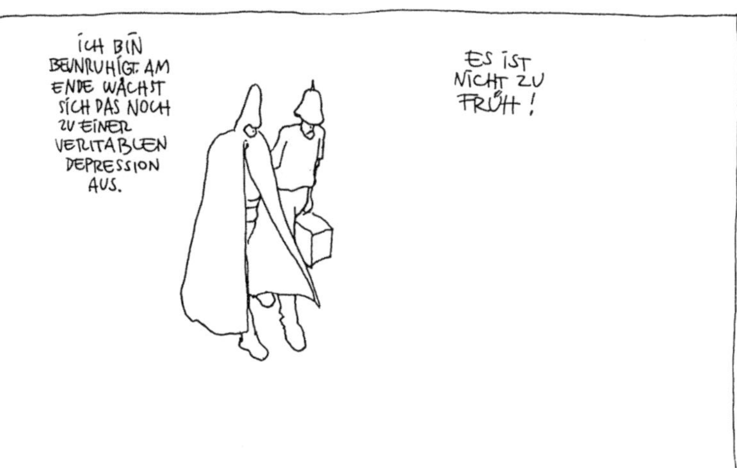
ICH BIN BEUNRUHIGT. AM ENDE WÄCHST SICH DAS NOCH ZU EINER VERITABLEN DEPRESSION AUS.
ES IST NICHT ZU FRÜH!

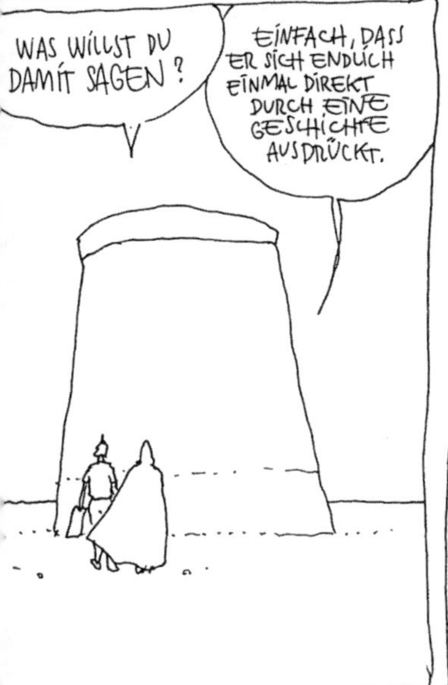
WAS WILLST DU DAMIT SAGEN?
EINFACH, DASS ER SICH ENDLICH EINMAL DIREKT DURCH EINE GESCHICHTE AUSDRÜCKT.

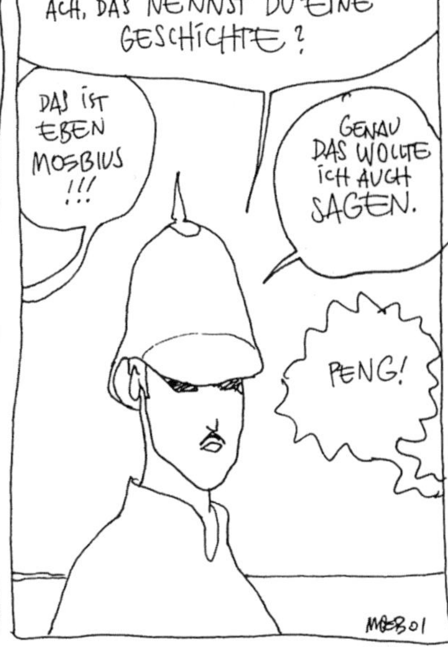
ACH, DAS NENNST DU EINE GESCHICHTE?
DAS IST EBEN MOEBIUS!!!
GENAU DAS WOLLTE ICH AUCH SAGEN.
PENG!
MOEB 01

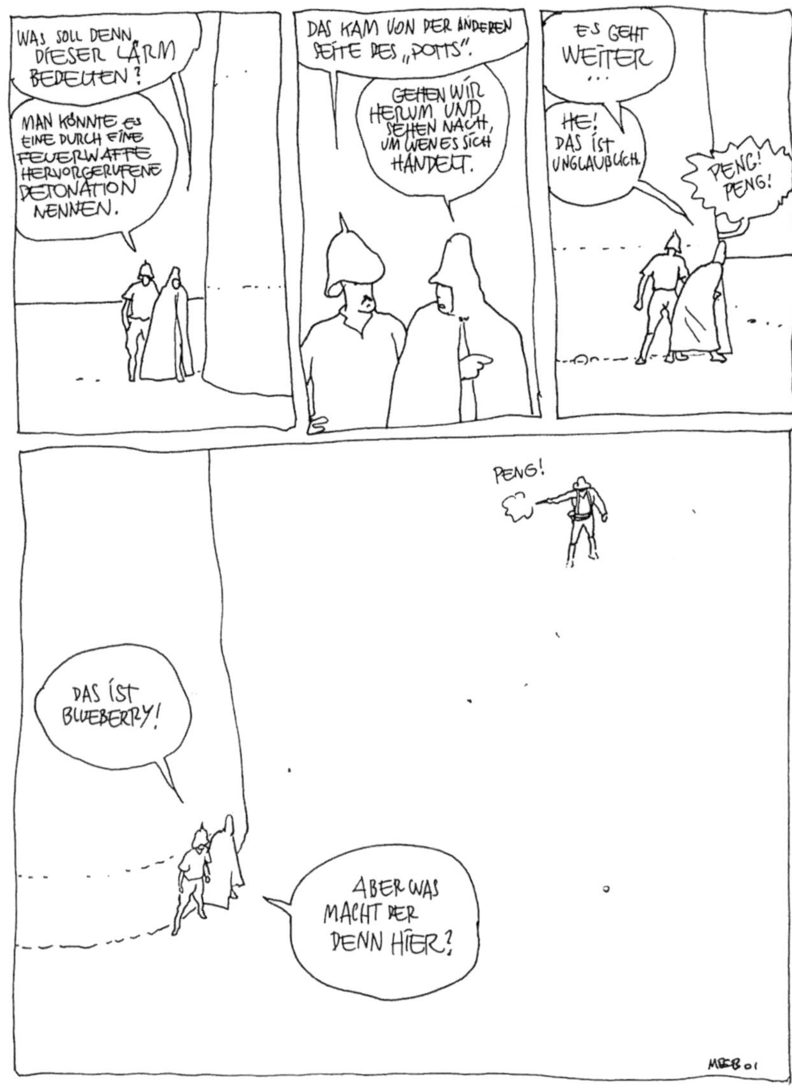
WAS SOLL DENN DIESER LÄRM BEDEUTEN?
MAN KÖNNTE ES EINE DURCH EINE FEUERWAFFE HERVORGERUFENE DETONATION NENNEN.
DAS KAM VON DER ANDEREN SEITE DES „POTTS".
GEHEN WIR HERUM UND SEHEN NACH, UM WEN ES SICH HANDELT.
ES GEHT WEITER ...
HE! DAS IST UNGLAUBLICH.
PENG! PENG!
PENG!
DAS IST BLUEBERRY!
ABER WAS MACHT DER DENN HIER?
MEB 01

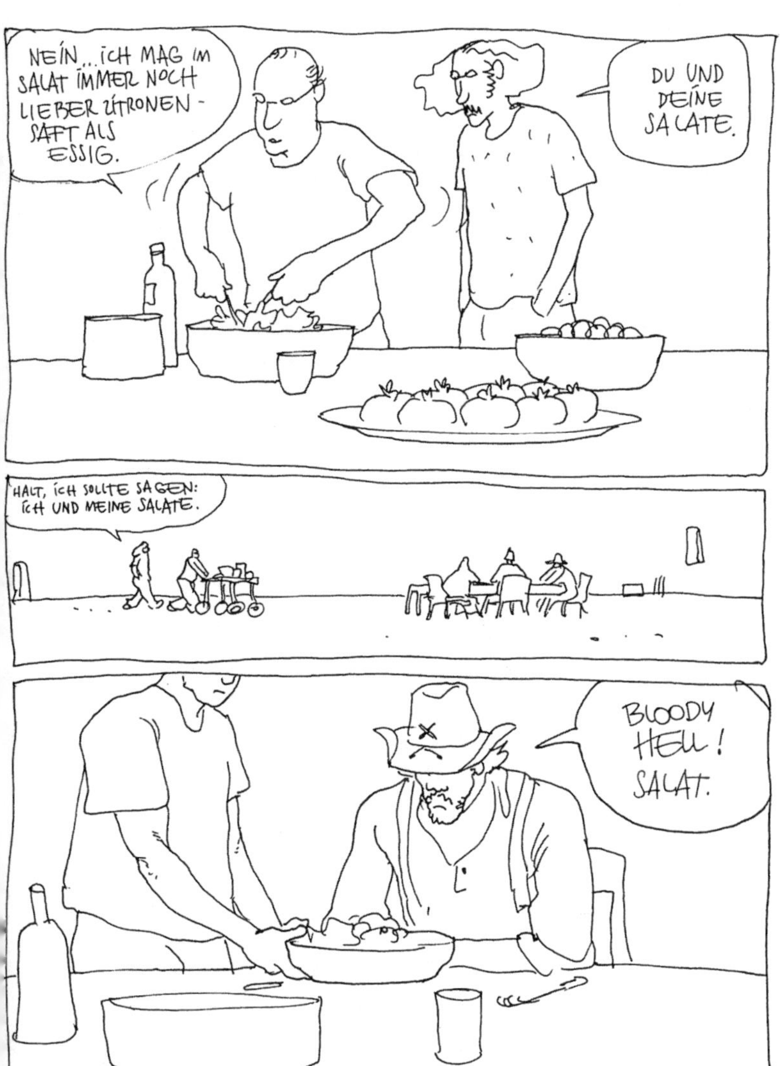
NEIN… ICH MAG IM SALAT IMMER NOCH LIEBER ZITRONENSAFT ALS ESSIG.
DU UND DEINE SALATE.
HALT, ICH SOLLTE SAGEN: ICH UND MEINE SALATE.
BLOODY HELL! SALAT.

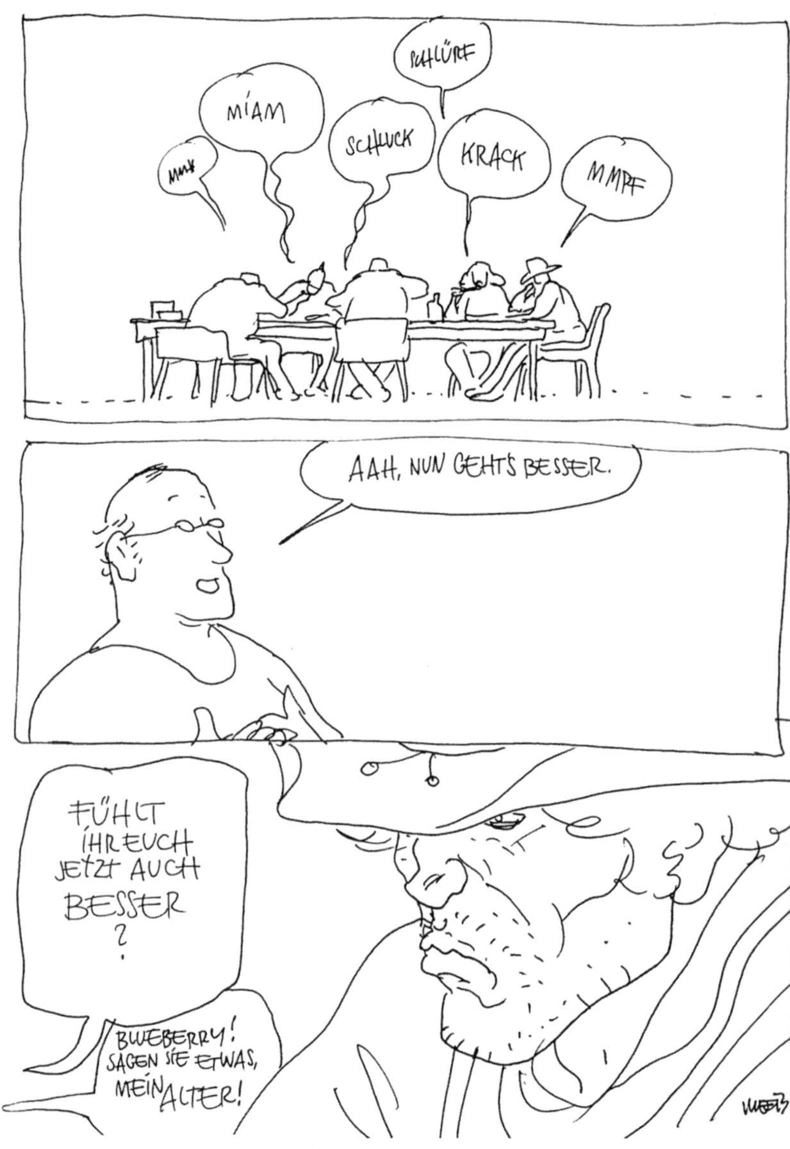
MIAM
SCHLÜRF
SCHLUCK
KRACK
MMPF
AAH, NUN GEHT'S BESSER.
FÜHLT IHR EUCH JETZT AUCH BESSER?
BLUEBERRY! SAGEN SIE ETWAS, MEIN ALTER!

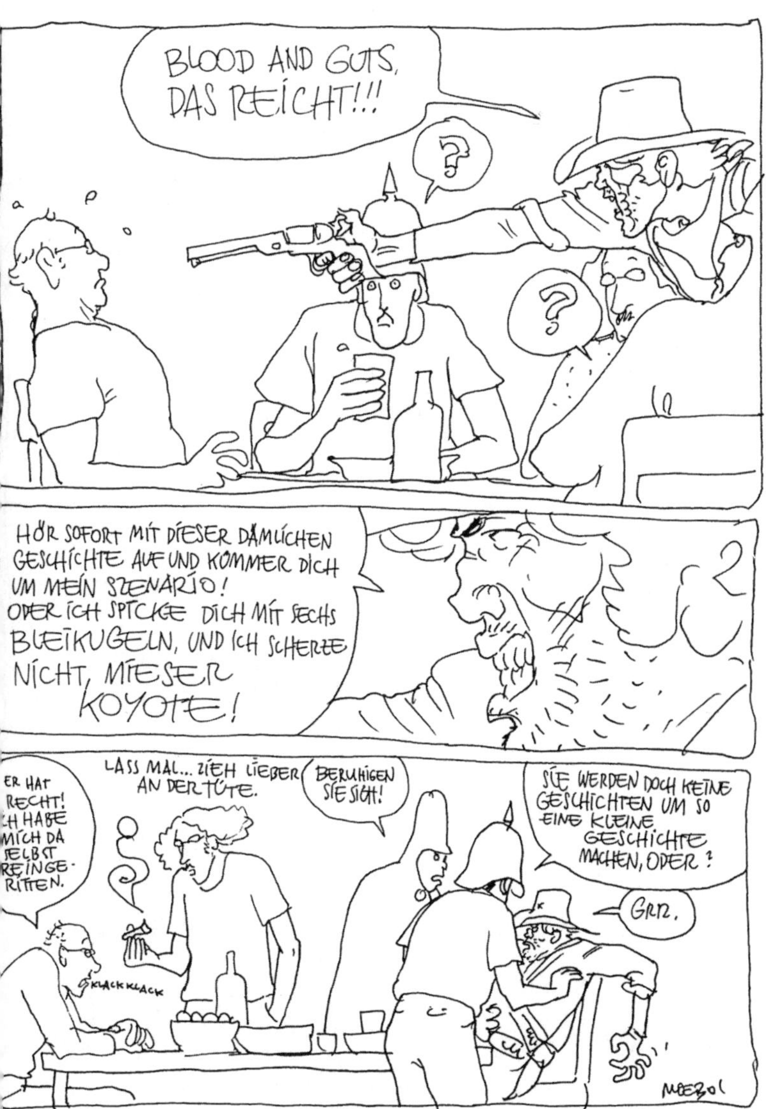
BLOOD AND GUTS, DAS REICHT!!!
?
?
HÖR SOFORT MIT DIESER DÄMLICHEN GESCHICHTE AUF UND KÜMMER DICH UM MEIN SZENARIO! ODER ICH SPICKE DICH MIT SECHS BLEIKUGELN, UND ICH SCHERZE NICHT, MIESER KOYOTE!
ER HAT RECHT! CH HABE MICH DA ELBST REINGE-RITTEN.
KLACK KLACK
LASS MAL... ZIEH LIEBER AN DER TÜTE.
BERUHIGEN SIE SICH!
SIE WERDEN DOCH KEINE GESCHICHTEN UM SO EINE KLEINE GESCHICHTE MACHEN, ODER?
GRR.

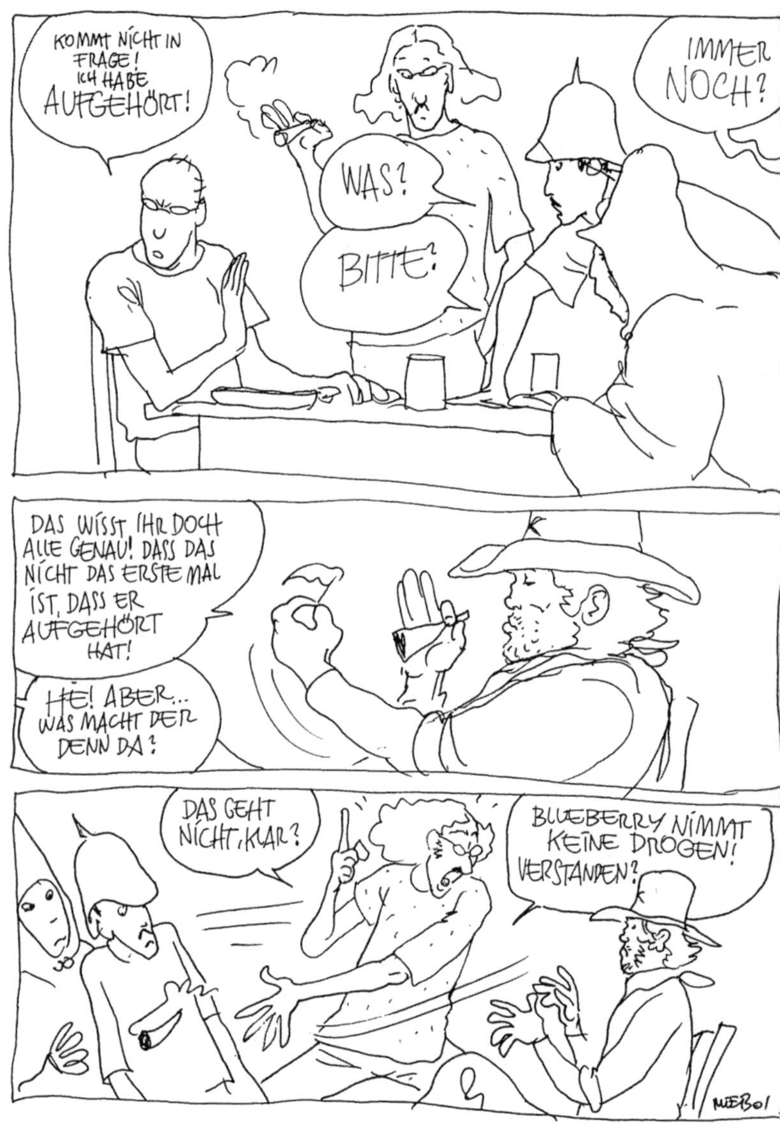
KOMMT NICHT IN FRAGE! ICH HABE AUFGEHÖRT!
WAS?
BITTE?
IMMER NOCH?
DAS WISST IHR DOCH ALLE GENAU! DASS DAS NICHT DAS ERSTE MAL IST, DASS ER AUFGEHÖRT HAT!
HE! ABER... WAS MACHT DER DENN DA?
DAS GEHT NICHT, KLAR?
BLUEBERRY NIMMT KEINE DROGEN! VERSTANDEN?
MOEB 01

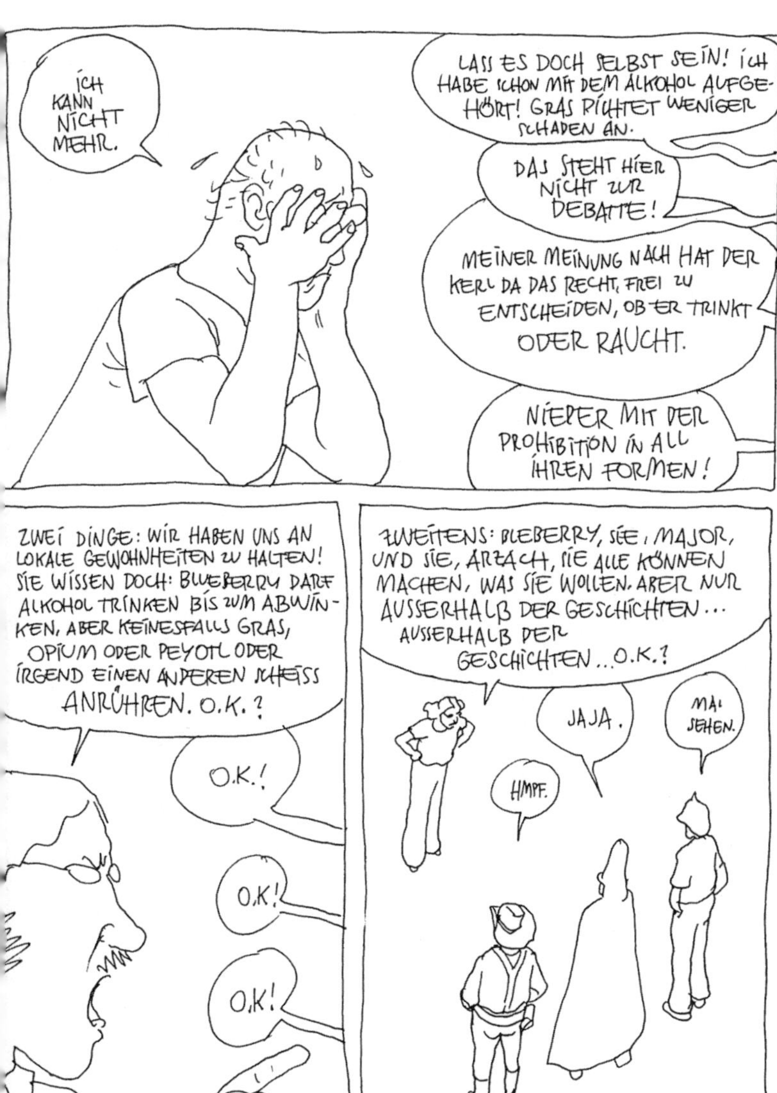
ICH KANN NICHT MEHR.
LASS ES DOCH SELBST SEIN! ICH HABE SCHON MIT DEM ALKOHOL AUFGEHÖRT! GRAS RICHTET WENIGER SCHADEN AN.
DAS STEHT HIER NICHT ZUR DEBATTE!
MEINER MEINUNG NACH HAT DER KERL DA DAS RECHT, FREI ZU ENTSCHEIDEN, OB ER TRINKT ODER RAUCHT.
NIEDER MIT DER PROHIBITION IN ALL IHREN FORMEN!
ZWEI DINGE: WIR HABEN UNS AN LOKALE GEWOHNHEITEN ZU HALTEN! SIE WISSEN DOCH: BLUEBERRY DARF ALKOHOL TRINKEN BIS ZUM ABWINKEN, ABER KEINESFALLS GRAS, OPIUM ODER PEYOTL ODER IRGEND EINEN ANDEREN SCHEISS ANRÜHREN. O.K.?
O.K.!
O.K!
O.K!
ZWEITENS: BLEBERRY, SIE, MAJOR, UND SIE, ARZACH, SIE ALLE KÖNNEN MACHEN, WAS SIE WOLLEN. ABER NUR AUSSERHALB DER GESCHICHTEN... AUSSERHALB DER GESCHICHTEN... O.K.?
JAJA.
MAL SEHEN.
HMPF.

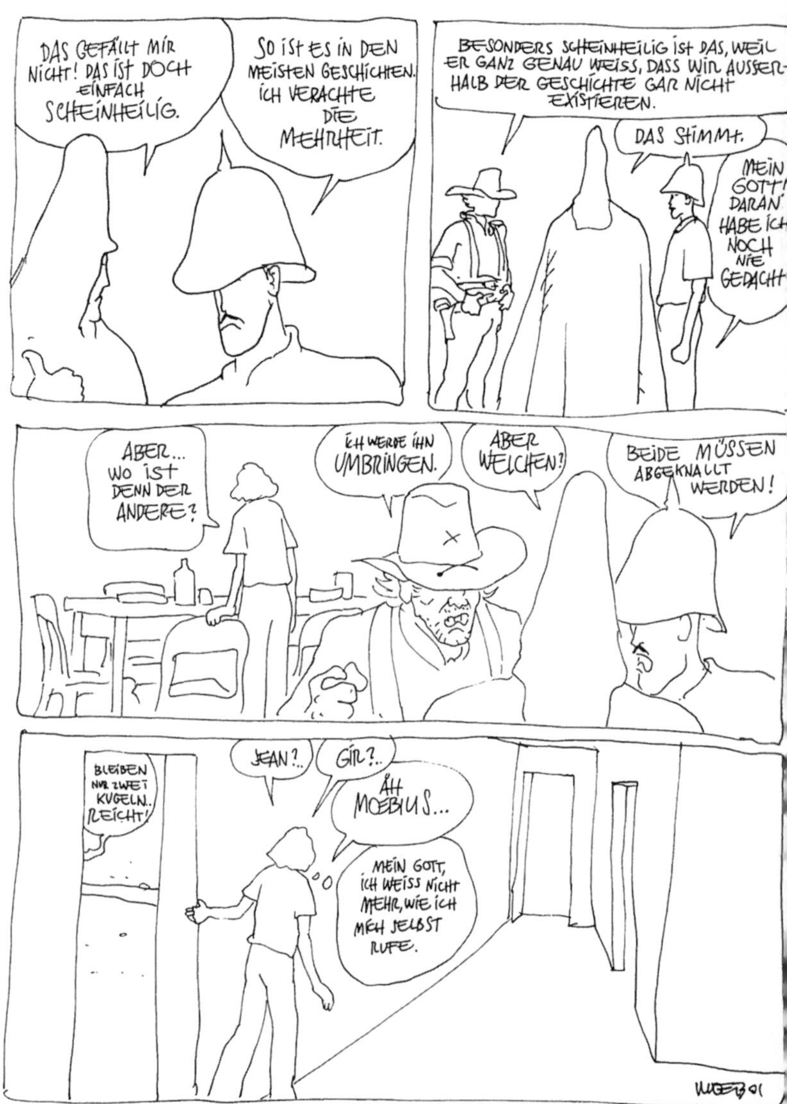
DAS GEFÄLLT MIR NICHT! DAS IST DOCH EINFACH SCHEINHEILIG.
SO IST ES IN DEN MEISTEN GESCHICHTEN. ICH VERACHTE DIE MEHRHEIT.
BESONDERS SCHEINHEILIG IST DAS, WEIL ER GANZ GENAU WEISS, DASS WIR AUSSERHALB DER GESCHICHTE GAR NICHT EXISTIEREN.
DAS STIMMT.
MEIN GOTT! DARAN HABE ICH NOCH NIE GEDACHT
ABER... WO IST DENN DER ANDERE?
ICH WERDE IHN UMBRINGEN.
ABER WELCHEN?
BEIDE MÜSSEN ABGEKNALLT WERDEN!
BLEIBEN NUR ZWEI KUGELN.. REICHT!
JEAN?..
GIR?..
ÄH MOEBIUS...
MEIN GOTT, ICH WEISS NICHT MEHR, WIE ICH MICH SELBST RUFE.
MOEB 91

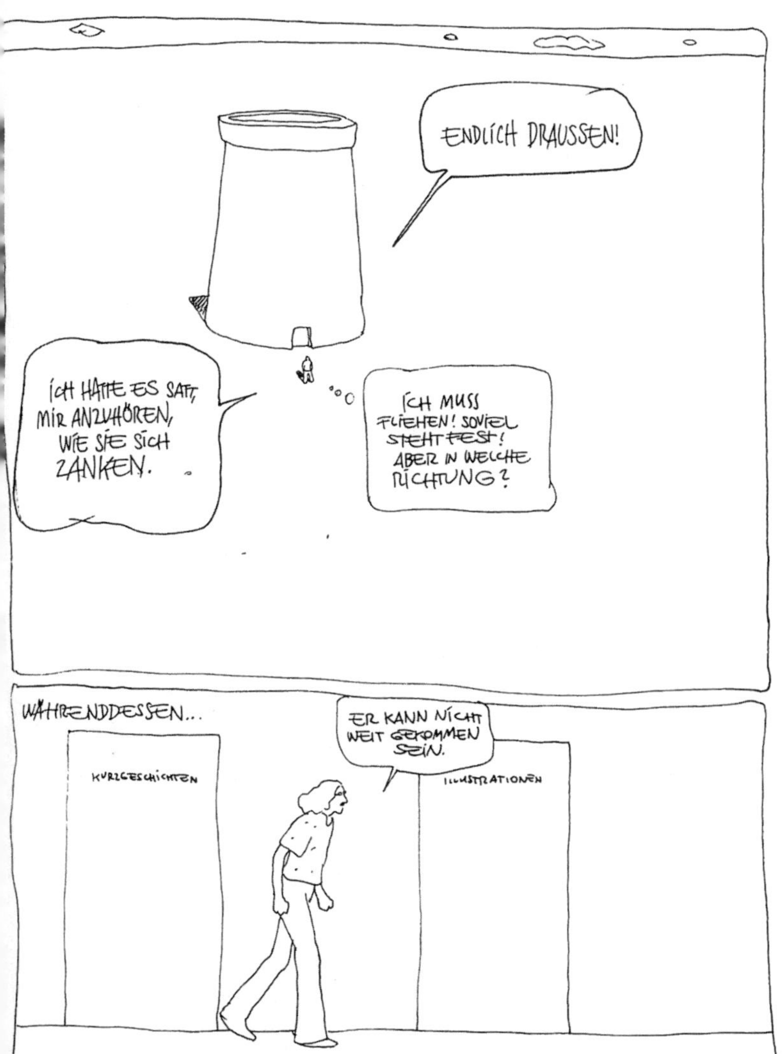
ENDLICH DRAUSSEN!
ICH HATTE ES SATT, MIR ANZUHÖREN, WIE SIE SICH ZANKEN.
ICH MUSS FLIEHEN! SOVIEL STEHT FEST! ABER IN WELCHE RICHTUNG?
WÄHRENDDESSEN...
ER KANN NICHT WEIT GEKOMMEN SEIN.
KURZGESCHICHTEN
ILLUSTRATIONEN

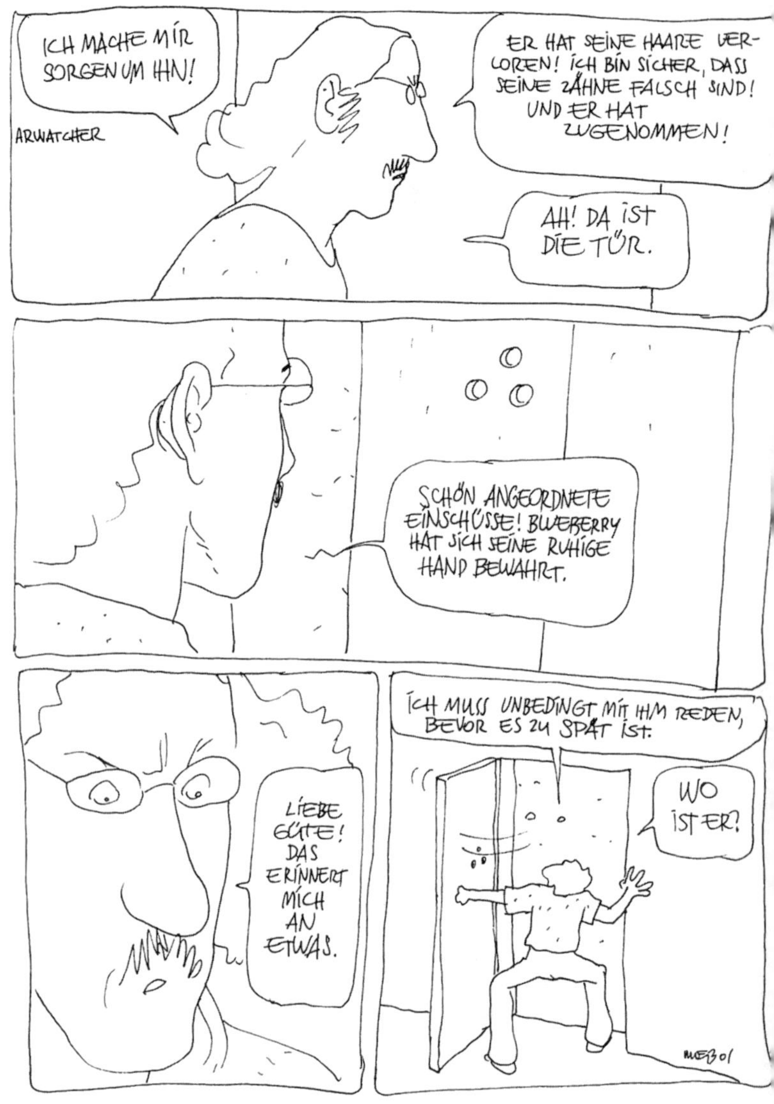
ICH MACHE MIR SORGEN UM IHN!
ARWATCHER
ER HAT SEINE HAARE VERLOREN! ICH BIN SICHER, DASS SEINE ZÄHNE FALSCH SIND! UND ER HAT ZUGENOMMEN!
AH! DA IST DIE TÜR.
SCHÖN ANGEORDNETE EINSCHÜSSE! BLUEBERRY HAT SICH SEINE RUHIGE HAND BEWAHRT.
LIEBE GÜTE! DAS ERINNERT MICH AN ETWAS.
ICH MUSS UNBEDINGT MIT IHM REDEN, BEVOR ES ZU SPÄT IST.
WO IST ER?

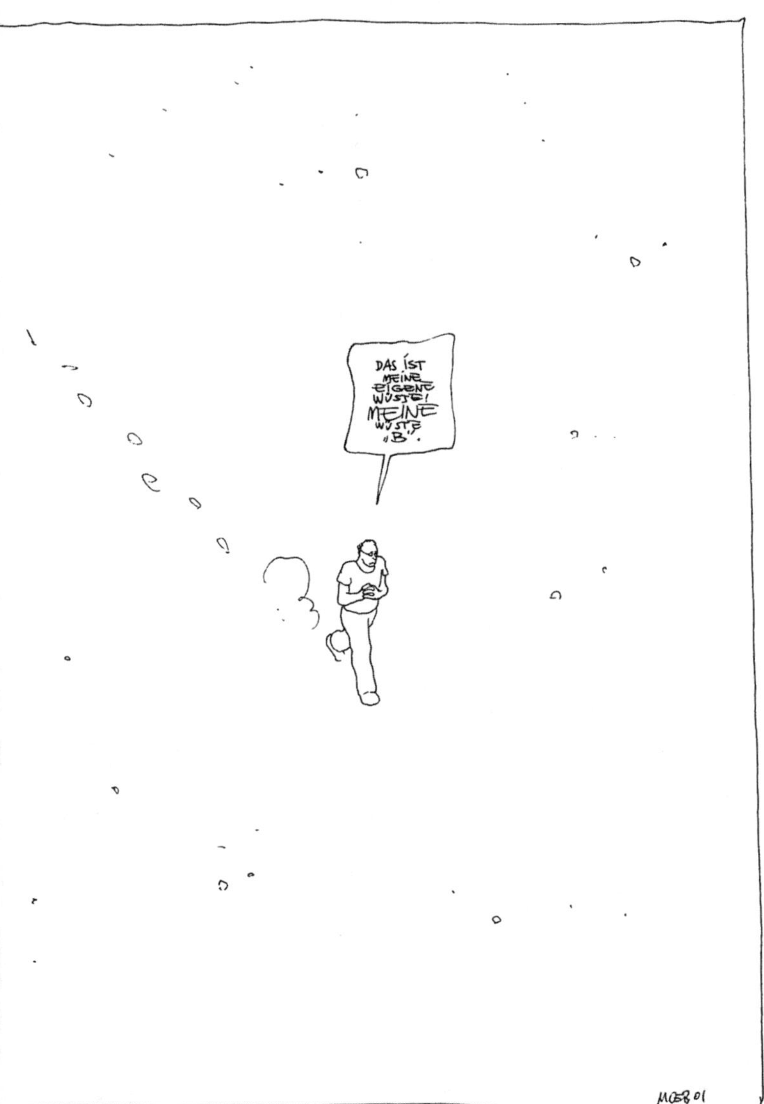
DAS ÍST MEINE EIGENE WÜSTE! MEINE WÜSTE „B“.

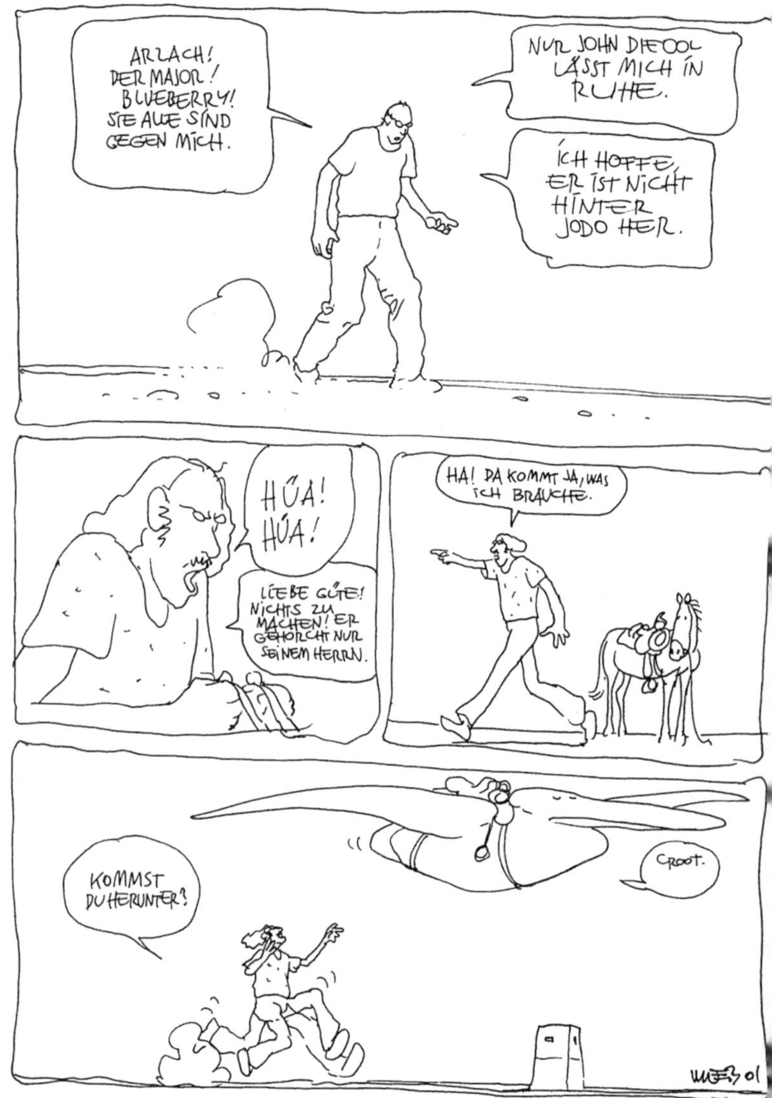
ARZACH! DER MAJOR! BLUEBERRY! SIE ALLE SIND GEGEN MICH.
NUR JOHN DIFOOL LÄSST MICH IN RUHE.
ICH HOFFE, ER IST NICHT HINTER JODO HER.
HÚA! HÚA!
LIEBE GÜTE! NICHTS ZU MACHEN! ER GEHORCHT NUR SEINEM HERRN.
HA! DA KOMMT JA, WAS ICH BRAUCHE.
KOMMST DU HERUNTER?
CROOT.

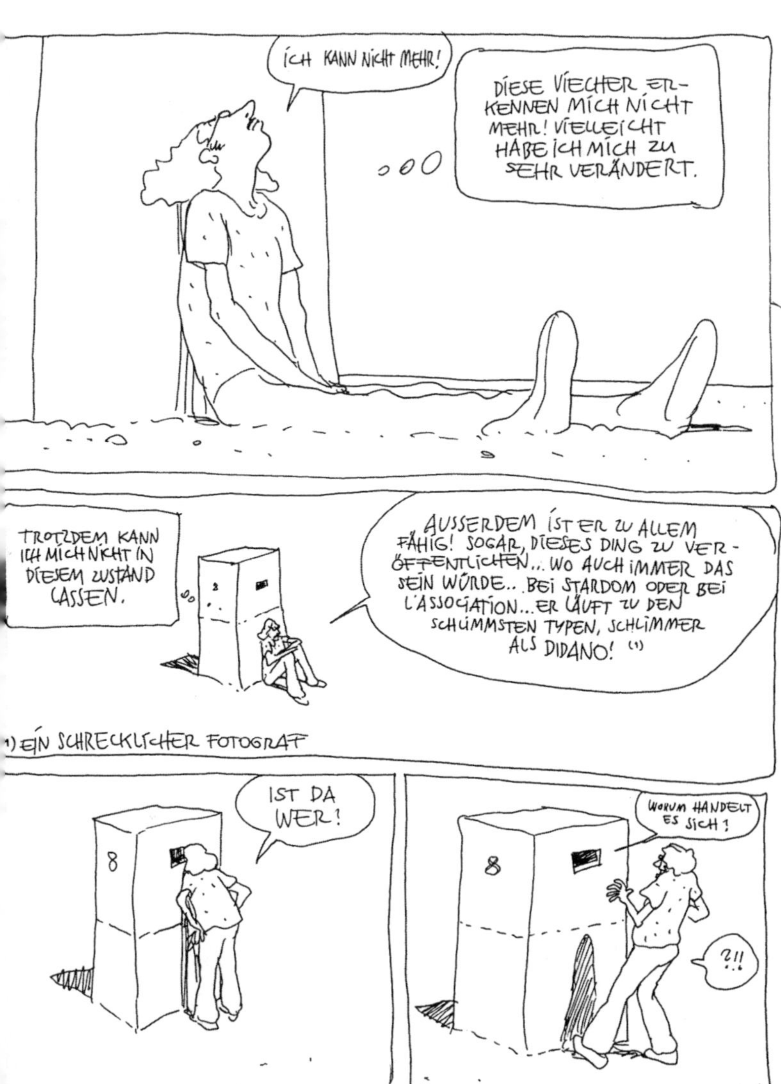
ICH KANN NICHT MEHR!
DIESE VIECHER ERKENNEN MICH NICHT MEHR! VIELLEICHT HABE ICH MICH ZU SEHR VERÄNDERT.
TROTZDEM KANN ICH MICH NICHT IN DIESEM ZUSTAND LASSEN.
AUSSERDEM IST ER ZU ALLEM FÄHIG! SOGAR, DIESES DING ZU VERÖFFENTLICHEN... WO AUCH IMMER DAS SEIN WÜRDE.. BEI STARDOM ODER BEI L'ASSOCIATION... ER LÄUFT ZU DEN SCHLIMMSTEN TYPEN, SCHLIMMER ALS DIDANO! (1)
1) EIN SCHRECKLICHER FOTOGRAF
IST DA WER!
8
WORUM HANDELT ES SICH?
8
?!!

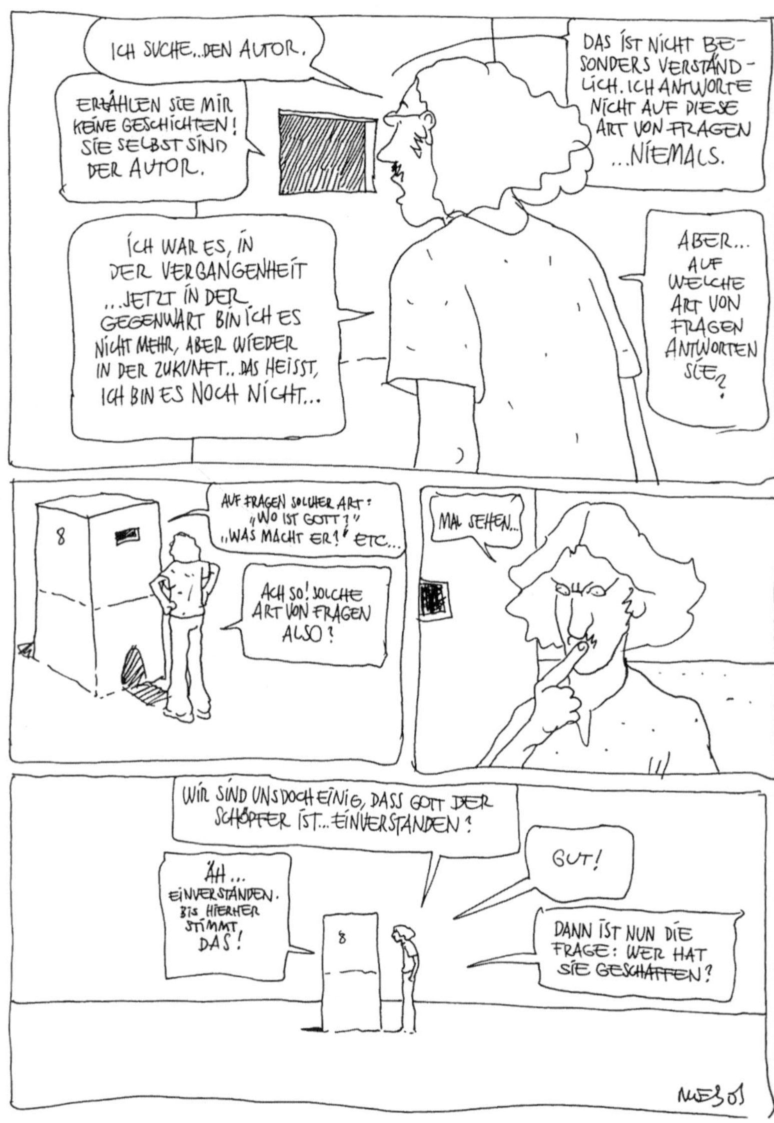
ICH SUCHE...DEN AUTOR.
ERZÄHLEN SIE MIR KEINE GESCHICHTEN! SIE SELBST SIND DER AUTOR.
DAS IST NICHT BESONDERS VERSTÄNDLICH. ICH ANTWORTE NICHT AUF DIESE ART VON FRAGEN ...NIEMALS.
ICH WAR ES, IN DER VERGANGENHEIT ...JETZT IN DER GEGENWART BIN ICH ES NICHT MEHR, ABER WIEDER IN DER ZUKUNFT...DAS HEISST, ICH BIN ES NOCH NICHT...
ABER... AUF WELCHE ART VON FRAGEN ANTWORTEN SIE?
AUF FRAGEN SOLCHER ART: „WO IST GOTT?" „WAS MACHT ER?" ETC...
8
ACH SO! SOLCHE ART VON FRAGEN ALSO?
MAL SEHEN...
WIR SIND UNS DOCH EINIG, DASS GOTT DER SCHÖPFER IST...EINVERSTANDEN?
ÄH... EINVERSTANDEN. BIS HIERHER STIMMT DAS!
GUT!
DANN IST NUN DIE FRAGE: WER HAT SIE GESCHAFFEN?
MŒB 01

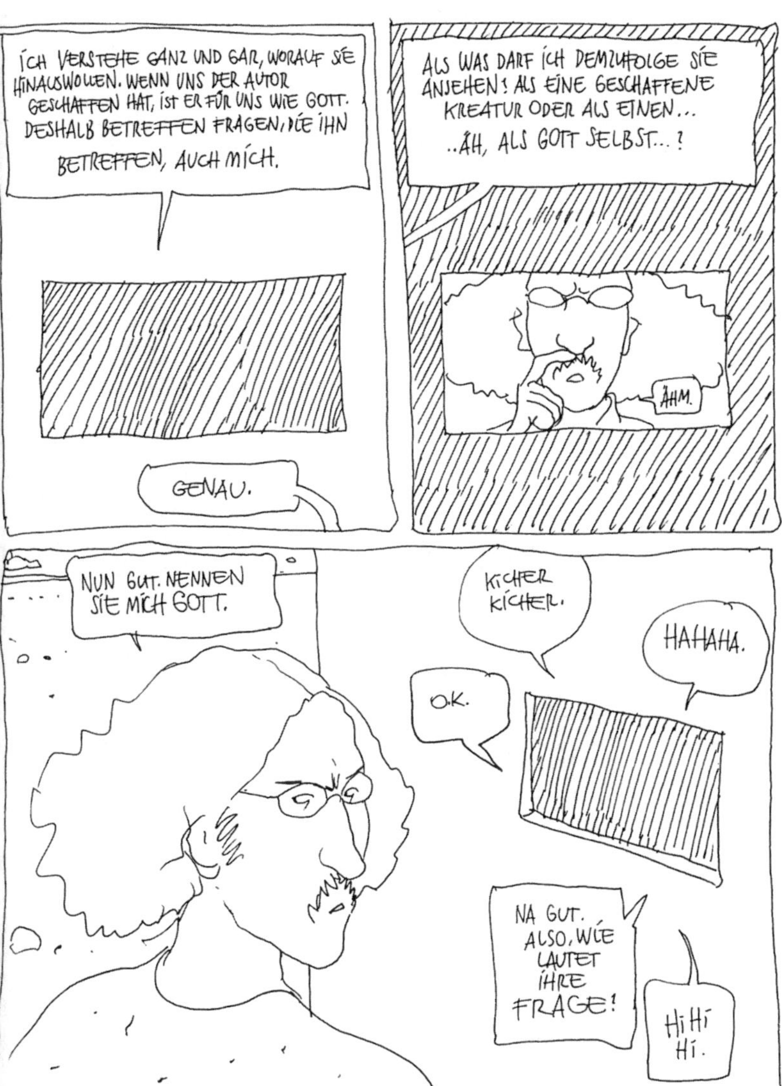
ICH VERSTEHE GANZ UND GAR, WORAUF SIE HINAUSWOLLEN. WENN UNS DER AUTOR GESCHAFFEN HAT, IST ER FÜR UNS WIE GOTT. DESHALB BETREFFEN FRAGEN, DIE IHN BETREFFEN, AUCH MICH.
GENAU.
ALS WAS DARF ICH DEMZUFOLGE SIE ANSEHEN? ALS EINE GESCHAFFENE KREATUR ODER ALS EINEN... ..ÄH, ALS GOTT SELBST...?
ÄHM.
NUN GUT. NENNEN SIE MICH GOTT.
KICHER KICHER.
HAHAHA.
O.K.
NA GUT. ALSO, WIE LAUTET IHRE FRAGE?
HiHi Hi.
8.01

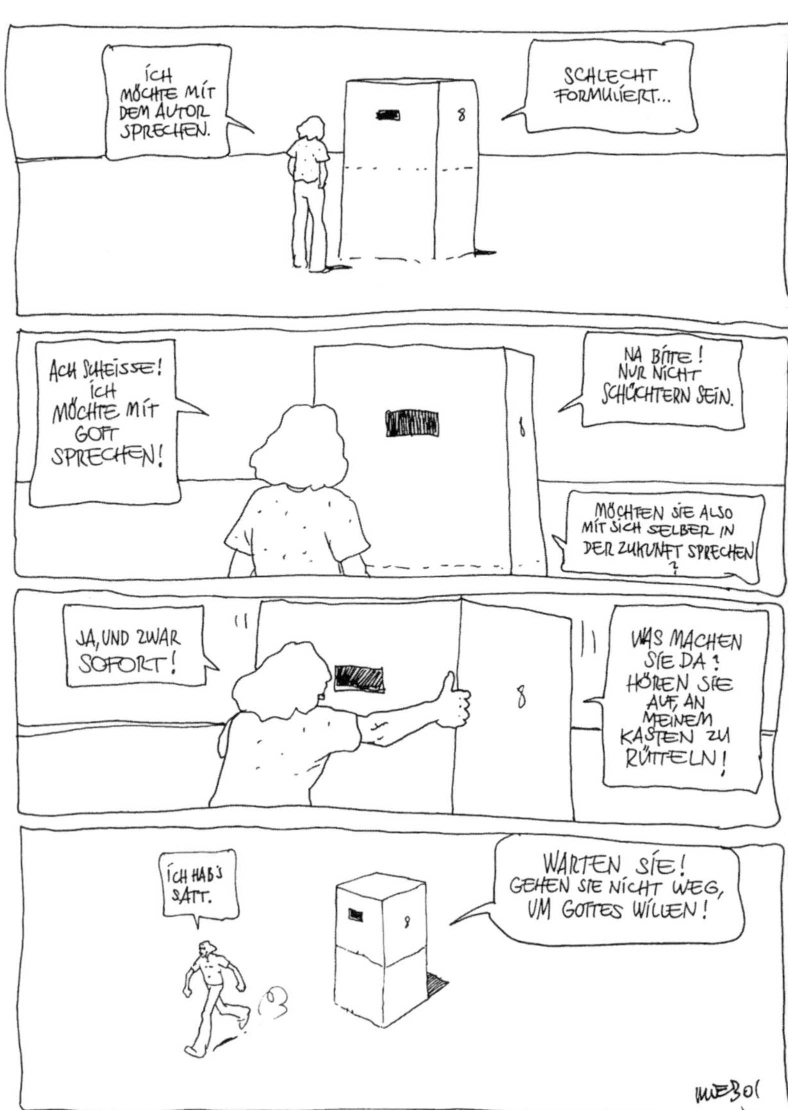
ICH MÖCHTE MIT DEM AUTOR SPRECHEN.
SCHLECHT FORMULIERT...
ACH SCHEISSE! ICH MÖCHTE MIT GOTT SPRECHEN!
NA BITTE! NUR NICHT SCHÜCHTERN SEIN.
MÖCHTEN SIE ALSO MIT SICH SELBER IN DER ZUKUNFT SPRECHEN?
JA, UND ZWAR SOFORT!
WAS MACHEN SIE DA! HÖREN SIE AUF, AN MEINEM KASTEN ZU RÜTTELN!
ICH HAB'S SATT.
WARTEN SIE! GEHEN SIE NICHT WEG, UM GOTTES WILLEN!
MOEB 01

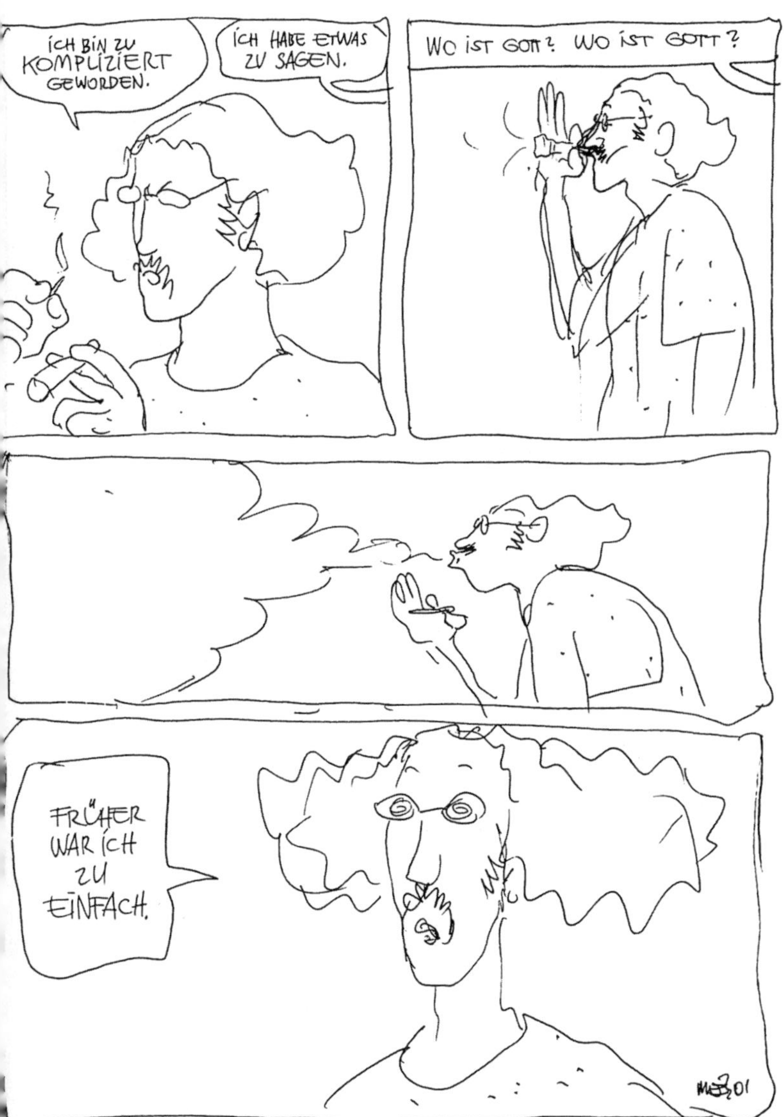
ICH BIN ZU KOMPLIZIERT GEWORDEN.
ICH HABE ETWAS ZU SAGEN.
WO IST GOTT? WO IST GOTT?
FRÜHER WAR ICH ZU EINFACH.

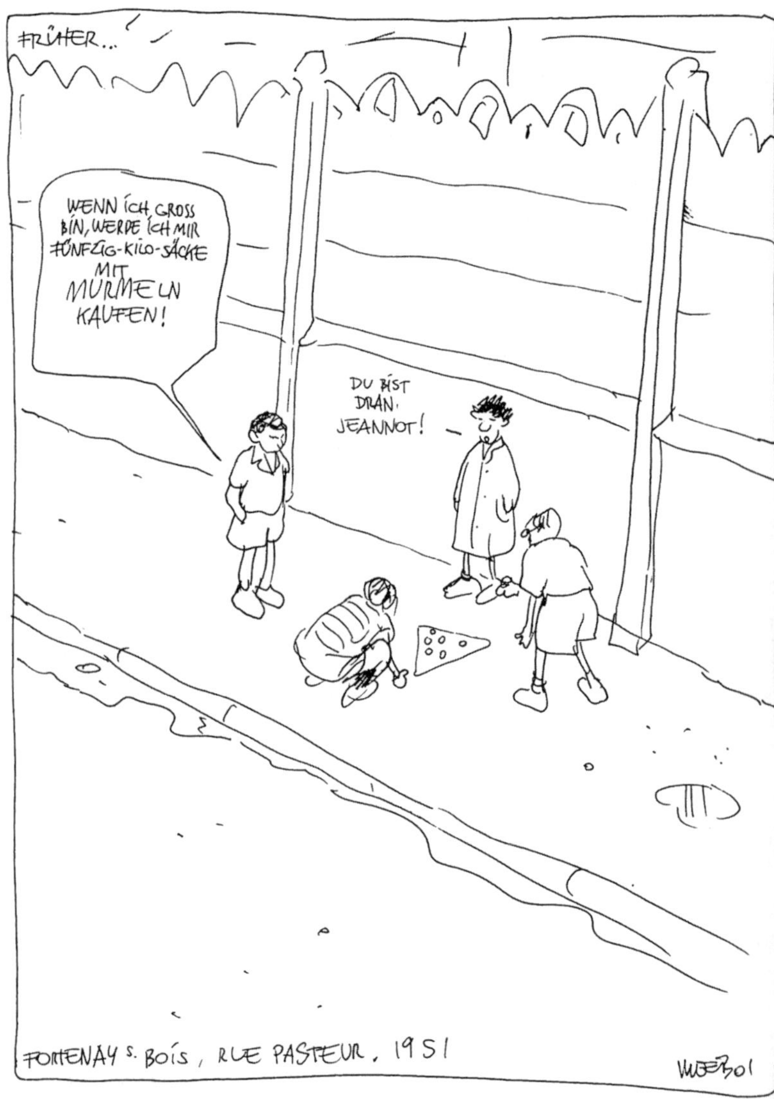
FRÜHER...
WENN ICH GROSS BIN, WERDE ICH MIR FÜNFZIG-KILO-SÄCKE MIT MURMELN KAUFEN!
DU BIST DRAN, JEANNOT!
FONTENAY S. BOIS, RUE PASTEUR, 1951

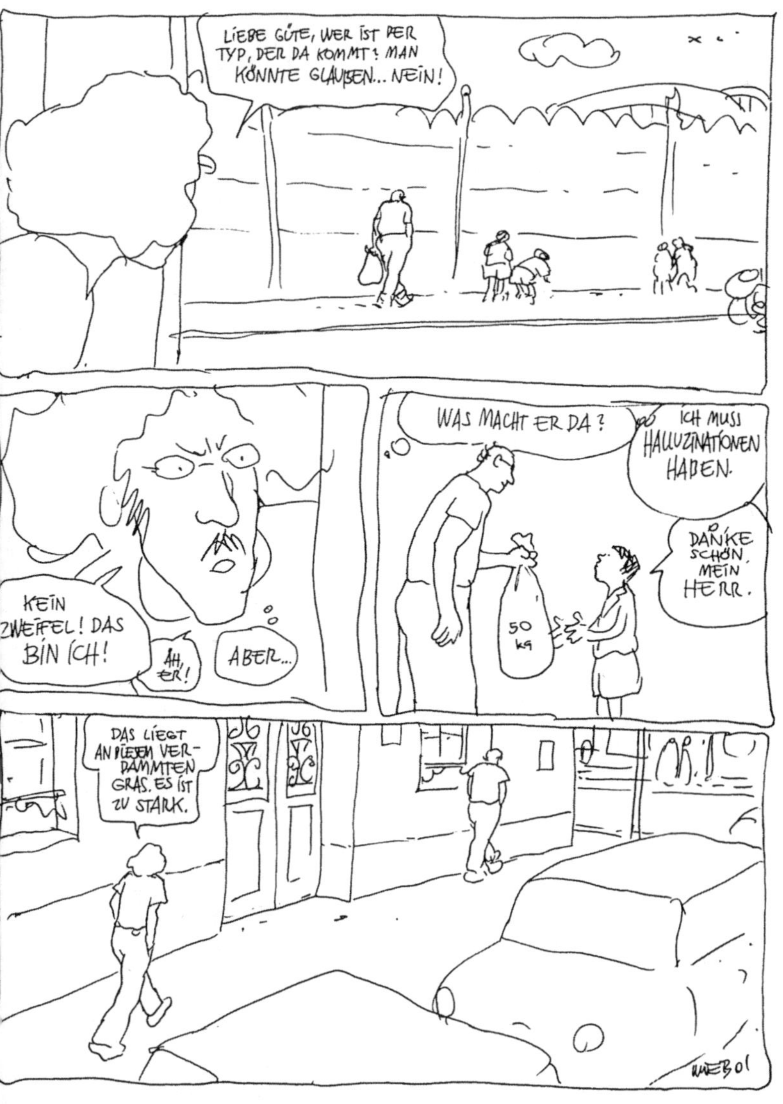
LIEBE GÜTE, WER IST DER TYP, DER DA KOMMT? MAN KÖNNTE GLAUBEN... NEIN!
KEIN ZWEIFEL! DAS BIN ICH!
ÄH, ER!
ABER...
WAS MACHT ER DA?
ICH MUSS HALLUZINATIONEN HABEN.
50 kg
DANKE SCHÖN, MEIN HERR.
DAS LIEGT AN DIESEM VERDAMMTEN GRAS. ES IST ZU STARK.

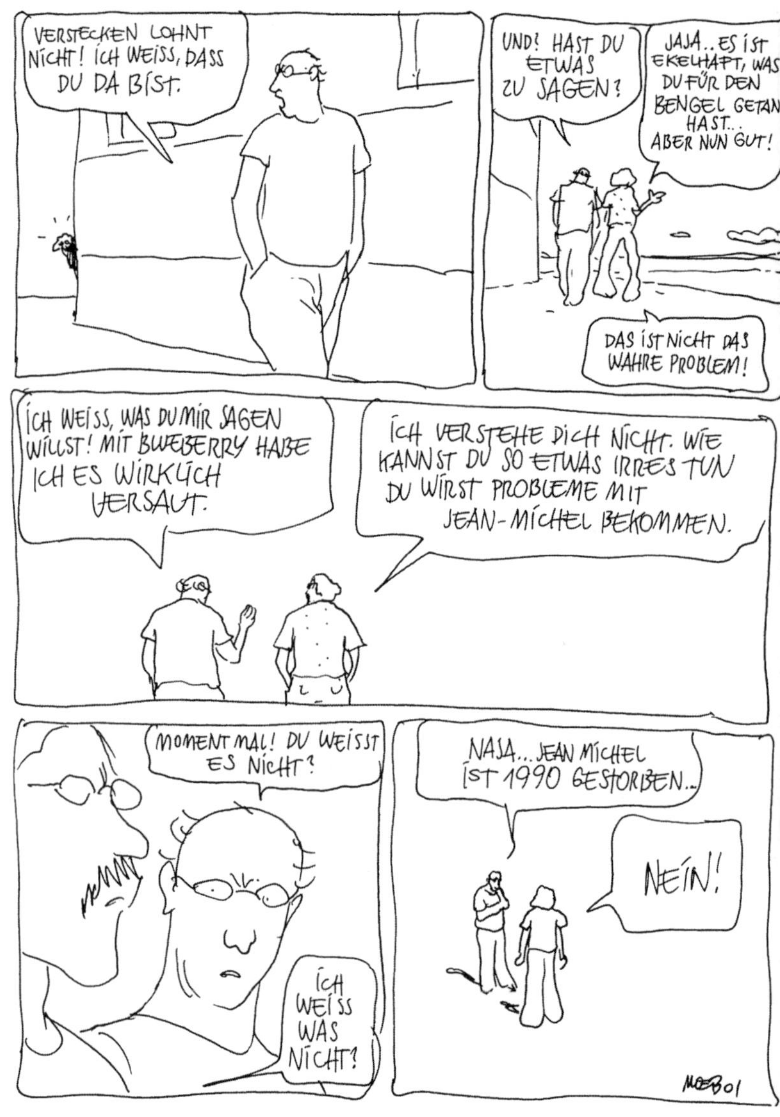
VERSTECKEN LOHNT NICHT! ICH WEISS, DASS DU DA BIST.
UND! HAST DU ETWAS ZU SAGEN?
JAJA.. ES IST EKELHAFT, WAS DU FÜR DEN BENGEL GETAN HAST... ABER NUN GUT!
DAS IST NICHT DAS WAHRE PROBLEM!
ICH WEISS, WAS DU MIR SAGEN WILLST! MIT BLUEBERRY HABE ICH ES WIRKLICH VERSAUT.
ICH VERSTEHE DICH NICHT. WIE KANNST DU SO ETWAS IRRES TUN DU WIRST PROBLEME MIT JEAN-MICHEL BEKOMMEN.
MOMENT MAL! DU WEISST ES NICHT?
ICH WEISS WAS NICHT?
NAJA... JEAN MICHEL IST 1990 GESTORBEN...
NEIN!
MOEB 01

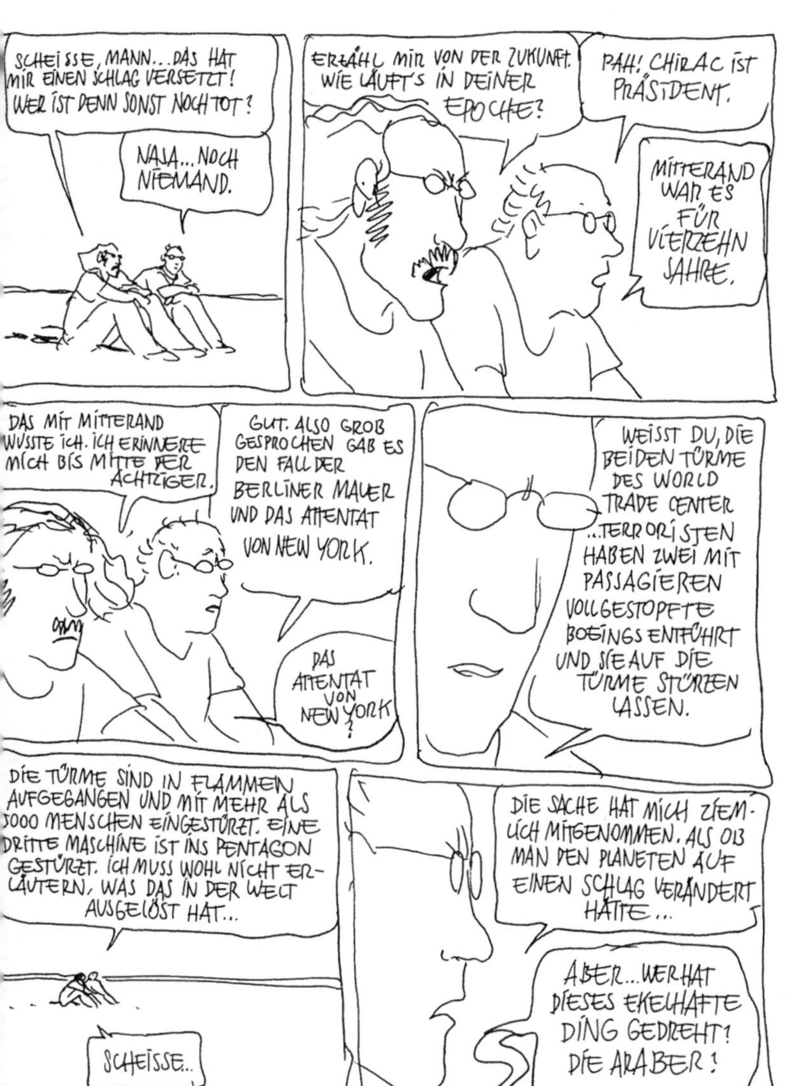
SCHEISSE, MANN... DAS HAT MIR EINEN SCHLAG VERSETZT! WER IST DENN SONST NOCH TOT?
NAJA... NOCH NIEMAND.
ERZÄHL MIR VON DER ZUKUNFT. WIE LÄUFT'S IN DEINER EPOCHE?
PAH! CHIRAC IST PRÄSIDENT.
MITTERAND WAR ES FÜR VIERZEHN JAHRE.
DAS MIT MITTERAND WUSSTE ICH. ICH ERINNERE MICH BIS MITTE DER ACHTZIGER.
GUT. ALSO GROB GESPROCHEN GAB ES DEN FALL DER BERLINER MAUER UND DAS ATTENTAT VON NEW YORK.
DAS ATTENTAT VON NEW YORK?
WEISST DU, DIE BEIDEN TÜRME DES WORLD TRADE CENTER ...TERRORISTEN HABEN ZWEI MIT PASSAGIEREN VOLLGESTOPFTE BOEINGS ENTFÜHRT UND SIE AUF DIE TÜRME STÜRZEN LASSEN.
DIE TÜRME SIND IN FLAMMEN AUFGEGANGEN UND MIT MEHR ALS 5000 MENSCHEN EINGESTÜRZT. EINE DRITTE MASCHINE IST INS PENTAGON GESTÜRZT. ICH MUSS WOHL NICHT ERLÄUTERN, WAS DAS IN DER WELT AUSGELÖST HAT...
SCHEISSE..
DIE SACHE HAT MICH ZIEMLICH MITGENOMMEN. ALS OB MAN DEN PLANETEN AUF EINEN SCHLAG VERÄNDERT HÄTTE...
ABER... WER HAT DIESES EKELHAFTE DING GEDREHT? DIE ARABER!

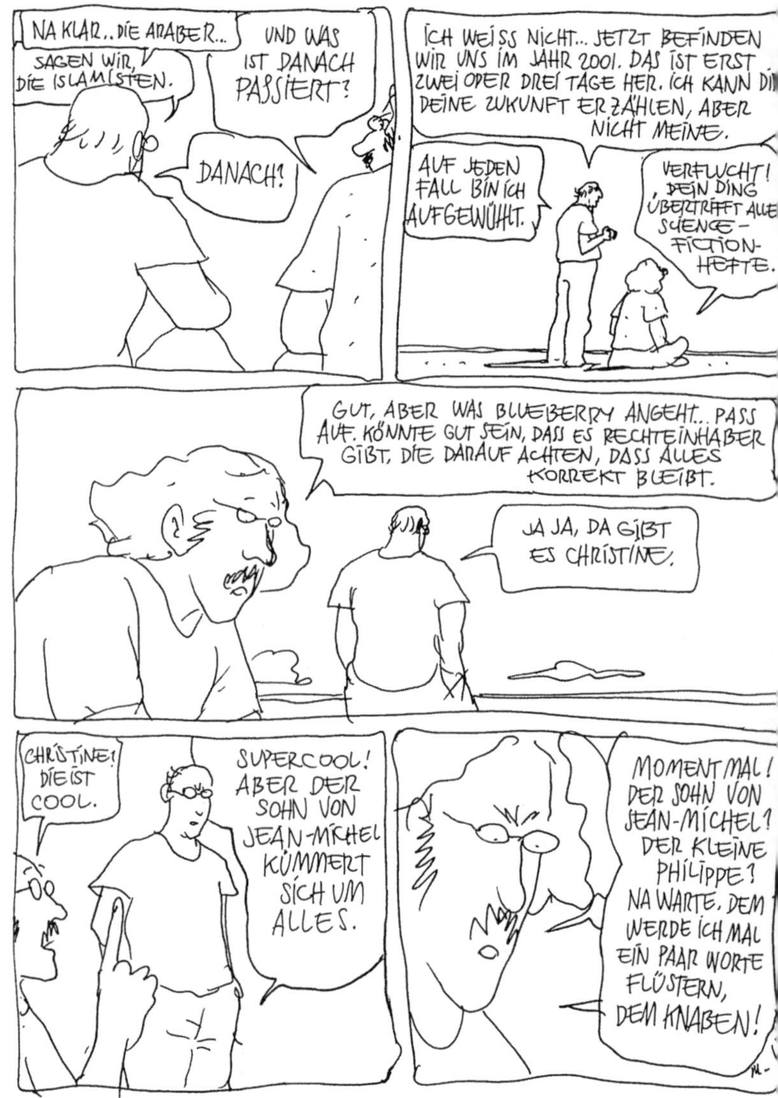
NA KLAR.. DIE ARABER...
SAGEN WIR, DIE ISLAMISTEN.
UND WAS IST DANACH PASSIERT?
DANACH?
ICH WEISS NICHT... JETZT BEFINDEN WIR UNS IM JAHR 2001. DAS IST ERST ZWEI ODER DREI TAGE HER. ICH KANN DI DEINE ZUKUNFT ERZÄHLEN, ABER NICHT MEINE.
AUF JEDEN FALL BIN ICH AUFGEWÜHLT.
VERFLUCHT! DEIN DING ÜBERTRIFFT ALLE SCIENCE-FICTION-HEFTE.
GUT, ABER WAS BLUEBERRY ANGEHT... PASS AUF. KÖNNTE GUT SEIN, DASS ES RECHTEINHABER GIBT, DIE DARAUF ACHTEN, DASS ALLES KORREKT BLEIBT.
JA JA, DA GIBT ES CHRISTINE.
CHRISTINE! DIE IST COOL.
SUPERCOOL! ABER DER SOHN VON JEAN-MICHEL KÜMMERT SICH UM ALLES.
MOMENT MAL! DER SOHN VON JEAN-MICHEL? DER KLEINE PHILIPPE? NA WARTE. DEM WERDE ICH MAL EIN PAAR WORTE FLÜSTERN, DEM KNABEN!

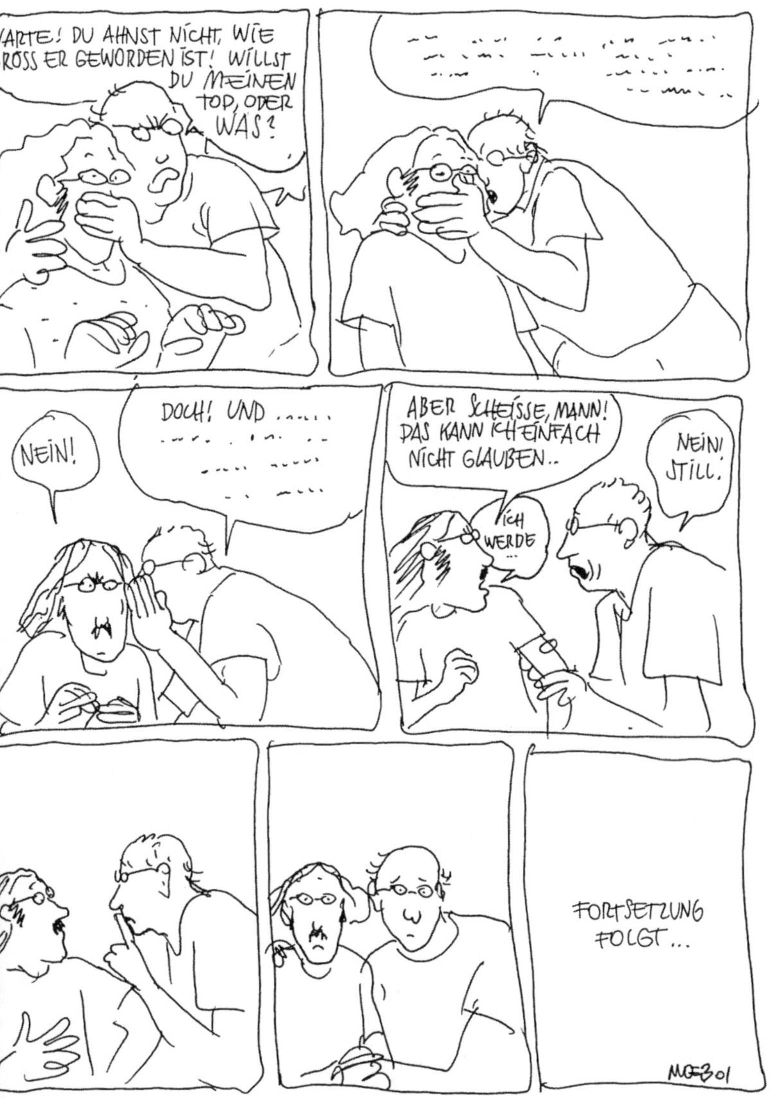
ARTE! DU AHNST NICHT, WIE
ROSS ER GEWORDEN IST! WILLST DU MEINEN TOP, ODER WAS?
NEIN!
DOCH! UND ......
ABER SCHEISSE, MANN! DAS KANN ICH EINFACH NICHT GLAUBEN..
ICH WERDE ...
NEIN! STILL!
FORTSETZUNG FOLGT...

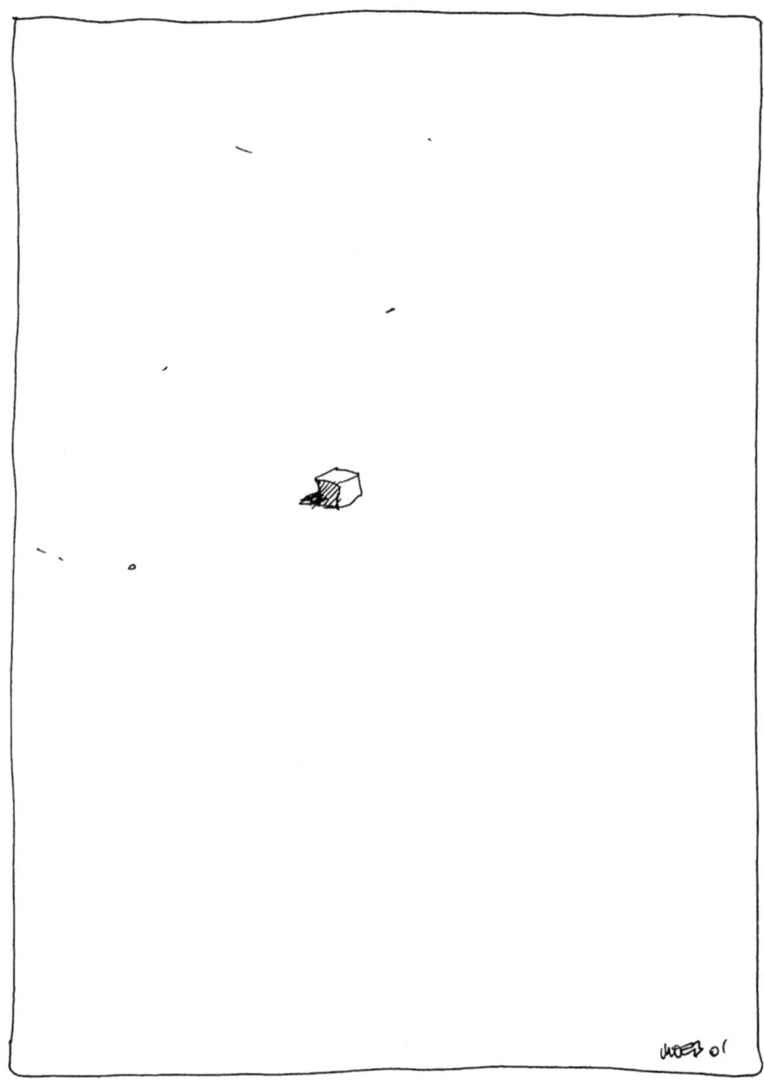

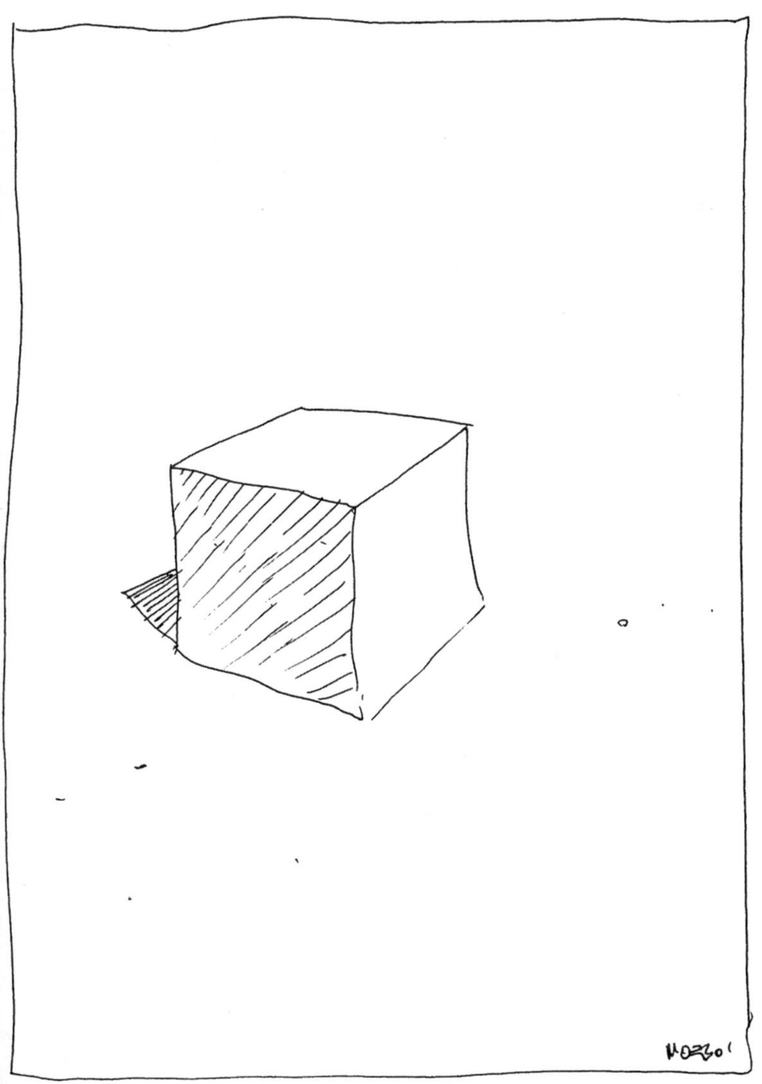

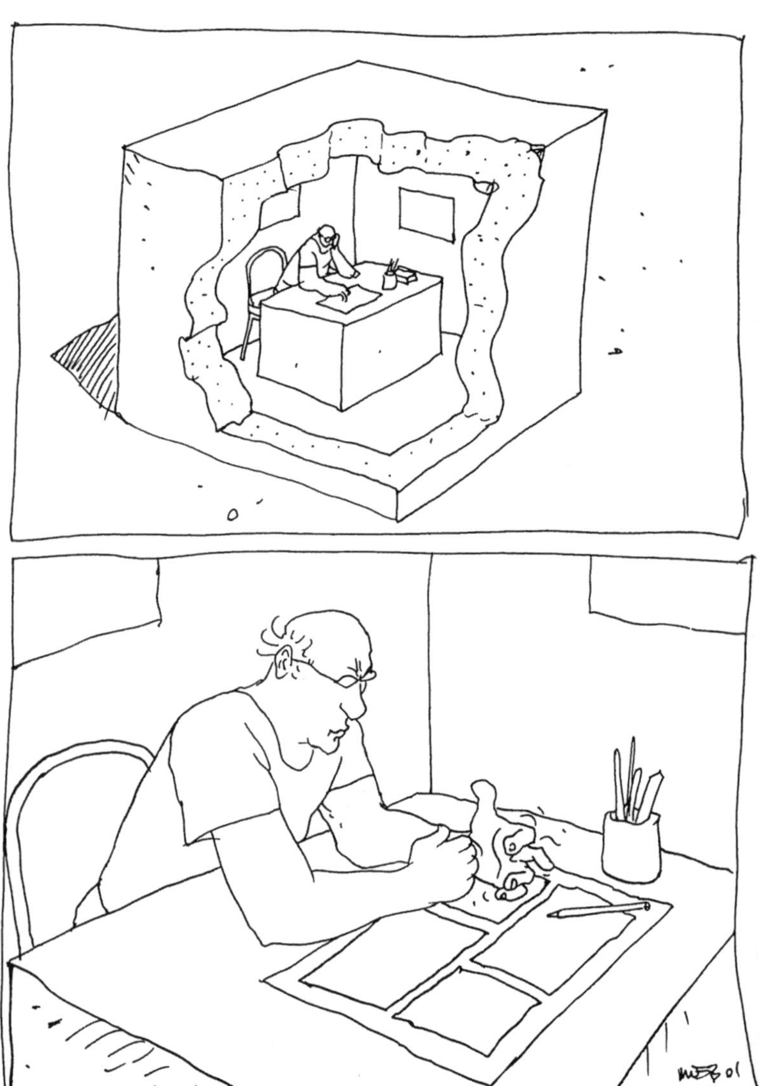

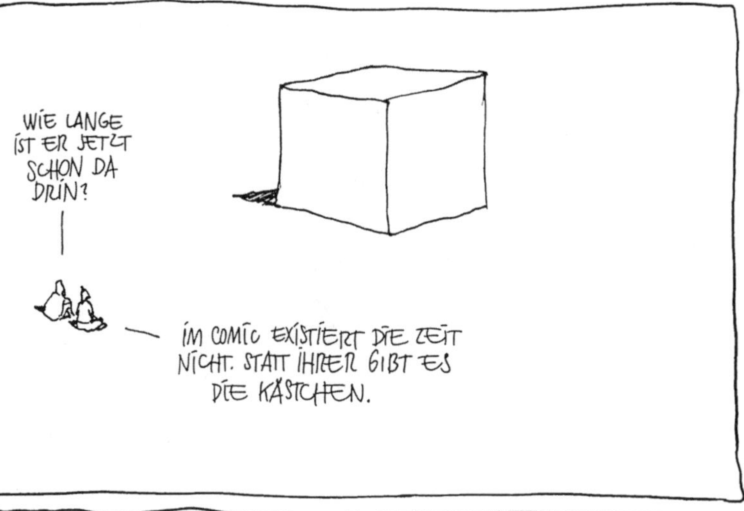
WIE LANGE IST ER JETZT SCHON DA DRIN?
IM COMIC EXISTIERT DIE ZEIT NICHT. STATT IHRER GIBT ES DIE KÄSTCHEN.

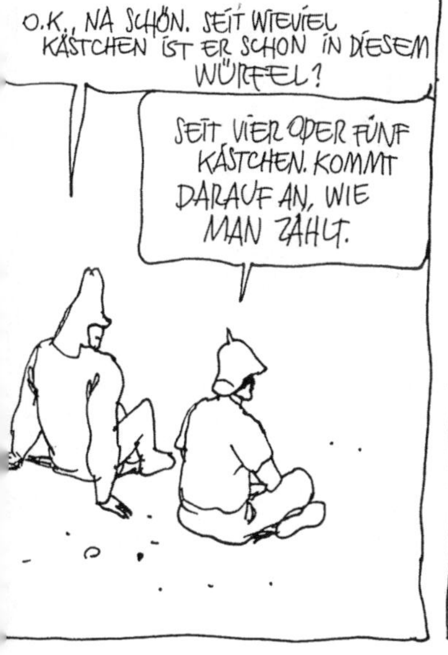
O.K., NA SCHÖN. SEIT WIEVIEL KÄSTCHEN IST ER SCHON IN DIESEM WÜRFEL?
SEIT VIER ODER FÜNF KÄSTCHEN. KOMMT DARAUF AN, WIE MAN ZÄHLT.

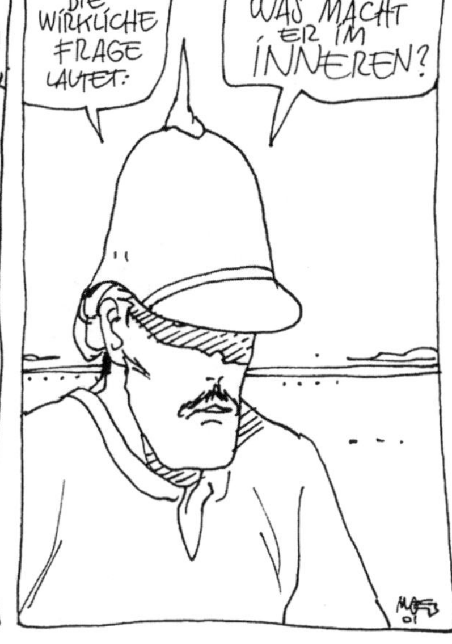
DIE WIRKLICHE FRAGE LAUTET:
WAS MACHT ER IM INNEREN?

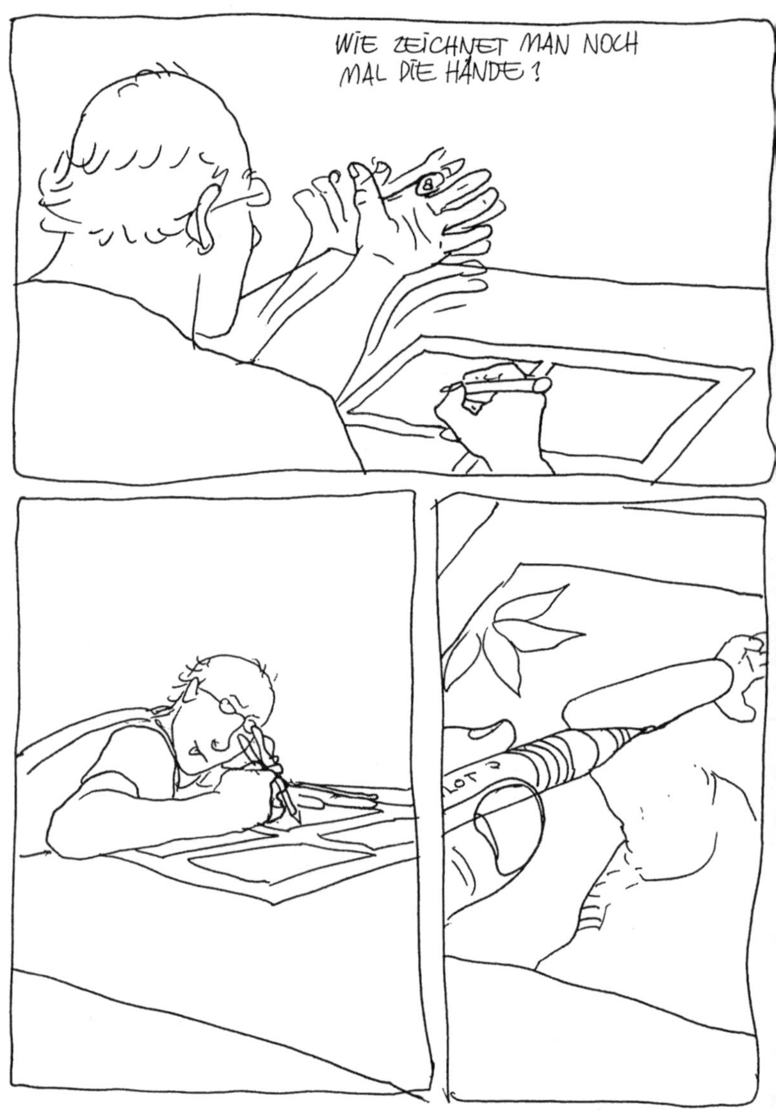
WIE ZEICHNET MAN NOCH MAL DIE HÄNDE ?

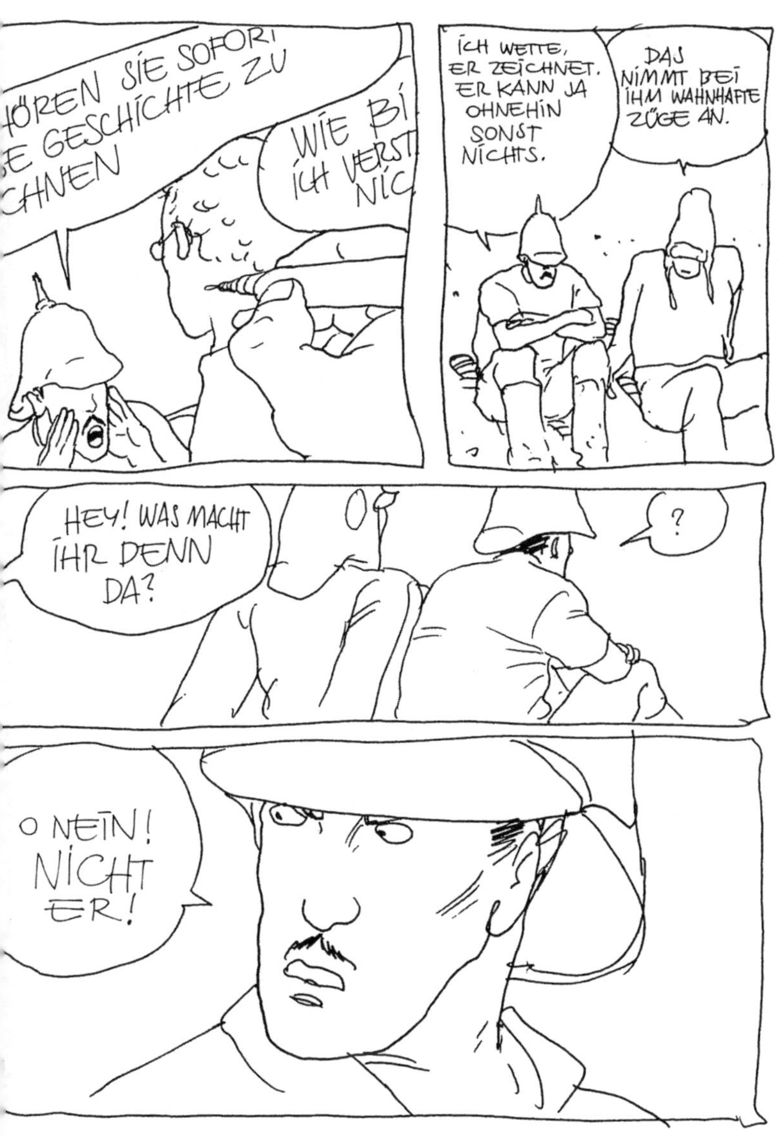
ÖREN SIE SOFOR
E GESCHICHTE ZU
CHNEN
WIE BI
ICH VERST
NIC
ICH WETTE, ER ZEICHNET. ER KANN JA OHNEHIN SONST NICHTS.
DAS NIMMT BEI IHM WAHNHAFTE ZÜGE AN.
HEY! WAS MACHT IHR DENN DA?
?
O NEIN! NICHT ER!

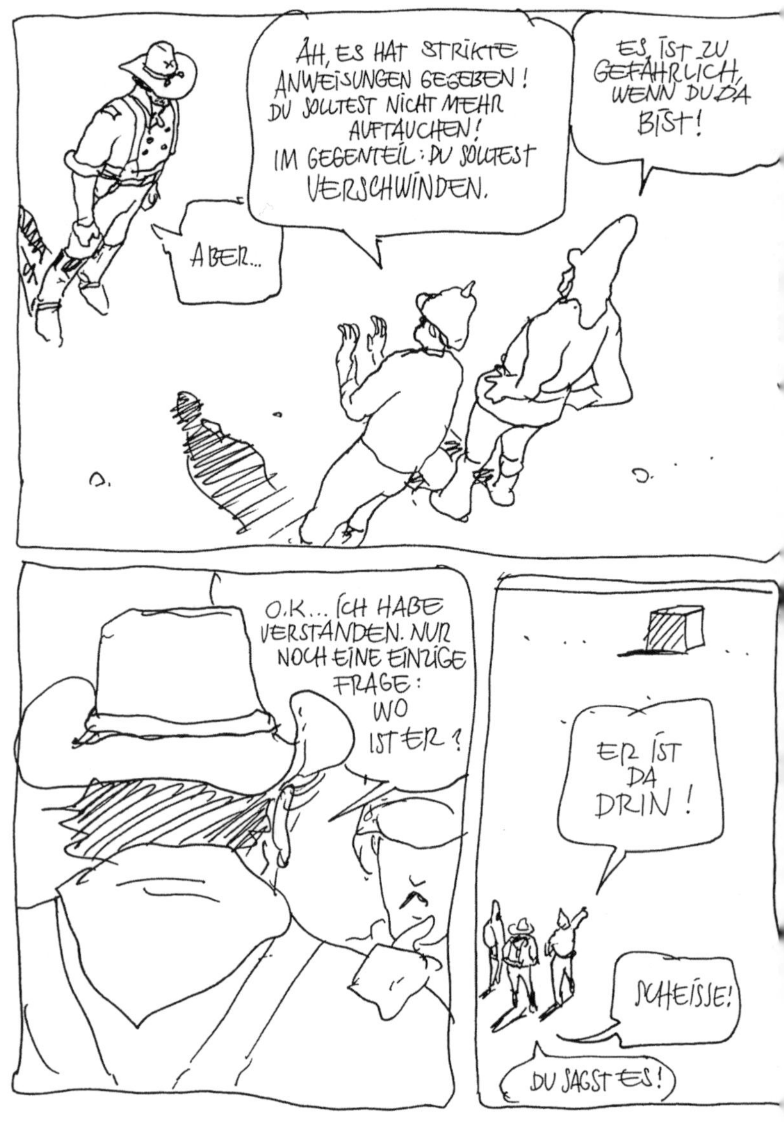
ÄH, ES HAT STRIKTE ANWEISUNGEN GEGEBEN! DU SOLLTEST NICHT MEHR AUFTAUCHEN! IM GEGENTEIL: DU SOLLTEST VERSCHWINDEN.
ES IST ZU GEFÄHRLICH, WENN DU DA BIST!
ABER...
O.K... ICH HABE VERSTANDEN. NUR NOCH EINE EINZIGE FRAGE: WO IST ER?
ER IST DA DRIN!
SCHEISSE!
DU SAGST ES!

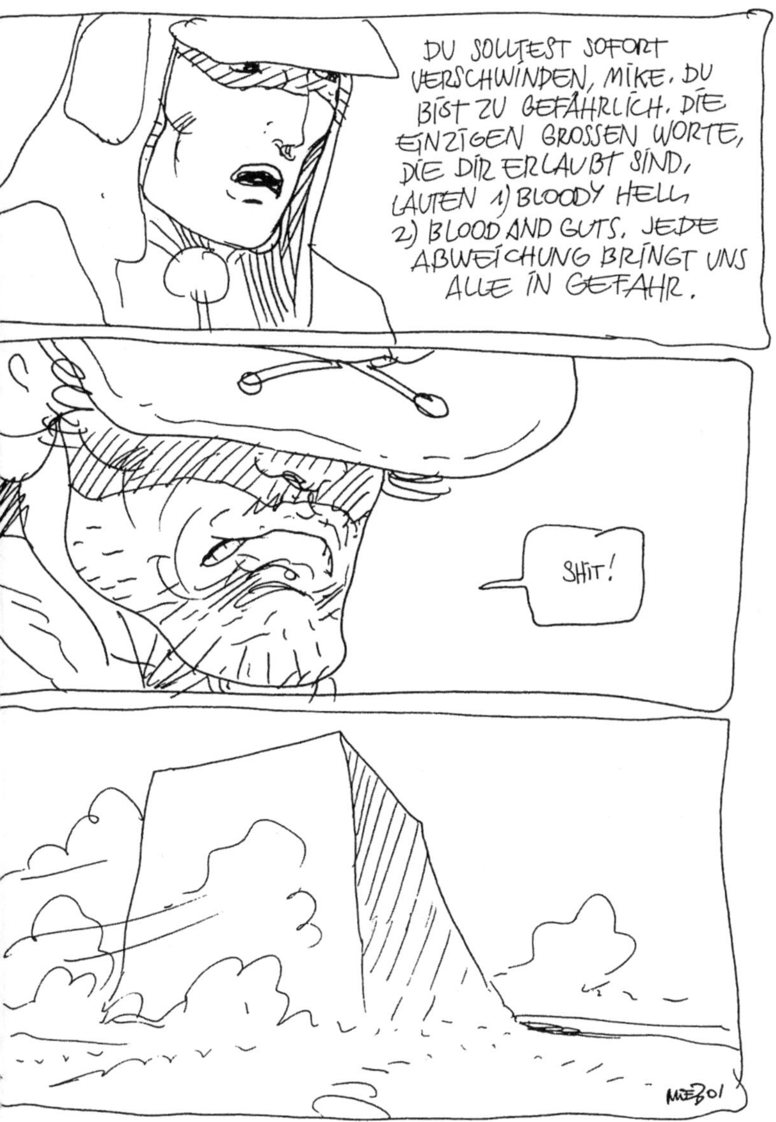
DU SOLLTEST SOFORT VERSCHWINDEN, MIKE. DU BIST ZU GEFÄHRLICH. DIE EINZIGEN GROSSEN WORTE, DIE DIR ERLAUBT SIND, LAUTEN 1) BLOODY HELL, 2) BLOOD AND GUTS. JEDE ABWEICHUNG BRINGT UNS ALLE IN GEFAHR.
SHIT!
MUE 01

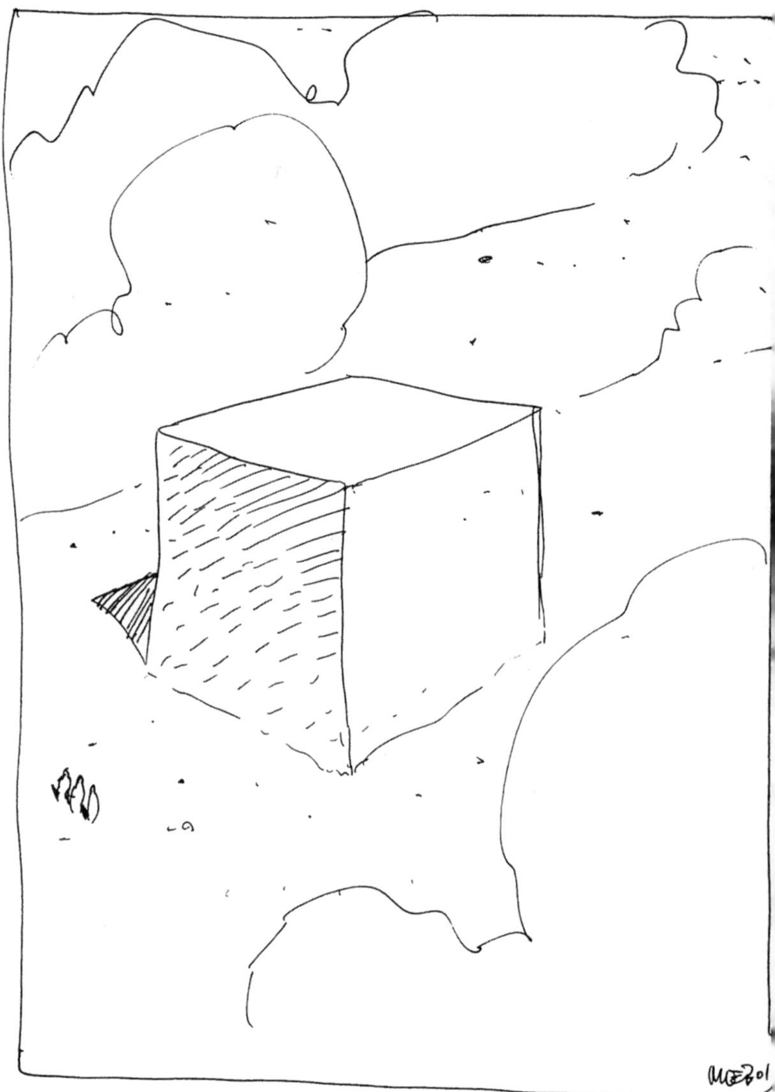

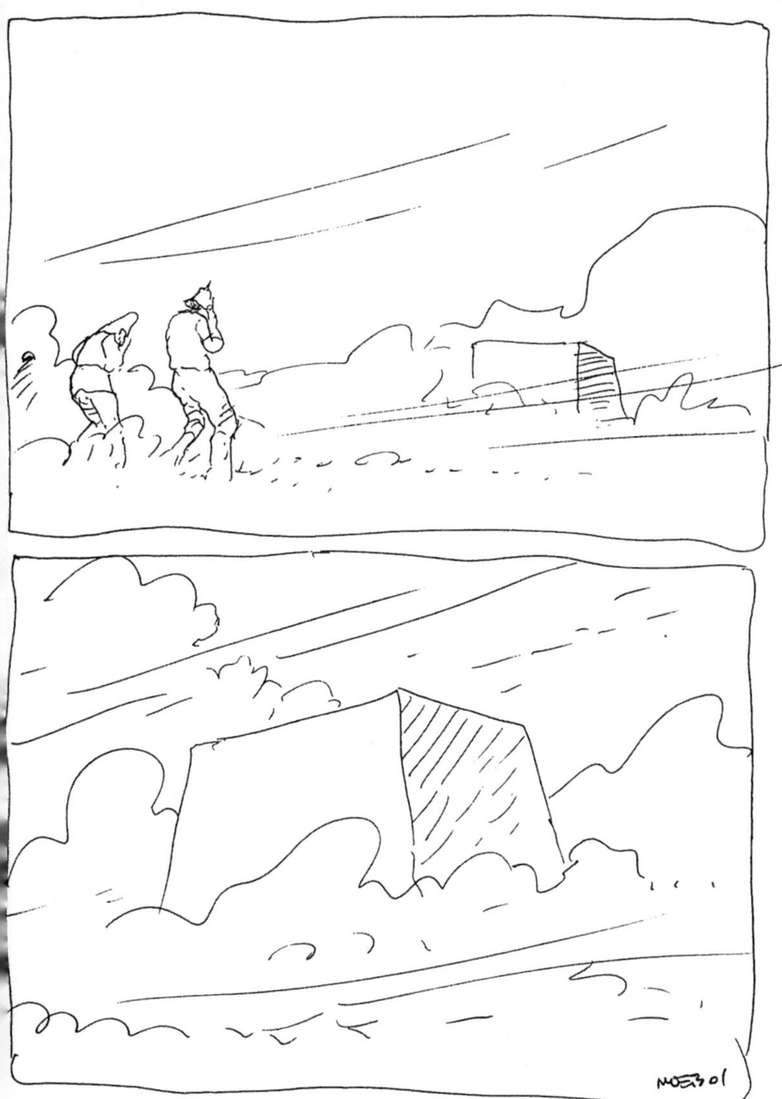

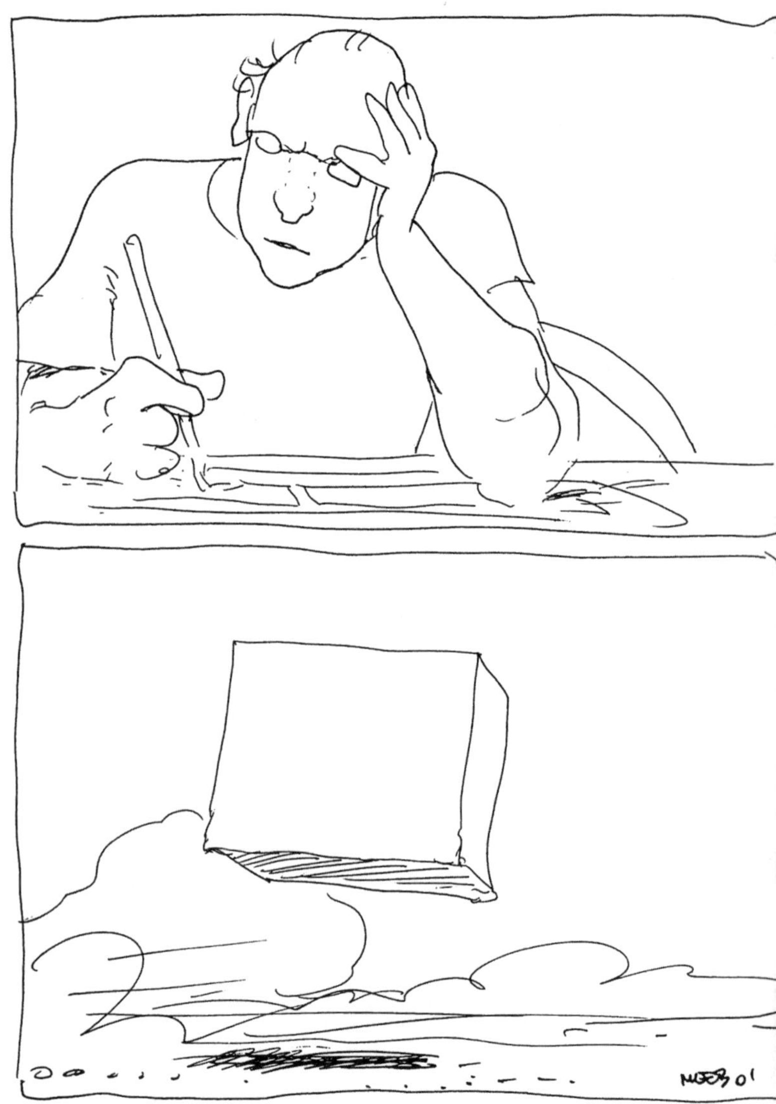

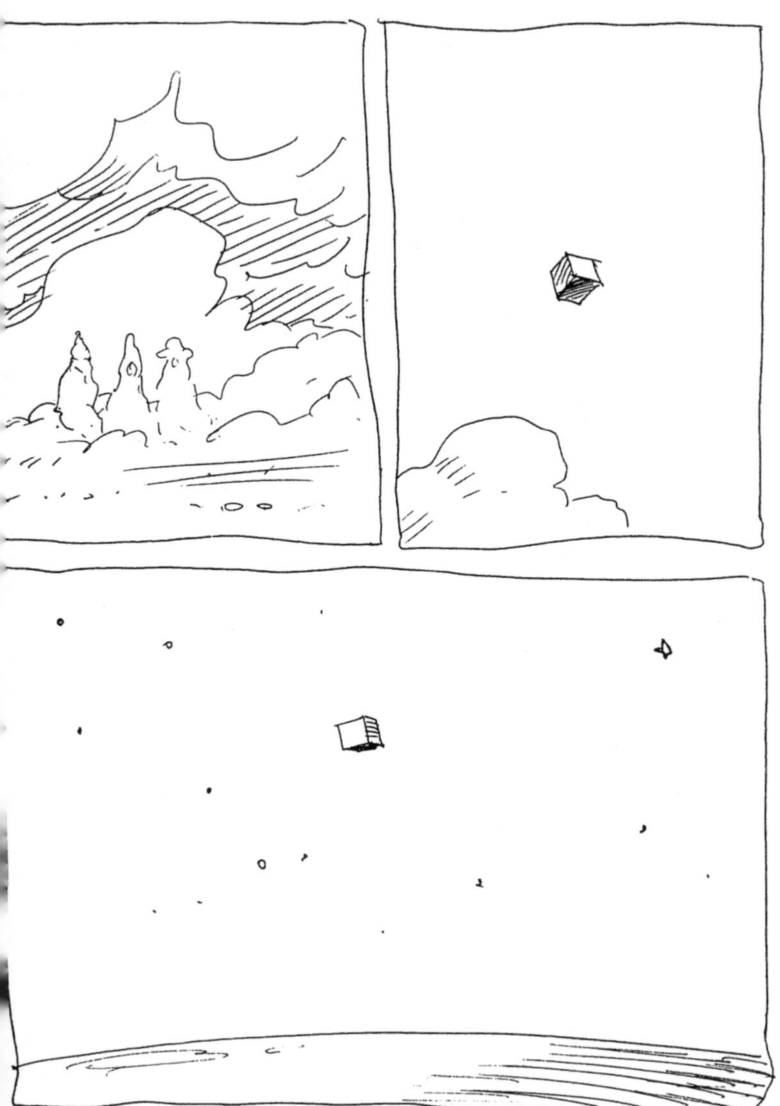

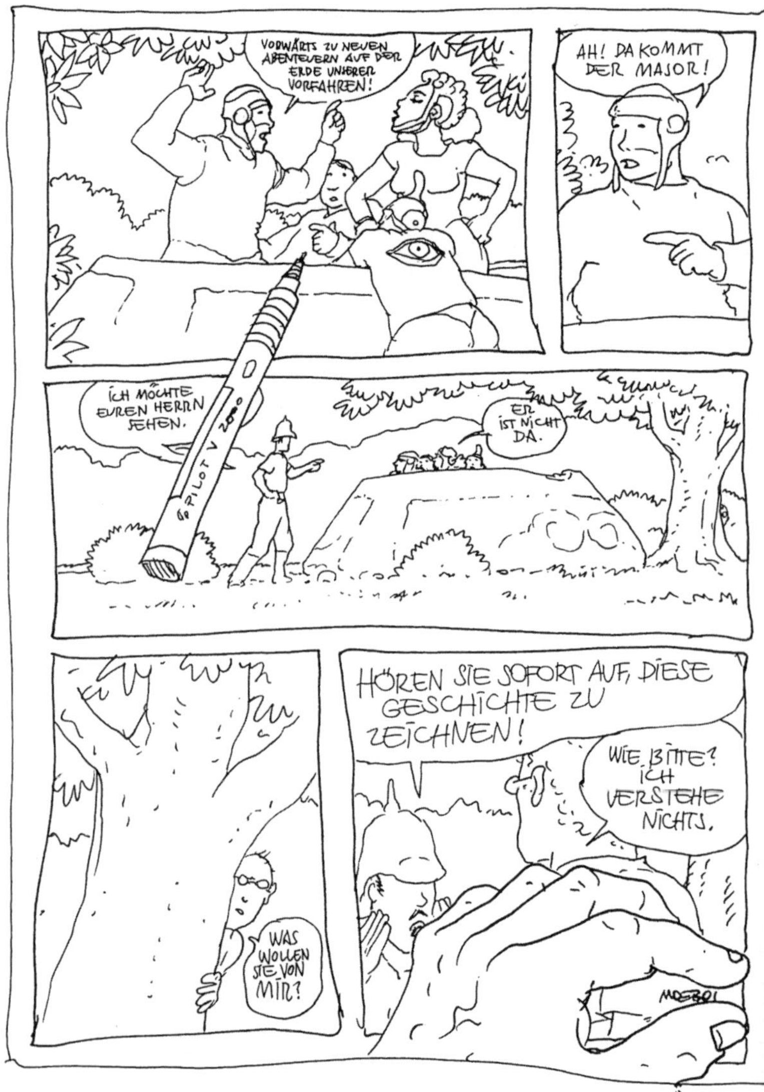
VORWÄRTS ZU NEUEN ABENTEUERN AUF DER ERDE UNSERER VORFAHREN!
AH! DA KOMMT DER MAJOR!
ICH MÖCHTE EUREN HERRN SEHEN.
PILOT V 2010
ER IST NICHT DA.
WAS WOLLEN SIE VON MIR?
HÖREN SIE SOFORT AUF, DIESE GESCHICHTE ZU ZEICHNEN!
WIE BITTE? ICH VERSTEHE NICHTS.
MOEBIUS

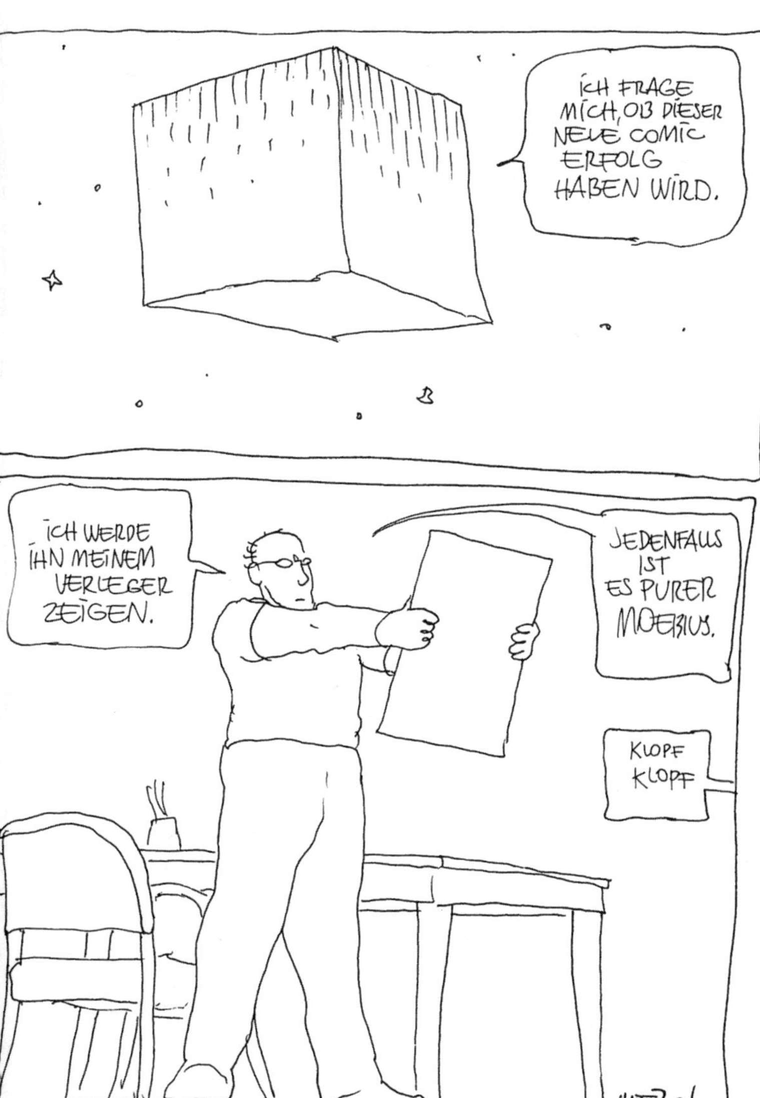
ICH FRAGE MICH, OB DIESER NEUE COMIC ERFOLG HABEN WIRD.
ICH WERDE IHN MEINEM VERLEGER ZEIGEN.
JEDENFALLS IST ES PURER MOEBIUS.
KLOPF KLOPF

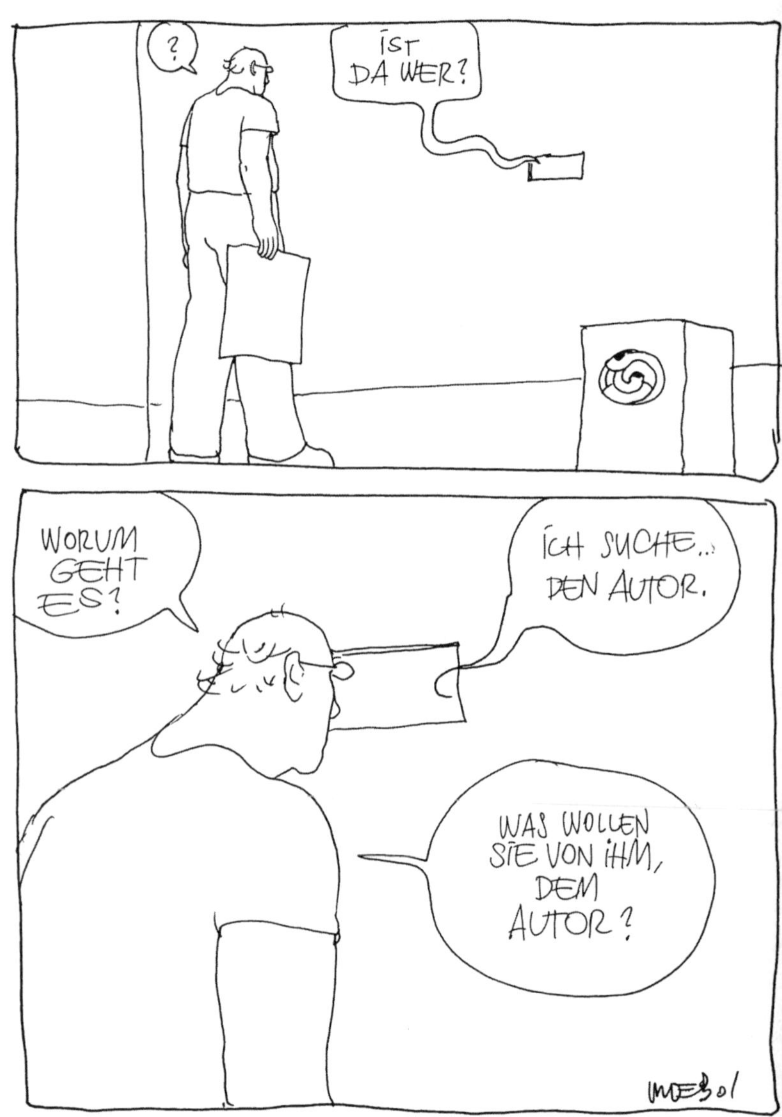
?
IST DA WER?
WORUM GEHT ES?
ICH SUCHE... DEN AUTOR.
WAS WOLLEN SIE VON IHM, DEM AUTOR?
MOEB 01

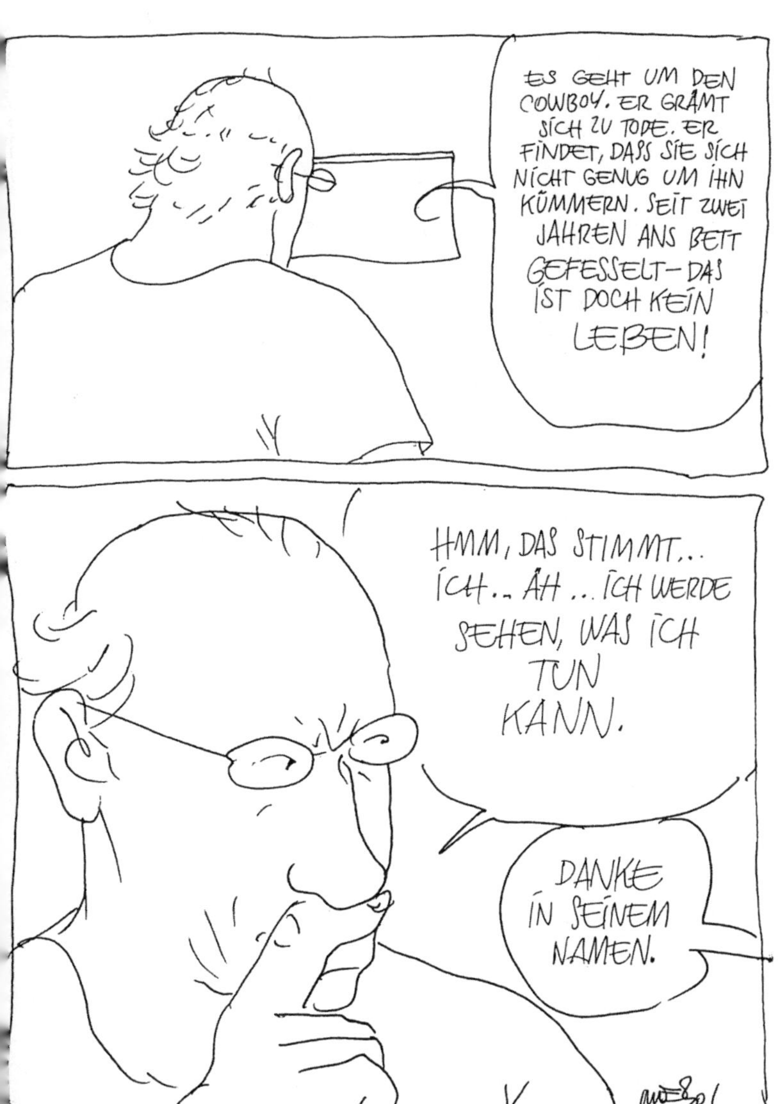
ES GEHT UM DEN COWBOY. ER GRÄMT SICH ZU TODE. ER FINDET, DASS SIE SICH NICHT GENUG UM IHN KÜMMERN. SEIT ZWEI JAHREN ANS BETT GEFESSELT – DAS IST DOCH KEIN LEBEN!
HMM, DAS STIMMT... ICH... ÄH ... ICH WERDE SEHEN, WAS ICH TUN KANN.
DANKE IN SEINEM NAMEN.

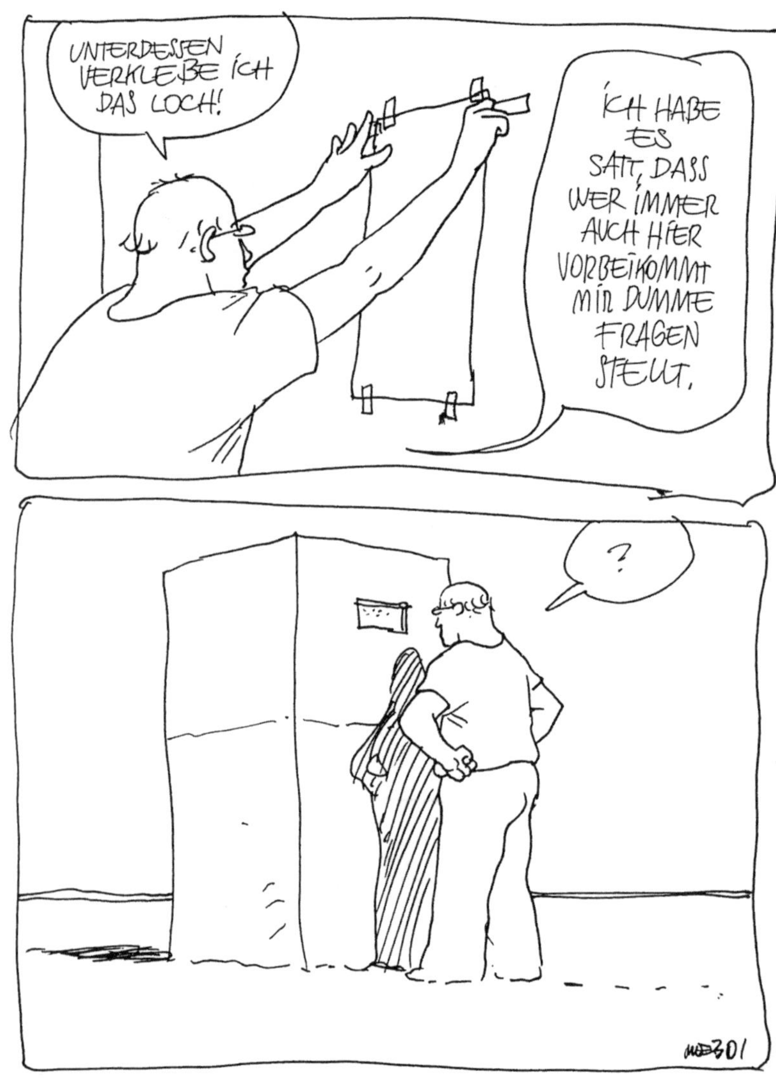
UNTERDESSEN VERKLEBE ICH DAS LOCH!
ICH HABE ES SATT, DASS WER IMMER AUCH HIER VORBEIKOMMT MIR DUMME FRAGEN STELLT.
?

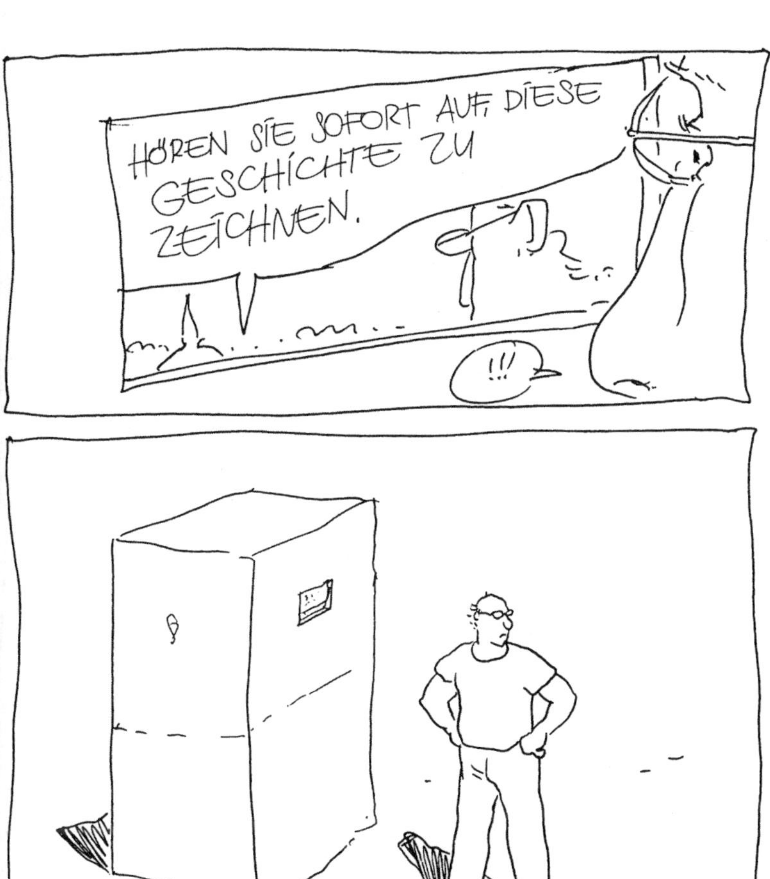
HÖREN SIE SOFORT AUF, DIESE GESCHICHTE ZU ZEICHNEN.
!!!

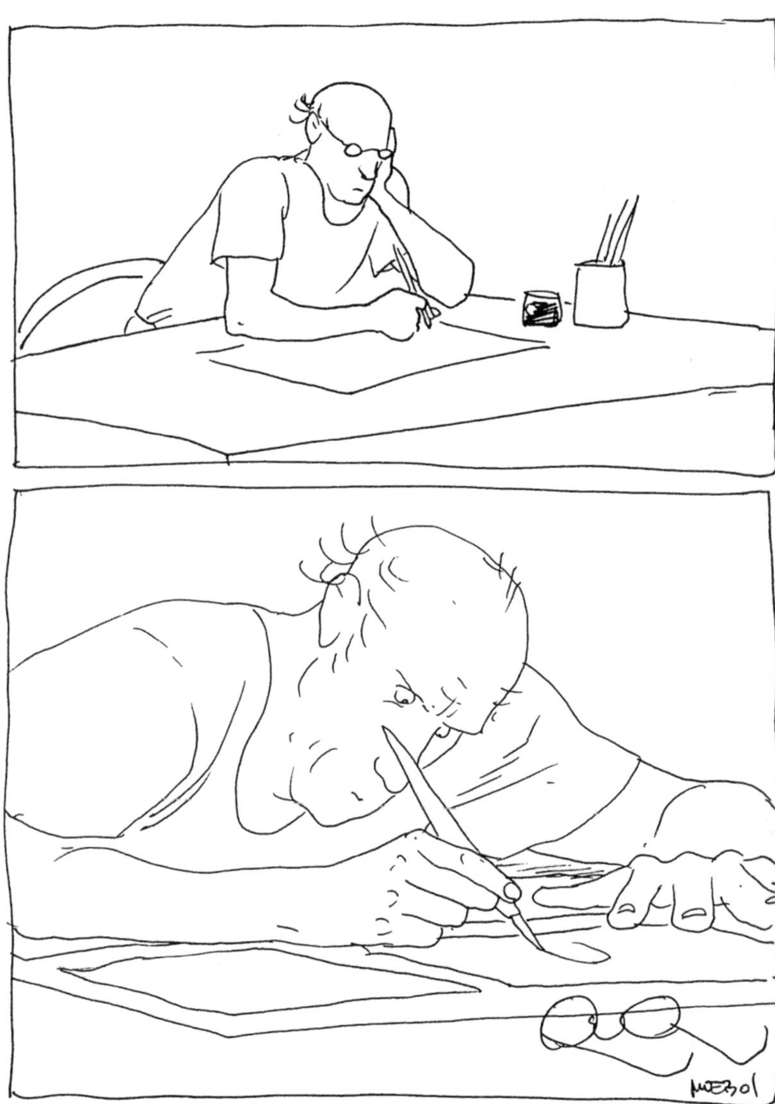

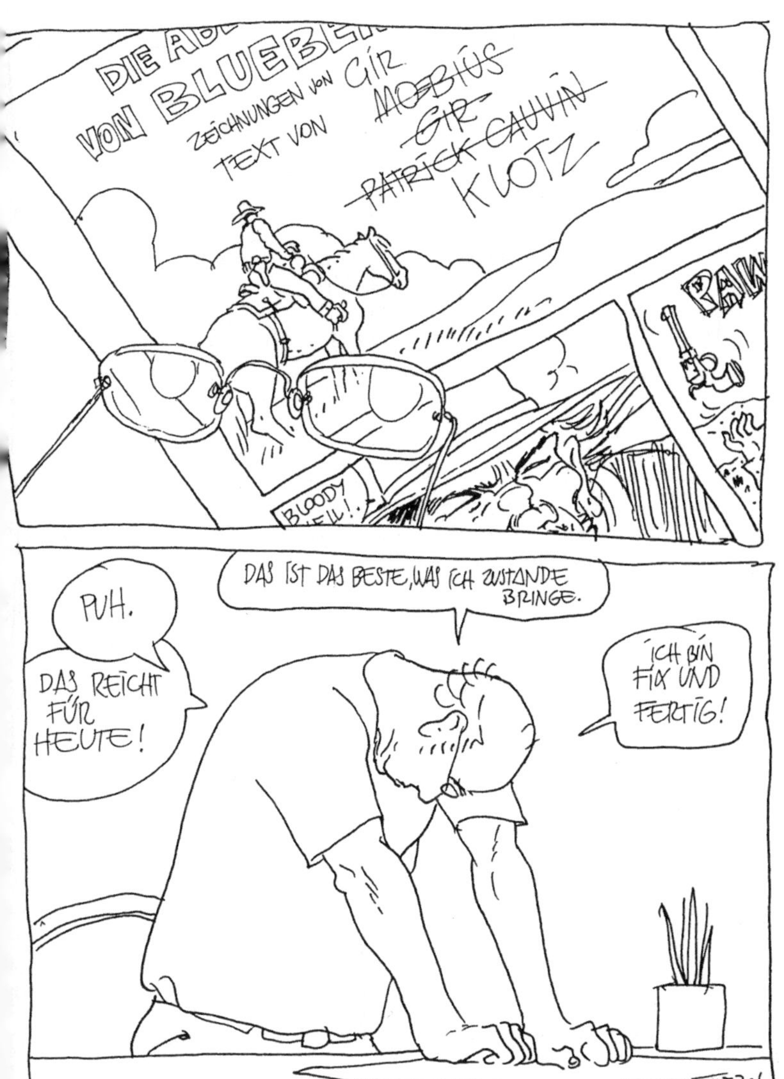
DIE ABE
VON BLUEBE
ZEICHNUNGEN VON GIR
TEXT VON MOEBIUS GIR PATRICK CAUVIN KLOTZ
PAW
BLOODY HELL!
DAS IST DAS BESTE, WAS ICH ZUSTANDE BRINGE.
PUH.
DAS REICHT FÜR HEUTE!
ICH BIN FIX UND FERTIG!

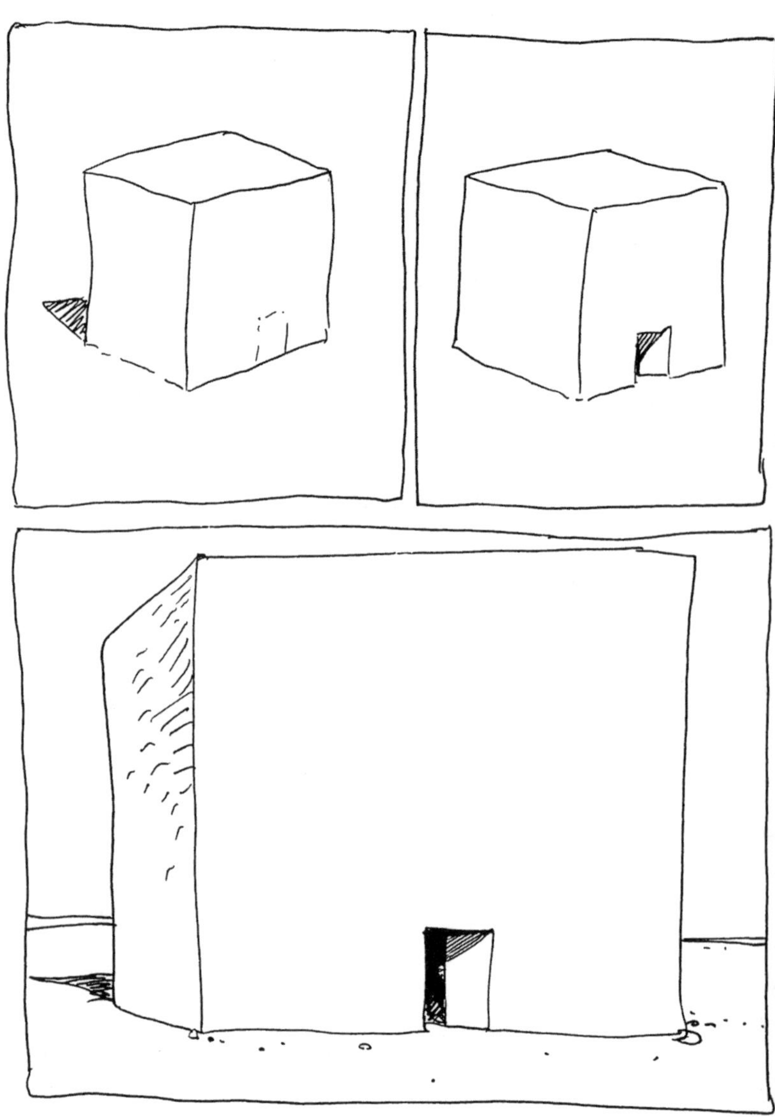

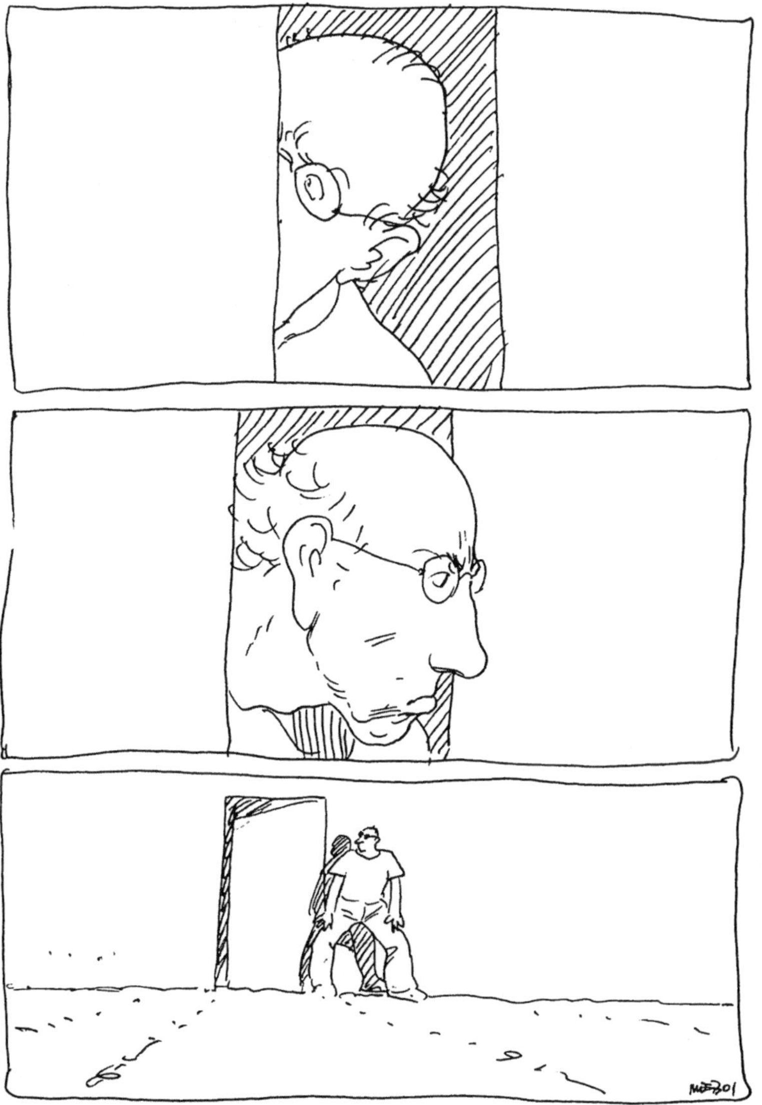

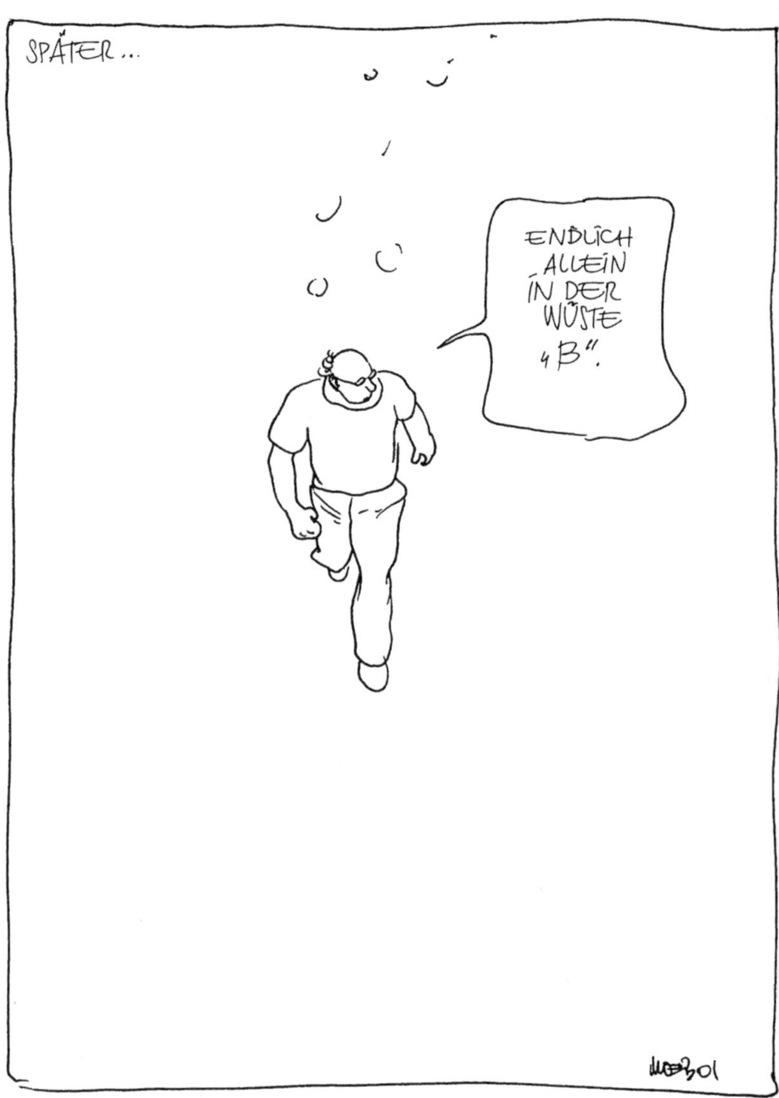
SPÄTER ...
ENDLICH ALLEIN IN DER WÜSTE „B".
MOEB 01

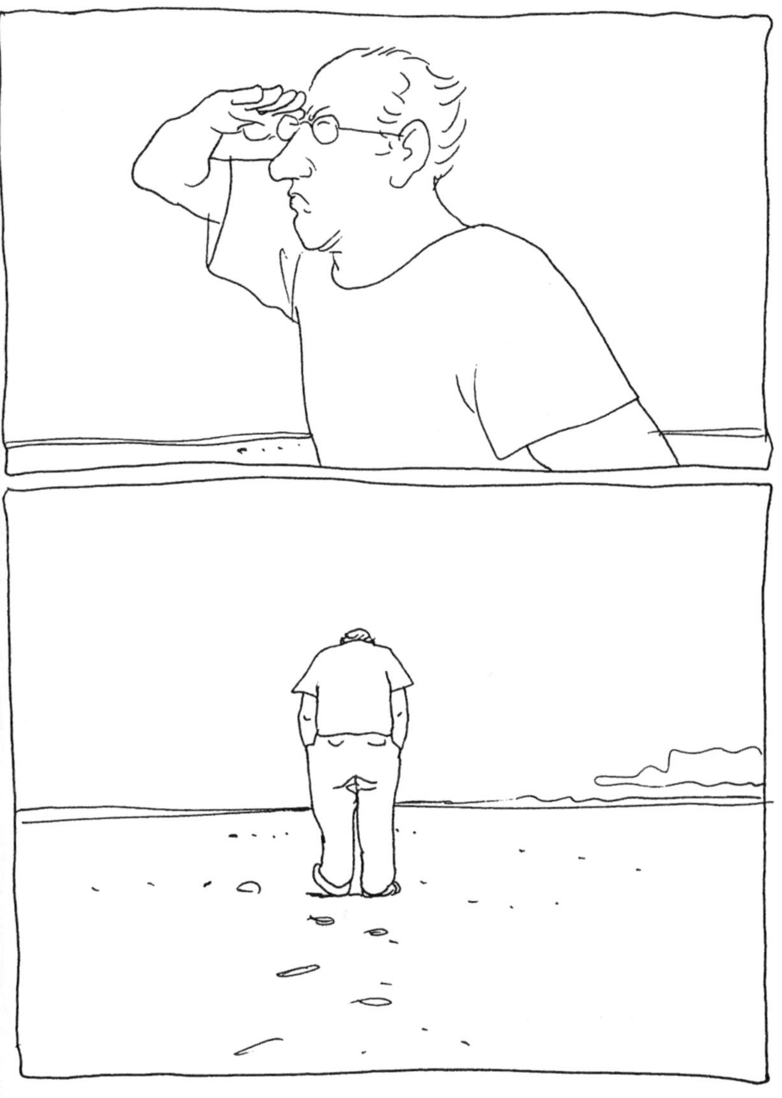

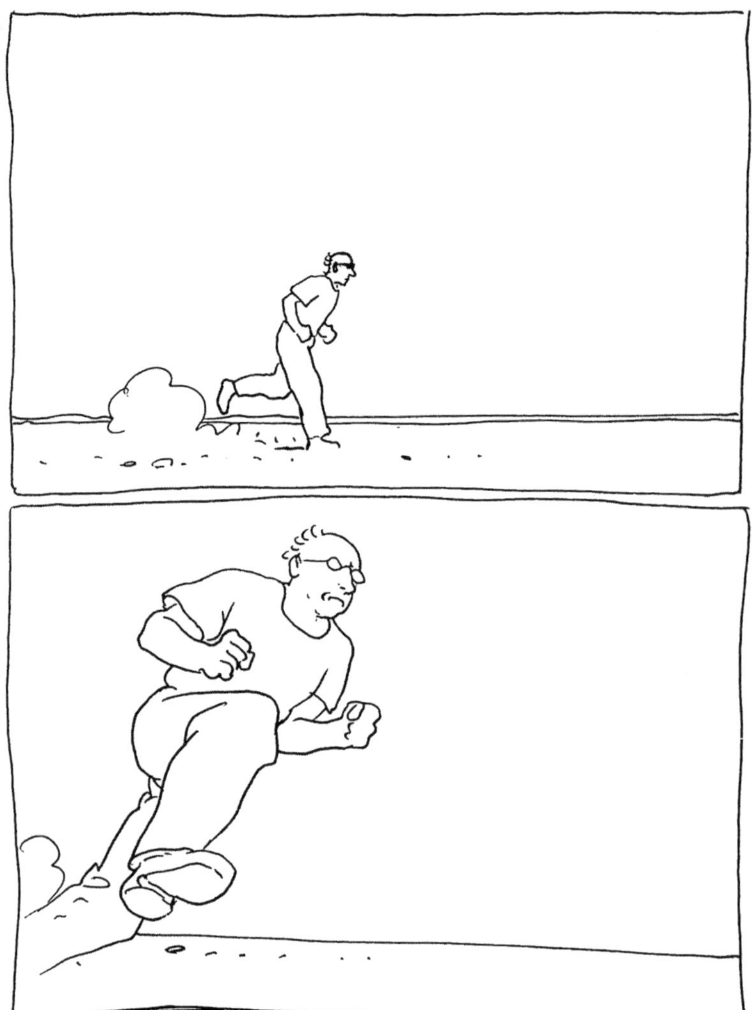

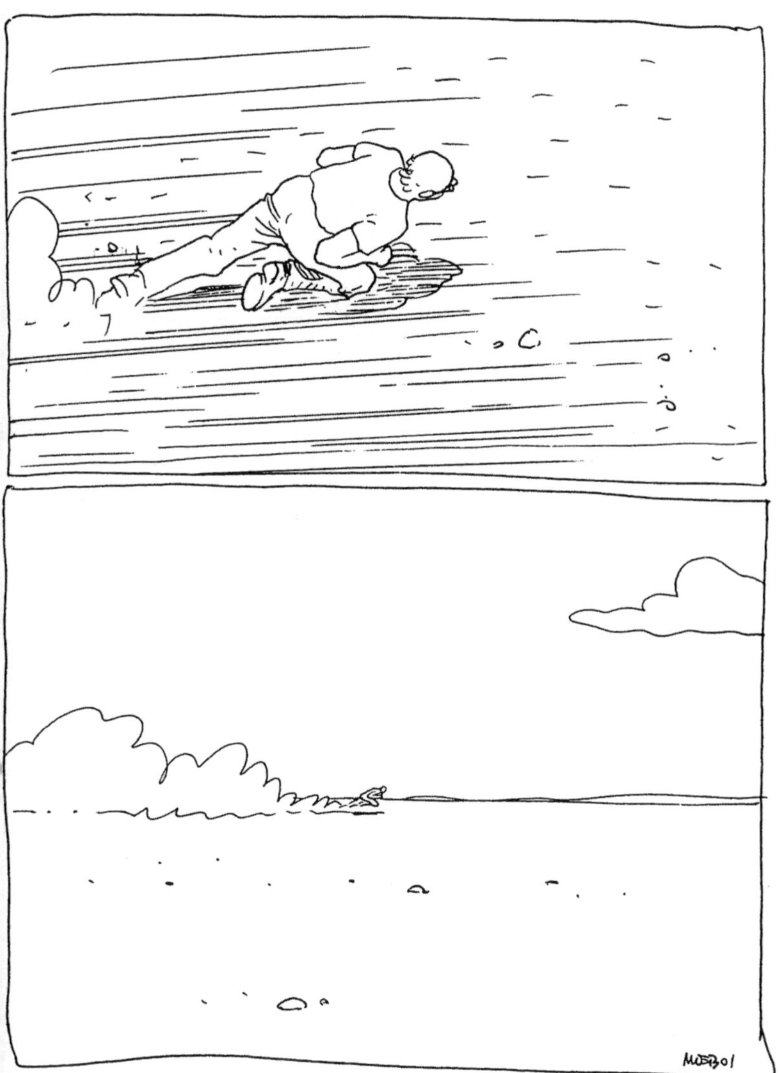

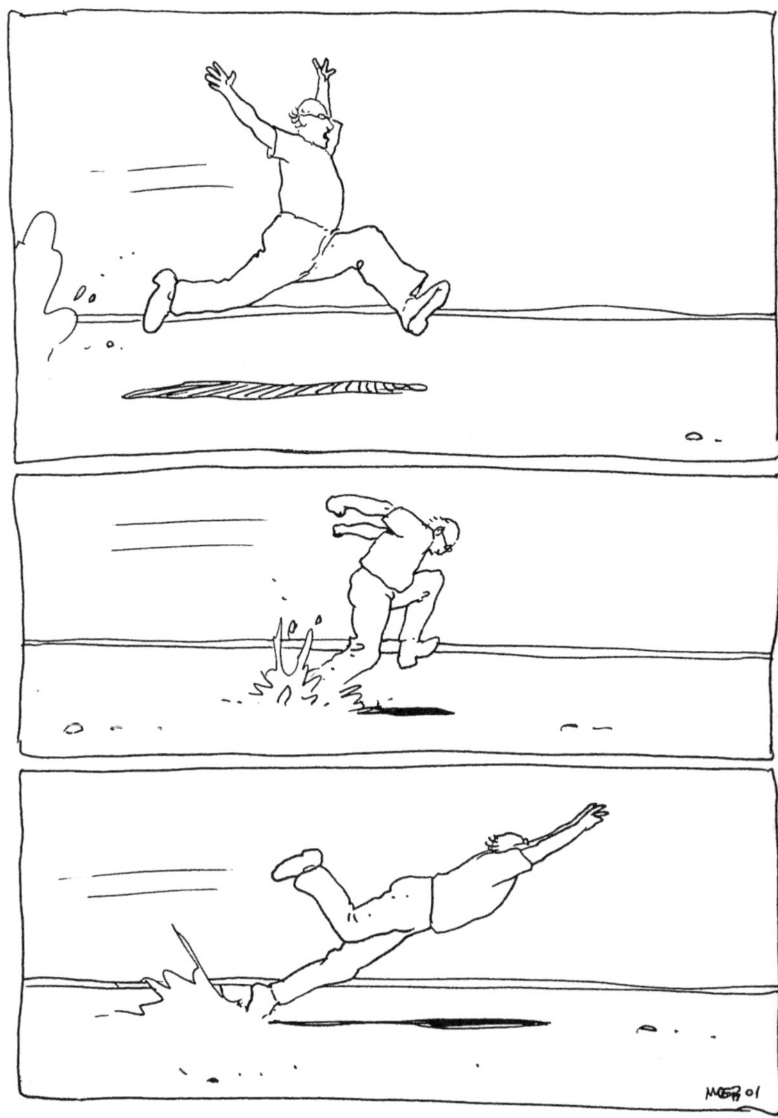

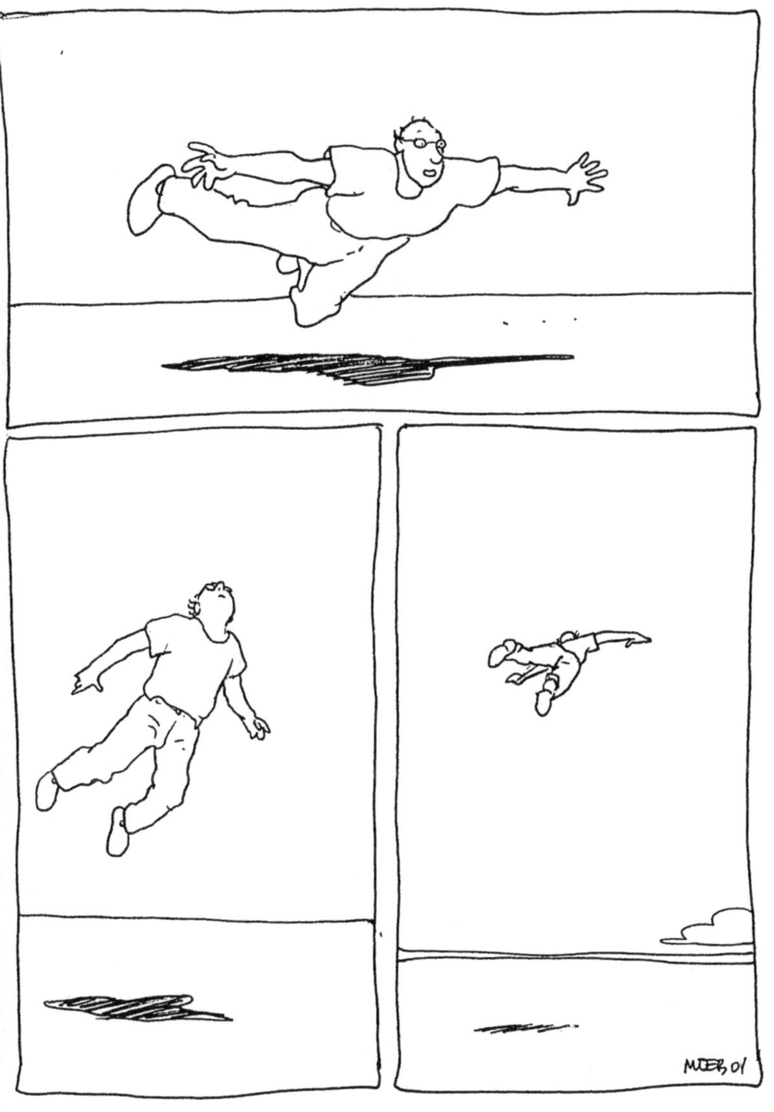

FORTSETZUNG FOLGT...

MOEB 01

Leben des Comics nach dem Tod von Moebius

Das zwanzigste Jahrhundert sah den Aufstieg von zwei Kunstformen, die beide Ausdruck der Massengesellschaft sind und dennoch individuelle Handschriften spüren lassen: Film und Comic. Sie setzten auf Bilder in sequentieller Folge, wo zuvor nur das geschriebene Wort oder die Momentaufnahme als Kunst anerkannt wurden. Und am Ende des zwanzigsten Jahrhunderts sollte ein Zeichner kommen, der beide Formen verband: Moebius. Seine Entwürfe für diverse berühmte Science-fiction-Filme machten ihn auch im Filmgeschäft bekannt, und immer weiter entwarf er Storyboards für Filme, wenn er es auch – im Gegensatz zu seinem Kollegen Enki Bilal – nie gewagt hat, selbst für das Kino zu inszenieren.

Was unterschied Film und Comic von den klassischen ästhetischen Disziplinen? Die Literatur verlangte Alphabetisierung, und die Bildenden Künste setzten Kombinationsgabe voraus: die Einordnung einer Einzelszene in einen narrativen Zusammenhang, die gleichfalls von einem unbelesenen Betrachter nicht geleistet werden konnte. Nur das Theater und die Musik appellierten auch an ein illiterates Publikum, doch beide schieden sich schnell in Hoch- und Volkskunst, und bis auf wenige Ausnahmen wurden nur die Beispiele für erstere überliefert. Bei Bildgeschichten dagegen – und in dieses Genre gehören die Anfänge sowohl von Comic als auch Film, wie das Prinzip des Stummfilms mit seinen zwischengeschalteten Schrifttafeln deutlich macht – hat sich zwar eine nicht minder rigide Aufspaltung zwischen Werken für die Masse und für ein elitäres Publikum ereignet, aber das Vergessen ganzer Genres ist im zwanzigsten Jahrhundert unmöglich geworden: Zu wenig Zeit ist seit dem Debüt von Film und Comic im Jahr 1895 verflossen, und zu zahlreich sind die Speichermedien geworden.

Zudem nahmen beide Kunstformen eine stürmische Entwicklung, die immer wieder neue soziale Homogenisierungen erzielte: In den Tonfilm lief auch das blasierte Publikum, weil es etwas Neues zu sehen gab, und genauso geschah es wieder bei Farb-, Trick- oder Actionfilm. Im Comic, der als reine Erwachsenenlektüre begonnen hatte, wurde derselbe Effekt durch eine Veränderung des Zielpublikums erreicht. Spätestens mit dem Comicheft, das 1938 seinen Durchbruch erlebte, richteten sich die Publikationen vor allem an Kinder und damit an ein Publikum, das noch denkbar wenig ausdifferenziert ist und zudem das Individuum einem hohen Anpassungsdruck in der Gruppe aussetzt.

Der Prophet des Untergangs

Gerade deshalb droht dem Comic ein Risiko, das der Film nicht kennt: die Bequemlichkeit. Die Verlage fahren gut mit ihrer Leserschaft; wozu sollen sie Experimente wagen? In den wichtigsten westlichen Comicnationen, den Vereinigten Staaten, Frankreich und Italien, finden sich seit Jahrzehnten dieselben Muster in den erfolgreichen Serien. Obwohl es zahlreiche herausragende Künstlerpersönlichkeiten gegeben hat, haben sie mit wenigen Ausnahmen keine Breitenwirkung erzielt. Die Neuerer standen vielmehr meist ganz unten in der Lesergunst: Der Comic stand Kopf. Erst die 1990er Jahre haben ihn einen zweiten Karriereschub erleben lassen, doch all die umstürzenden Entwicklungen dieses Jahrzehnts haben ihm nicht wieder auf die Beine helfen können. Heute scheinen seine Grenzen ausgelotet, und er selbst ist museal geworden – das Schlimmste, was einer populären Kunstform passieren kann. Wir betrauern den Tod des Comics – und Moebius war sein Prophet.

Denn er hatte teil an beiden Karrieren des Comics, an der Weiterentwicklung der klassischen Erzählstruktur, die bis in die 1980er Jahre reichte, und am Aufbruch in eine neue Phase, die gleichwohl jetzt schon abgeschlossen scheint, weil die neuen Ideen zu schnell zum Klischee geronnen sind. Beide Karrieren hat Moebius eher konterkarierend und damit kommentierend begleitet: Während Jean Giraud mit *Blueberry* geradezu idealtypisch die Vollendung eines Genres betrieb, bemühte sich Moebius bereits in den siebziger Jahren um einen vollständigen Umsturz der Prinzipien des Comics. Nicht mehr länger handwerkliche Perfektion sollte im Mittelpunkt stehen, sondern Spontaneität; es sollte eine Künstlerpersönlichkeit entstehen, die den Vertretern der etablierten ästhetischen Formen nicht nachstand, Kunst und Comic sollten zur Deckung kommen. Damit war Moebius seiner Zeit voraus. Gerade erst hatten Kunsttheoretiker auch den Reiz des Comics entdeckt – zu den frühesten in Deutschland zählte 1970 Günter Metken mit seiner kleinen Studie *Comics* –, doch sie begriffen ihn aus seiner Geschichte zunächst allein als Massenphänomen, also rezeptiv, noch nicht als individuelle Ausdrucksmöglichkeit. Diese Betrachtungsweise setzte sich erst im Gefolge der Arbeiten von Moebius und einigen anderen Zeichnern und Autoren durch. Und als sie etabliert war, erlebte der Comic ein seltsames Phänomen: Plötzlich erkannten zahlreiche junge Künstler in ihm die geeignete Form, um abseits der ausgetretenen ästhetischen Pfade, in deren Spuren der Comic doch gerade gesetzt worden war, zu erzählen. Das neue Massenphänomen lag nun in der gewaltigen Zahl der Comicschaffenden und der eklektischen Formen, die sie hervorbrachten. Damit aber nahmen sie nur auf, was Moebius als einzelner vorexerziert hatte. Er hatte sich nie festlegen lassen, und daß er zuletzt vor allem an der Weiterführung seiner alten Serien arbeitet, an *John Difool* und an der *Hermetischen Garage*, die *Sternenwanderer* sogar mit dem fünften Band beendet hat und natürlich *Blueberry* fortführte, durfte als Rückbesinnung auf die einstige Stärke des Comics verstanden werden: auf seine Massenwirksamkeit.

Der Begründer einer neuen Erzählform

Der Comic verdankt bereits sein Entstehen der Herausbildung des ersten wirklichen Massenmediums: der Zeitung. In den Vereinigten Staaten des ausgehenden neunzehnten Jahrhunderts entwickelte sich erstmals ein Lesermarkt, der nicht auf das Bürgertum beschränkt war, sondern vor allem die frisch ins Land gekommenen Einwanderer zu bedienen suchte. Sie hatten ein besonders großes Interesse an Informationen und Nachrichten, denn sie mußten sich ihre neue Welt erst erschließen. Doch die Sprachbarriere war dabei ein nicht zu unterschätzendes Hindernis für Massenpublikationen, und aus dieser Erkenntnis heraus entstanden die ersten Zeitungscomics. Sie leisteten durch ihr Zusammenspiel von Bild und Text sowohl Verständnis- als auch Lernhilfe. Und sie wählten zum Thema just jene Soziotope, die auch die anvisierte Leserschaft bewohnte: die Hinterhöfe und Straßen der Metropolen, wo sich die Immigranten sammelten, wo ein Sprachengemisch entstand, das erst langsam zum Englischen mutierte, und wo Kinder nahezu unbeaufsichtigt aufwuchsen, weil ihre Eltern erst selbst in die neue Heimat hineinwachsen mußten. Das ist genau die Szenerie, die wir in jener Bilderzählung finden, die als Geburt des Comics gilt: *Hogan's Alley* von Richard Felton Outcault, erstmals erschienen am 17. Februar 1895.

Outcault schuf vor allem mit seiner Sprache das erste Muster des Comics. Die wilde Kinderschar, die in Hogan's Alley herumtobte, sprach Slang und mischte die Sprachen munter durcheinander. Zudem gelang Outcault als erstem erfolgreichen Zeichner die Integration des Textes ins Bild, noch nicht als Sprechblasen, sondern durch einen Kunstgriff, der einmalig bleiben sollte: Er schrieb seiner Hauptfigur, einem kindlichen Knaben im Nachthemd, deren Äußerungen auf dieses Kleidungsstück. Und das Hemd wurde der eigentliche Grund für den Erfolg der Serie, die sich ansonsten nicht gravierend von den damals noch an europäischen Vorbildern orientierten humoristischen Zeichnungen in anderen amerikanischen Blättern unterschied. Auch Outcaults großformatige Einzelzeichnungen erschienen am Sonntag in den farbig gedruckten Wochenendbeilagen, auch sie bestachen zunächst nur durch die Detailfülle, die fast den Charakter von Wimmelbildern annahm. Zahlreiche parallele Ereignisse wurden in eine einzige Zeichnung gebannt, und das Durcheinander der Stimmen bildete das Chaos der Straßenspielplätze getreu ab. Aber das alles war eben nichts Besonderes. Was Outcaults Serie den Rang einer Pionierarbeit einbrachte, war eine technische Neuerung, die ihm allein zu Gebote stand. Die *New York World,* in der seine Serie erschien, erprobte im Januar 1896 ein neues Farbdruckverfahren, das zum ersten Mal die Reproduktion eines kräftigen Gelbtons gestattete. Und als erstes Beispiel wurde ausgerechnet jenes Hemd, auf dem Outcault die Äußerungen seines frechen Knabens notierte, gelb gedruckt.

Wenn man die Erinnerungen von deutschen Kindern der unmittelbaren Nachkriegszeit kennt, ist man vertraut mit dem Schock und der Begeisterung, die der Einbruch von Farbe durch die Comics ausgelöst hat. In einer grauen Welt des Elends waren die bunten Hefte Lichtblicke und Phantasieanreger. Genauso muß es am Ende des neunzehnten Jahrhunderts gewesen sein, als plötzlich das Hemd des »Yellow Kid«, wie der Knabe fortan genannt werden sollte, aufleuchtete. Und erst durch die Farbgebung wurden die darauf geschriebenen Texte und die Figur selbst zum zentralen Element der Serie. Deshalb konnte sie zum ersten Beispiel dessen werden, was ein paar Jahre später in Anlehnung an einen alten englischen Begriff für Witzzeichnungen als »Comics« bezeichnet wurde. Und für die neue Form waren eben jene zwei Elemente konstitutiv, die die Farbgebung bei Outcault erst in den Mittelpunkt der Aufmerksamkeit gerückt hatte: eine feste Figur, um die sich die Handlung dreht, und die Integration von Text ins Bild. Daß dann vor allem in den 1897 gestarteten *Katzenjammer Kids* von Rudolph Dirks all jene Modifikationen vorgenommen wurden, die den Comic bis heute prägen – Sprechblasen, Lautmalereien, Symbolzeichen wie Schmerzsterne oder Schweißtropfen, Erzählen in mehreren Bildern –, schmälert nicht die Bedeutung von Outcault. Ohne seine Serie hätte es all die Nachahmer, die sich an den Sensationserfolg anhängen wollten und deren Mittel dann weiterentwickelten, nicht gegeben.

Damals richteten sich Comics an Erwachsene, denn sie waren die Zeitungskäufer. Die kindlichen Helden, die die Frühzeit der neuen Kunstform prägten, eigneten sich besonders für respektlose Scherze, weil das noch gering ausgeprägte Verantwortungsgefühl von Kindern ihnen keine Hemmungen in den Weg stellte – hier profitierten die Comics von Vorbildern wie Wilhelm Buschs *Max und Moritz,* die vor allem für die *Katzenjammer Kids* des deutschstämmigen Dirks ein direktes Vorbild waren. Doch ihre spezifische Einwandererumgebung verlangte den Comic-Kindern zugleich größere Leistungen ab, als sie in einem behüteten bürgerlichen Elternhaus zu erwarten gewesen wären, und sie konfrontierte die kleinen Helden mit zahlreichen Herausforderungen der Erwachsenenwelt. Dadurch gelang es den Comics, das Interesse der Zeitungsleser wachzuhalten, auch wenn am Anfang nur in den seltensten Fällen in Fortsetzungen erzählt wurde. Vielmehr bestand der klassische Zeitungscomic aus einer jeweils abgeschlossenen Geschichte, die jedoch auf immer wiederkehrenden Konstellationen basierte, so daß die Serien in der Flut ständig wechselnder Nachrichten, die die Zeitungen dokumentierten, Inseln der Vertrautheit bildeten. Sie schufen dadurch eine Leserbindung, die den bekanntesten Comiczeichnern bald lukrative Angebote seitens der Konkurrenz einbrachten.

Der Meister des Traums

Um die entsprechenden Saläre der neuen Zeichnerstars bezahlen zu können, mußten sich die Verleger um eine möglichst breite Verwertung von deren Arbeiten bemühen. Hatten die ersten Comiczeichner noch jeweils exklusiv für eine einzelne

Zeitung gearbeitet, nutzten Publizisten wie Joseph Pulitzer oder William Randolph Hearst ihre Marktstellung und druckten die Serien gleich in mehreren ihrer zahlreichen Blätter ab. In Gebieten, in denen die jeweiligen Presseimperien nicht vertreten waren, wurden Lizenzen für den Abdruck an andere Blätter vergeben – so entstanden Syndikate, die sich ausschließlich um den Vertrieb von Comicserien kümmerten und bis heute den Markt für Zeitungscomics bestimmen. Überdies vermarktete man die bekannten Figuren als Werbeträger. Erst dadurch erlangten die Comics ihre prägende Massenwirkung: Die großen Serien waren überall im Land zu lesen, und ihren Helden konnte man auch im Alltag nicht entgehen.

Von diesem Prozedere profitiert die Branche immer noch, wenn auch der Vertrieb von Comicheften, die mit dem Debüt von *Superman* im Jahr 1938 ihren Siegeszug antraten und binnen einem Jahrzehnt den Zeitungscomic fast bis zur Bedeutungslosigkeit degradierten, nach ganz anderen Gesetzen funktioniert und sich vor allem an einer anderen, viel jüngeren Leserschaft ausrichtet. Längst leben Zeichnerstars wie Moebius nicht mehr vorrangig vom Verkauf ihrer Comics, sondern von der Vermarktung der Figuren oder den Aufträgen, die sie als populäre Illustratoren erhalten. Von Anfang an lag darin indes ein Risiko. Winsor McCay etwa, der mit *Little Nemo in Slumberland* von 1905 an den ersten konsequent gestalteten Fortsetzungscomic veröffentlichte, unterbrach diese sehr beliebte Serie 1914 für zehn Jahre, weil er als Karikaturist, der zudem hoch in der Gunst seines Verlegers Hearst stand, ungleich besser bezahlt wurde.

Dadurch wurde eines der spannendsten Experimente abgebrochen, die es auf dem Feld des graphischen Erzählens gegeben hat. Denn McCay schrieb und zeichnete nicht nur für erwachsene Leser, er machte den Comic erwachsen. Sein *Little Nemo* ist in der Bedeutung für die Geschichte der Comics gar nicht zu überschätzen. Mit untrüglichem Gespür nahm der ehemalige Reklamezeichner in seinen Bildgeschichten eine Zeitstimmung auf, deren erstes Anzeichen die Publikation von Freuds *Traumdeutung* im Jahr 1900 gewesen war. Auch McCay fand seinen Stoff in Träumen, und seine Serien trugen deshalb Titel wie *Dreams of a Rarebit Fiend* (die zum Thema Albträume hatten, die sich angeblich nach dem Genuß von Käsebroten einstellen), *Midsummer Daydreams* oder *It Was Only a Dream.*

Doch erst *Little Nemo* brachte das Sujet zur Vollendung, weil die Erzählungen selbst die Struktur von Träumen aufnehmen. Jede der sonntäglich erscheinenden ganzseitigen Folgen – werktägliche Fortsetzungen, die nach ihrem streifenförmigen Format sogenannten Comicstrips, setzten sich erst um 1910 durch – beginnt im Bett des kleinen Nemo, entführt ihn dann in wilde Abenteuer ins Reich von König Morpheus und läßt ihn im letzten Bild aus dem Bett fallen, womit der Traum sein Ende nimmt. Doch dieser immergleiche Erzählrahmen McCays hat selbst etwas Traumwandlerisches. Er ließ Nemo, der in seinem langen Nachthemd wie ein wohlbehütetes Alter ego des Yellow Kid erschien, in einem Zwischenzustand verharren, der niemals der banalen Welt des Alltags angehörte, sondern immer nur in Erwartung des freien Laufs der Phantasie bestand.

Hier hatte Moebius einen ersten Ahnherrn in der Geschichte der Comics, und es war nur konsequent, daß er 1985 für einige Monate nach Japan fuhr, um an einer Zeichentrickverfilmung von *Little Nemo in Slumberland* mitzuwirken. Aus dem gemeinsamen Projekt wurde nichts; Moebius konnte in Japan aber immerhin in einer Tour de force den ersten Teil der *Sternenwanderer* zeichnen. Seine Verehrung für McCay und das Engagement für das Projekt waren jedoch so groß, daß 1993 und 1995 zwei Comicbände entstanden, in denen Moebius die Abenteuer des kleinen Nemo auf seine eigene Art weitererzählte, ohne je die Hommage an das Original zu verleugnen. Sein Nemo ist zum Jugendlichen herangewachsen und wird von Professor Genius mit einem Zeppelin aus dem winterlichen New York der zwanziger Jahre entführt, damit er im Traumland Slumberland für Frieden sorgen möge.

Die graphische Umsetzung dieser Fortschreibung eines Klassikers hat Moebius seinem jüngeren Kollegen Bruno Marchand überlassen, wie er seit Beginn der 1990er Jahre überhaupt vermehrt als Szenarist für andere Zeichner tätig wurde. William Vance wurde für eine Nebenserie gewonnen, die Jean Giraud nach dem Tod von Jean-Michel Charlier begründete und die sich den Abenteuern eines älteren Blueberry, des *Marshall Blueberry,* widmete. Christian Rossi zeichnete die gleichfalls von Charlier und Jean Giraud erfundene Westernserie *Jim Cutlass,* und Jean-Marc Lofficier und Eric Shanower halfen Moebius bei der für den amerikanischen Markt konzipierten Fortsetzung der *Hermetischen Garage. Little Nemo* gehört in diese Reihe von Serien, in denen Jean Giraud sich kurzfristig zu verzetteln drohte, doch die beiden Alben zählen auch zu den schönsten Beweisen für die kontinuierliche Funktionsfähigkeit von Erzählmustern und graphischen Einfallsreichtum im Comic. Es ist bezeichnend, daß Moebius sich gerade in einer Umbruchphase der gesamten Kunstform noch einmal der Wirkungskraft dieses ersten wahren Klassikers erinnerte.

Der Erbe des Silver Surfer

Es war nicht die erste Erbschaft, die der Pionier Moebius, den schon so viele selbst beerben wollten, antrat. Bereits 1988, unmittelbar nach Abschluß des ersten *John Difool*-Zyklus, hatte er das Angebot des amerikanischen Szenaristen Stan Lee angenommen, sich einmal auf dem Gebiet des Superheldencomics zu versuchen. Natürlich war dieses Genre im Werk von Moebius unausgesprochen immer präsent gewesen, weil es seiner Vorliebe für Science-fiction so nahe stand. So nannte er etwa die gesammelten Erzählungen seiner *Hermetischen Garage* eine Hommage an die Comicheft-Superhelden und wies teilweise bis in Einzelbilder Anleihen bei den amerikanischen Vorbildern nach. »Bei diesem Thema bin ich hin- und hergerissen. Einerseits finde ich all das natürlich sehr kindisch. Aber auf der anderen Seite glaube ich, daß die Hefte einer

Suche nach unseren tiefsten Sehnsüchten Ausdruck verleihen, unseren Träumen von Gerechtigkeit, vom Fliegen, von Schönheit. Und das ist in keiner Weise mehr kindisch, sondern führt uns auf das wunderbare Feld der Kindheit.« Damit war selbstverständlich auch die Kindheit von Moebius gemeint, in der die Comics eine Fluchtwelt boten, aus denen sich in seiner Wahrnehmung erst die eigene Persönlichkeit herausgebildet hatte: »Ich kann Comics jetzt nicht mehr so lesen wie früher, weil ich damals beim Lesen schöpferisch war«, stellte er 1974 fest. »Und was schuf ich? Jean Giraud!« Moebius wiederum war dann die Schöpfung aus eigenen Erfahrungen.

Bezeichnend ist, daß er als Beispiel für die Beeinflussung durch die Ästhetik der Superhelden einen gemeinsamen Flug der beiden zentralen Charaktere der *Hermetischen Garage,*

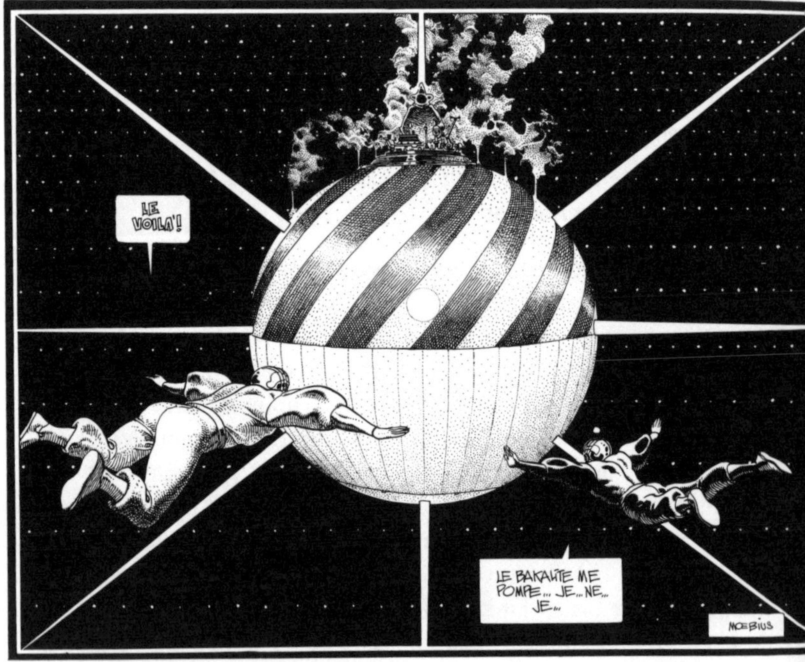

Natürlich können Superhelden auch in Frankreich fliegen: Einzelbild aus *Die Hermetische Garage (Le garage hermétique)* von 1979.

Major Grubert und Jerry Cornelius, wählte. Es war immer wieder das Flugmotiv, das schon in der Liste seiner »tiefsten Sehnsüchte« enthalten ist und den Abschluß von *Fumetti* bildete – man kann es durch das Werk von Moebius verfolgen wie ein Leitmotiv. Deshalb wird es ihm leichtgefallen sein, das Angebot Stan Lees zur Illustration einer Geschichte um den *Silver Surfer* anzunehmen. Selbst wenn Lee nicht der berühmteste Superhelden-Szenarist gewesen wäre (er entwickelte Anfang der 1960er Jahre für den Marvel-Verlag die psychologisch gebrochenen Superhelden, die die althergebrachten fehler- und bedenkenlosen Heroen in der Gunst des Publikums ablösten und einen so ambivalenten Charakter wie Blueberry als Titelhelden einer Comicreihe überhaupt erst ermöglicht haben), dürfte die Aussicht, den enigmatischsten aller Marvel-Helden, diesen verstoßenen Gott auf seinem durch das All gleitenden Surfbrett zu zeichnen, alle Träume von Moebius erfüllt haben. Hier konnte er einem seiner bevorzugten Comicprinzipien Reverenz erweisen und sich zugleich an der beispiellosen Eleganz des fliegenden Silver Surfers versuchen, die schon immer den Reiz dieser Serie ausgemacht hat.

Ihr Held war eine Symbolfigur der neuen Freiheit der sechziger Jahre, die in den Surferkommunen Kaliforniens ihr Idealbild gefunden hatte. Doch ist auch der Silver Surfer ein zutiefst ambivalenter Held, dessen Liebe zur Menschheit immer wieder von dieser enttäuscht und von seinem mächtigen Gegenspieler Galactus bestraft wird. Aber unermüdlich treibt ihn der Wunsch an, doch etwas für die Rettung dieser bornierten Spezies zu tun – er ist das genaue Gegenteil von John Difool, der nur unfreiwillig zum Retter des Guten wird, damit aber Erfolg hat. Dieser Gegensatz im unmittelbaren Anschluß an den sechsten Band des *Incal*-Zyklus wird Moebius besonders fasziniert haben. Wieder einmal konnte er in seinem Werk extreme Gegensätze zu vereinen versuchen.

Die Ausführung aber gestaltete sich traumatisch, weil das kleine Heftformat und die festgeschriebene geringe Seitenzahl keinen Platz für die von Moebius gewohnte epische Breite bot.

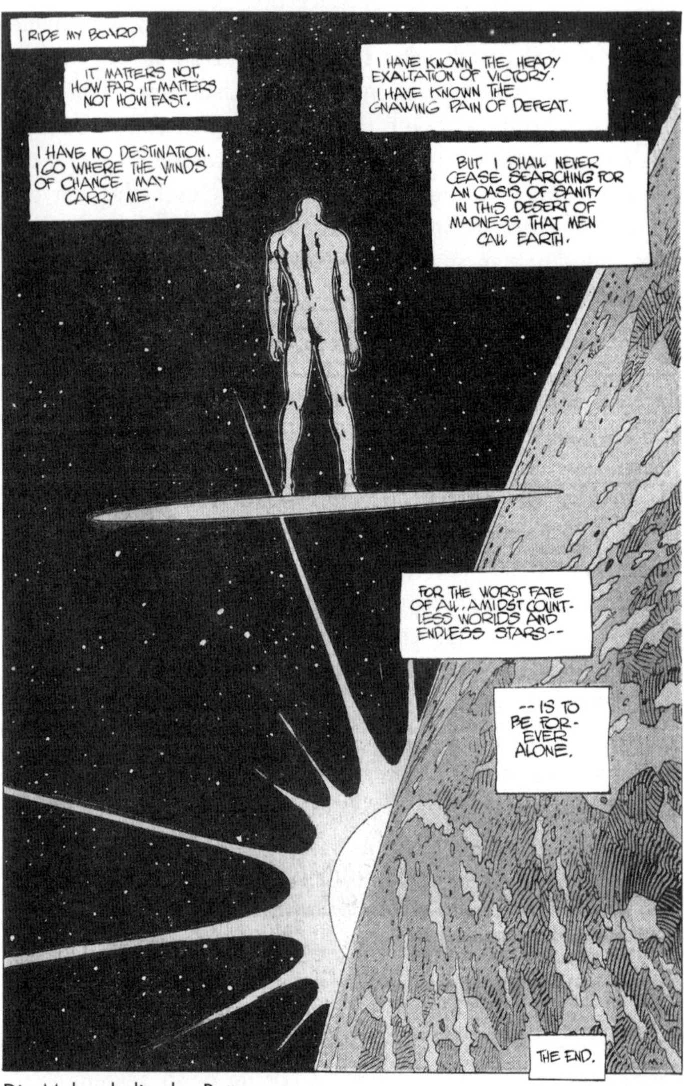

Die Melancholie des Retters:
Seite aus dem zweiten Teil der 1988
in den Vereinigten Staaten erschienenen
Silver Surfer-Geschichte *Parabel (Parable)*.

Stan Lees Szenario zu der Erzählung *Parable,* Ende 1988 in zwei Heften erschienen, beweist jedoch, wie reibungslos der Übergang von einem Moebius- zu einem Superheldencomic gestaltet werden konnte. Der Zeichner hatte sich sämtliche Versatzstücke des Genres wie die ständig wechselnde Seitenarchitektur, die spektakulären Inszenierungen und vor allem die extreme graphische Ökonomie der Zeichnung, die – bedingt durch die damals noch miserable Druckqualität der billigen Hefte – auf jeden subtilen Einsatz von Schraffuren oder Farben verzichten mußte, für das eigene Werk bereits angeeignet und in *John Difool* zur Vollendung geführt. Doch zugleich zeigte die actionbetonte bierernste Handlung, die Lee entworfen hatte, daß die metaphysische Qualität, die die Arbeiten von Moebius traditionell auszeichnete, sein bisweilen geradezu messianischer Eifer, der aber stets von bissigem Humor gemildert wurde, ihren Platz im amerikanischen Comicgeschäft nicht finden konnte.

Lee hatte eben nur ein weiteres Szenario für eine seiner vielen Serien verfaßt, ohne dabei – wie Alexandro Jodorowsky es perfekt beherrscht – auf die spezifischen Eigenarten des Zeichners Moebius Rücksicht zu nehmen. Sind in den *Incal*-Zyklus jene acht Jahre, während deren er entstand, dadurch eingeflossen, daß Jodorowsky all die religiösen und weltanschaulichen Herausforderungen, denen sich Moebius seinerzeit gestellt hat, zum Bestandteil der Handlung werden ließ, so ist in *Parable* nichts zu spüren von dem Moebius, der sich gerade erst von der Sekte um Appel-Guéry gelöst hatte und der nunmehr in den Vereinigten Staaten lebte und arbeitete und dort all die Probleme einer Anpassung durchlief, die schon neunzig Jahre zuvor die allerersten Comiczeichner zu ihrem Thema gemacht hatten. In *Parable* steckt nichts von Moebius außer seiner graphischen Virtuosität – und die war nie das entscheidende Element seiner Arbeit. Deshalb lassen sich seine beiden großen Versuche einer Weiterführung der Comicgeschichte, die Fortsetzung von *Little Nemo* und die Episode um den *Silver Surfer,* so unterschiedlich bewerten. Mögen die

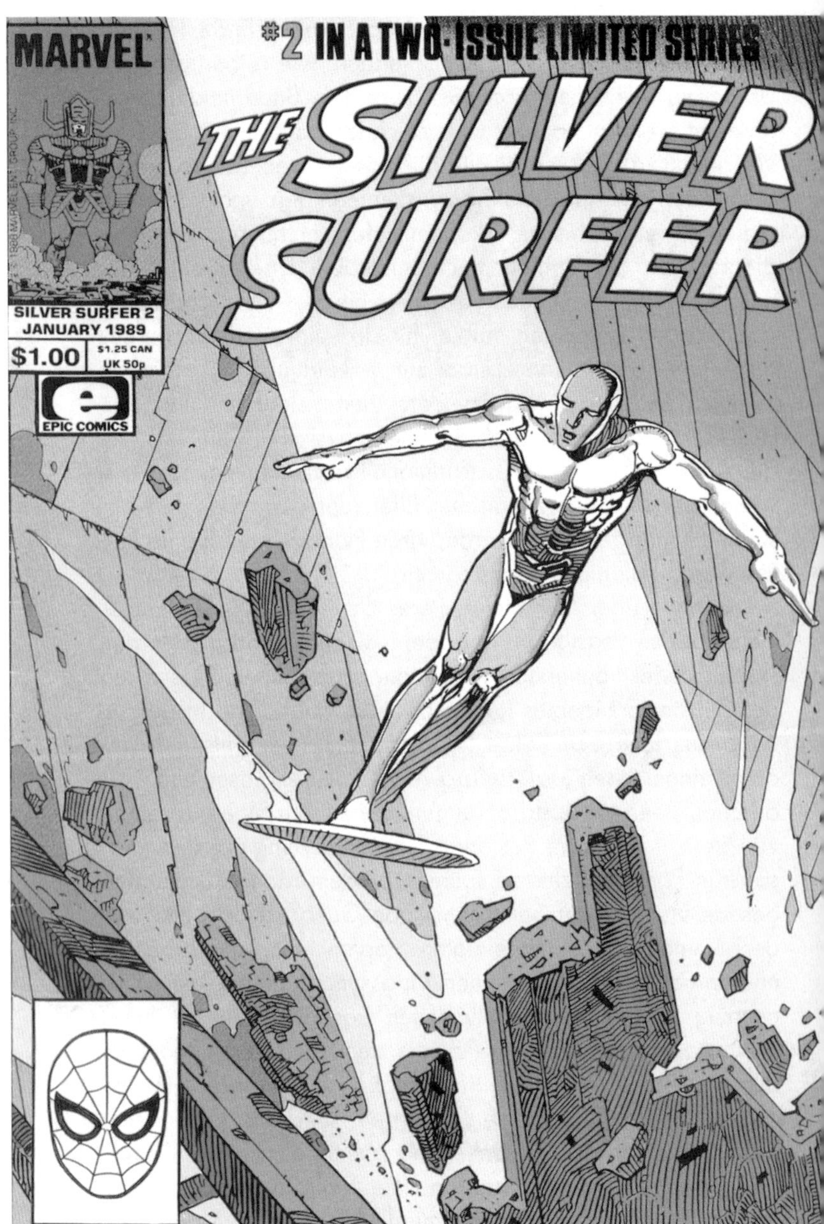

Eleganz unter Beschuß: Titelseite des zweiten Teils der 1988 in den Vereinigten Staaten erschienenen *Silver Surfer*-Geschichte *Parabel (Parable).*

Superhelden für Moebius auch wichtige Anreger gewesen sein, so ist McCays Comic das erste Beispiel gewesen für eine Erzählform, die ganz und gar Moebius entspricht, nicht nur durch die Wahl des Sujets der Träume, sondern auch dank McCays Nonkonformismus, der mit allen Gesetzen seiner Zunft brach. Hier wurde ein Bogen geschlagen vom Anfang zum Ende des Comics.

Der Tod der Helden

Zudem mußte sich Moebius auf dem Gebiet einer großen Comicsaga, wie sie der *Silver Surfer* darstellt, in direkte Konkurrenz zu seinem zweiten Ich, zu Jean Giraud, begeben. Es gibt kaum eine Comicserie, die wie *Blueberry* vier Jahrzehnte ununterbrochene Arbeit eines einzigen Zeichners umfaßt. Die Ausnahmen sind um so berühmter: Charles Schulz zeichnete seine *Peanuts* von 1950 bis zu seinem Tod fünfzig Jahre lang, Frank King entwickelte *Gasoline Alley* 1918 und gab seine Serie erst 1960 in andere Hände, und natürlich blieb auch Hergé seinem *Tintin* von 1929 bis zum Tod im Jahre 1983 treu. Es sind die Größten des Metiers, die hier mit Jean Giraud in einer Reihe stehen, und was man ihm darüber hinaus zugute halten muß, ist sein steter Drang zur Erneuerung der eigenen Serie, vor allem nach Charliers Tod. Seit jenem Juni 1989 sind zwar nur noch fünf *Blueberry*-Alben erschienen, die Giraud gezeichnet hat (neben zahlreichen zur Jugend Blueberrys, die aber ohne seine Beteiligung zustande kamen, und die vier *Marshall Blueberry*-Alben, für die er das Szenario schrieb), doch was für eine Entwicklung hat diese Reihe durch den *Tombstone*-Zyklus erlebt! Hier war Jean Giraud zum ersten Mal bei der Serie sein eigener Herr, und er führte Blueberry, wie er es immer schon angekündigt hatte, den Tod vor Augen.

Diese fünf Bände sind das große Alterswerk, der Abgesang auf eine sterbende Gattung, der Grabgesang des Abenteuercomics, wie ihn die Amerikaner in den 1930er Jahren erfunden haben. Damals war plötzlich Schluß mit den lustigen Scherzen der alten Comicserien, die das ländliche oder kleinstädtische Amerika zum Handlungsort hatten, nachdem die Hinterhöfe der Metropolen ausgedient hatten, weil die Comics sich mittlerweile nicht mehr als Starthilfe für Immigranten verstanden, sondern als populäre Alltagslektüre der Bevölkerungsmajorität, also des kleinbürgerlichen Amerikas. Die landesweite Syndikalisierung der Comicstrips hatte die Großstädte als Dekor entwertet. Doch gerade das ländliche Publikum erwartete auf Dauer einen stärkeren Kitzel als ein bloßes Abbild seiner eigenen Umgebung. Deshalb traten die Pulpmagazine ihren Siegeszug an und drohten mit ihrer Mischung aus Kolportage und Abenteuer die Comics in der Gunst des Massenpublikums abzulösen.

Die Antwort der bedrohten Gattung war eine doppelte: Aus dem Format der Konkurrenz und deren billigen Produktionsbedingungen entstand das Comicheft, das mit den Superhelden, die in typischen Pulpfiguren wie dem Shadow oder Tarzan nur vage Vorbilder hatten, einen neuen Figurentypus bot; und in die Zeitungsstrips als damals noch vorherrschende Form der Comics zogen die Inhalte der Pulpmagazine ein. Plötzlich war Tarzan auch eine Comicfigur, und die Serien fanden gar kein Ende mehr für all die ausufernden Handlungen, die ihre Titelhelden rund um die Welt und darüber hinaus führten. Der Science-fiction-Comic entstand damals neu, mit Titeln wie *Buck Rogers* (von 1929 an) und vor allem *Flash Gordon* (seit 1934) als Aushängeschildern – Serien, deren Mustern die ganze Gattung viel verdankt, und ganz besonders natürlich Moebius, der den heutigen Standard des Science-fiction-Comics setzte.

Aber es war zunächst *Blueberry*, in den Jean Giraud seine Kindheitslektüren von Westernheften und -comics einfließen lassen konnte. Charlier, der 1963, als *Blueberry* sein Debüt in *Pilote* erlebte, schon seit Jahren als Szenarist gearbeitet hatte, steckte in die neue Serie all seine Erfahrung und integrierte darin sämtliche Versatzstücke, die im Laufe der Jahrzehnte für das Abenteuergenre entwickelt worden waren. Doch eines zeichnete *Blueberry* besonders aus, und das war in Europa bislang einmalig: das Altern des Helden. Es war nicht von Anfang an Bestandteil der Handlung – erst nach Abschluß des ersten fünfbändigen Zyklus um Fort Navajo konnten die Leser in dem einzelnen Album *Der Mann mit dem Silberstern* und dann noch verstärkt in den vier Bänden um den Eisenbahnbau, die bis 1970 erschienen, einen Blueberry studieren, der die Geschehnisse derart durchlebte, daß man von der Serie fortan als einem gezeichneten Bildungsroman sprechen konnte. Das war ungewöhnlich für den Comic, dessen Prinzip es war, immer wieder zur Anfangskonstellation zurückzukehren, wie Winsor McCay es in *Little Nemo* geradezu archetypisch vorgemacht hatte: Jede Folge beginnt ja aufs neue in Nemos Bett, auch wenn in den Träumen eine fortgesetzte Geschichte erzählt wird. Comichelden alterten nicht; Blueberry aber bekam mit der Zeit weiße Schläfen und in den Nebenserien eine Jugend und eine Karriere als Marshall verpaßt, die sich zwischen den Ereignissen des Hauptstrangs der Erzählung abspielte. Giraud und Charlier nahmen damit etwas vorweg, was erst zwanzig Jahre später das Ende des Comics in seiner klassischen Form einläuten sollte: Seine Helden wurden sterblich oder kindisch.

Jim Starlin machte den Auftakt, als er 1982 mit Captain Marvel den ersten Superhelden sterben ließ. Das Beispiel machte Schule. Frank Miller ließ vier Jahre später Batman altern und zum verbitterten Greis werden, und zum Ende des Jahrzehnts erwischte es Batmans tapferen Gefährten Robin. Der mußte 1989 aufgrund eines Leservotums sein Leben aushauchen, und dieser Entscheidung folgte ein solches Medienecho und dementsprechende Verkaufszahlen des Heftes, daß sich von nun an niemand von den ehedem Unsterblichen mehr sicher fühlen durfte. Als Superman unter millionenfacher Anteilnahme der Leser 1992 das Zeitliche segnete, war damit die größte Ikone des Comics demontiert worden. Daß er wenige Monate später als nun wirklicher »Mann aus Stahl«

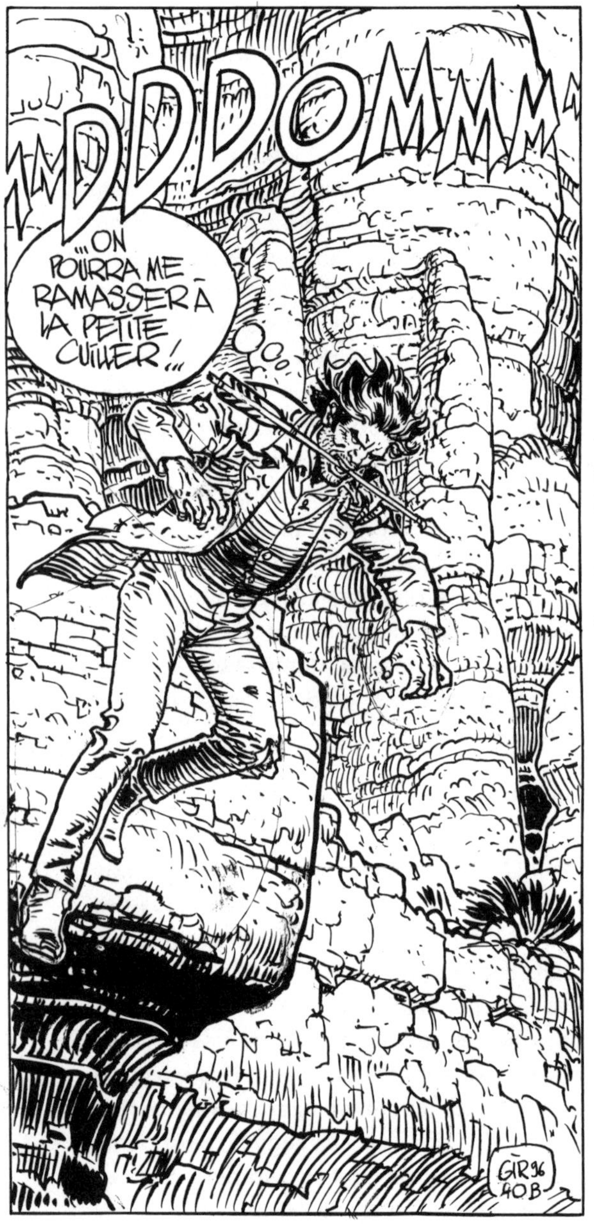

Trotz weißer Haare immer noch agil: Einzelbild aus der *Blueberry*-Episode *Schatten über Tombston* *(Ombres sur Tombstone* von 1997.

(wie sein Beiname immer schon gelautet hatte) durch die Wundertaten moderner Biowissenschaften Wiederauferstehung feierte, markierte den Beginn einer neuen Karriere: seiner selbst und des Comics. Der Kryptonide, der als Außerirdischer zwar ungewöhnliche Kräfte, aber doch immer auch humane Regungen gezeigt hatte, war zur Maschine geworden. Das letzte Aufbäumen der Superhelden gegen das Schicksal einer Vermenschlichung, die mit Stan Lees Ausflügen in die Vulgärpsychologie um 1960 begonnen hatte und nun im Tod enden sollte, resultierte in der Schaffung völlig neuer Charaktere, die eher ultimativen Schrecken als Rettung aus höchster Not verhießen. Todd McFarlanes monströse Helden, vor allem Spawn, hatten dafür Anfang der 1990er Jahre die Basis gelegt, und nun folgten auch die klassischen Heroen diesem Trend.

Der Trick mit der Jugendzeit

Ein anderes verbreitetes Phänomen, das von einem neuen Verständnis des Comics in den 1990er Jahren kündete, war die Verjüngung der Helden. Auch das hatten Charlier und Giraud schon vorgemacht, als sie 1968 für die neue Taschenbuchreihe *Super Pocket Pilote* die Jugend von Blueberry aufzeichneten. Wieder bildeten sie die Avantgarde, denn nur aus ihrer Serie, die den Zeitablauf mittlerweile zum konstitutiven Element hatte, konnte ein solcher Ableger sprießen, der bezeichnenderweise für eine Parallelpublikation zum normalen Veröffentlichungsort, dem Magazin *Pilote*, geschaffen wurde. Diese Möglichkeit hatte der einzige Vorläufer, den *Blueberry* im Hinblick auf seine chronologische Konsequenz gehabt hat, nicht besessen. Bereits 1921 hatte Frank King in seinem Zeitungsstrip *Gasoline Alley* einen neuen Handlungsstrang eröffnet, als er den Mechaniker Walt Wallet ein kleines Waisenkind auf seiner Schwelle finden ließ. Diesen Jungen nahm er an Kindes Statt an, und fortan verfolgte die Serie das Aufwachsen des Knaben, das sich in Echtzeit vollzog. 1941 feierte Skeezix seinen zwanzigsten Geburtstag, hatte Schule und erste Liebesständeleien hinter sich und stand kurz davor, für die Vereinigten Staaten in den Krieg zu ziehen. Heirat und eigene Kinder schlossen sich an, und am Schluß war Skeezix zum Großvater geworden, während die Serie mittlerweile vor allem das Schicksal seiner Enkel verfolgte.

Dieses Experiment konnte in all seiner Konsequenz nur in einem Zeitungscomic gelingen, der täglich den Fortschritt der Handlung dokumentierte. So gelang es King und seinen Nachfolgern, aus *Gasoline Alley* ein Spiegelbild der jeweiligen Epoche zu machen – mit all ihren sozialen Veränderungen, Moden und sonstigen Zeitstimmungen. Doch da die Geschichte Tag für Tag verfolgt werden mußte, gab es keine Gelegenheit für Variationen. Zeitungscomics verlangen kontinuierliche Arbeit, die nicht für andere Projekte unterbrochen werden darf, und sie haben niemals – mit Ausnahme der planmäßigen Einstellung eines Strips, wie sie etwa Bill Watterson 1995 bei seiner immens erfolgreichen Serie *Calvin and Hobbes* vornahm – die Möglichkeit zur Zäsur, wie sie jedes Ende eines Heftes oder Albums bietet. Deshalb blieb *Gasoline Alley* im einmal gewählten Schema gefangen und konnte nicht, wie später *Blueberry*, Zeitsprünge nach vorne oder Rückblicke in die Vergangenheit unternehmen. Mit ihren Berichten aus der *Jugend von Blueberry* entwickelten Charlier und Giraud sowie Colin Wilson, der Jean Giraud 1985 als Zeichner der Jugendabenteuer ablöste, eine grandiose Idee – die allerdings erst in den späten 1980er Jahren Nachahmer fand, und das auf ganz anderem Terrain.

Damals entdeckte der Disney-Konzern ein neues Zielpublikum: Kinder im Vorschulalter. Sie waren noch zu jung für normale Comics, deshalb schuf man neue Figuren namens »Disney Babies«. Plötzlich sah man Micky Maus, Goofy und Donald Duck als Wickelkinder, und so benahmen sie sich auch. Die »Disney Babies«-Geschichten zählen zum Infantilsten, was der Comic jemals hervorgebracht hat. Aber sie waren erfolgreich – nicht als Comics, wohlgemerkt, sondern durch die Vermarktung der Figuren auf und als Spielzeug. Nun war die strenge Zeitlosigkeit der Comicfiguren, die jede gravierende Veränderung von populären Charakteren auszuschließen schien, ausgerechnet von einigen der bekanntesten Helden durchbrochen worden, und vor allem in Frankreich, wo *Blueberry* auf ganz anderem Niveau das Feld dafür bereitet hatte, wurde die Idee begeistert aufgenommen. *Der kleine Spirou* hatte 1987 den Anfang gemacht, und wie bei *Blueberry* waren es hier immerhin der Autor und der Zeichner der traditionellen Serie, Tome (Philippe Vandevelde) und Janry (Jean-Richard Geurts), selbst, die sich der Kindheitserlebnisse ihrer Figur annahmen. Diese wiesen allerdings einen ganz anderen Charakter auf als im Falle der Westernserie von Charlier und Giraud. In der *Jugend von Blueberry* hatten deren beide Autoren lediglich ein Mittel gefunden, weitere Abenteuer zu erzählen, die bestimmte Aspekte der späteren Handlung motivieren konnten. (Erst im Lauf der mehr als drei Jahrzehnte seit 1968 entwickelten sich Blueberrys Jugenderlebnisse zur Serie innerhalb der Serie, die beim Tod von Moebius dreizehn von einundvierzig Alben insgesamt ausmacht.) Tome und Janry dagegen machten Spirou, der ohnehin immer an der Schwelle von der Jugend zum Erwachsenenalter angesiedelt war, zum Grundschüler und ließen ihn all jene Streiche ausleben, die einem unbeschwerten Kind, auf dem nicht die Last ruht, ein moralisch vorbildlicher Held sein zu müssen, möglich sind. Damit knüpfte der Comic wieder an seine frühesten Beispiele an, an das Prinzip, das Outcault und Dirks zur Perfektion gebracht hatten, und dieser Rückgriff auf die wilden Kinderstreiche des Anfangs belegt, daß der Comic sich in den ausgehenden 1980er Jahren noch einmal neu zu entwickeln versuchte. Gegen den Tod, der das Ende seiner ersten Karriere bezeichnete, setzte die zweite nun die Kindheit.

Andere Beispiele dafür waren der junge Lucky Luke oder das plötzliche Aufblühen von Comics wie den *Titeufs,* die sich ganz dem Alltag einer Kindergruppe widmeten, die auch gar nicht mehr versuchten, die Welt der Erwachsenen zu imitieren oder sie wenigstens zu kommentieren, wie es die kindlichen Helden vom Yellow Kid über die *Peanuts* bis zu *Calvin and Hobbes* immer getan hatten. Immerhin kommt dieses simple Rezept blendend an; kaum ein französischer Comic verkauft sich derzeit so gut wie die *Titeufs*. Die Infantilisierung des Comics scheint einem Höhepunkt zuzusteuern, doch zugleich entsteht aus der Welle von kindischen Geschichten eine Seitenströmung, die die von Moebius so vehement eingeforderte kindliche Phantasie im Reich der Bildgeschichte wieder ins Recht setzt. Vor allem der 1964 geborene französische Comic-Künstler Lewis Trondheim ist hier zu nennen, der als Zeichner oder als Szenarist für wechselnde Illustratoren zahlreiche Serien begründet hat, die auf den ersten Blick wie banale Kinderlektüre wirken, dann aber eine erstaunliche Subtilität des Erzählens entfalten. Dabei ist vor allem die *Monstreux*-Serie zu nennen, die Trondheim allein gestaltet. Wie hier Reflexionen über das Zeichnen und die kindliche Phantasie (Trondheim ließ all die ungelenken Schreckgespenster des ersten Bandes von seinen eigenen Kindern zeichnen) mit einer denkbar schlichten Handlung und ebensolchen Texten verbunden werden, ist erstaunlich. Und dasselbe Prinzip zeichnet auch weitere von Trondheim geschriebene Titel wie *Le roi catastrophe, Papa raconte* oder *Les trois chemins* aus.

Alle diese Arbeiten nutzen Einflüsse, die der Comic zwar zuvor nicht bewußt verschmäht, aber doch übersehen hatte. Beispielsweise die neue Ästhetik der Videospiele: Trondheim hat gemeinsam mit seinem jüngeren Kollegen Joann Sfar 1998 eine Reihe ins Leben gerufen, die *Donjon* heißt. Bereits dieser Titel verweist auf jenes Rollenspiel, das Ende der siebziger Jahre die Fantasy-Spielwelle auslöste und noch heute das Grundmuster für die meisten Computerspiele bildet: *Dungeons and Dragons.* Viele der in den entsprechenden Anleitungsbüchern aufgeführten Monster und Helden waren wiederum den Comics von Moebius entlehnt, der zur Zeit des Entstehens von *Dungeons and Dragons* der unbestrittene König im Fantasy-Genre war. Und heute wird der Kreislauf dadurch geschlossen, daß das, was im Comic seinen Anfang nahm, wieder dort angelangt ist. Sfar und Trondheim haben eine von Anfang an auf mehr als dreihundert Alben konzipierte Reihe geschaffen, die alle Elemente der Rollenspiele aufnimmt: die festen Klischees, nach denen die Figuren angelegt sind, die Suche nach verlorenen Gegenständen, die Dekors wie Verliese oder exotische Landschaften, die Gewalttätigkeit der Handlung. Und die angesichts der Produktivität der beiden Autoren nicht einmal ganz unwahrscheinlich anmutende Zielvorgabe von ein paar hundert Alben (diverse Seitenreihen

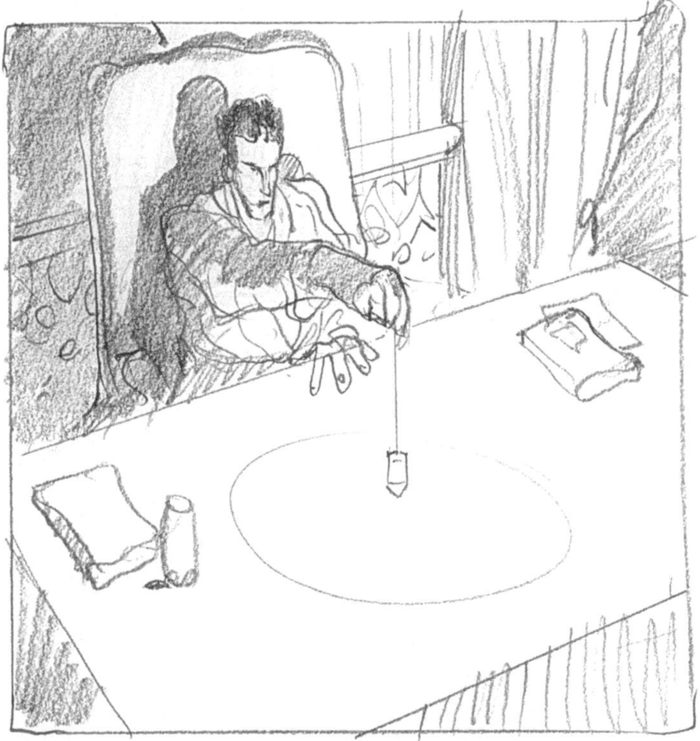

Okkultismus als Schlüssel zum Unterbewußten: Vorzeichnung zu einer Buchillustration für den von Jean-Jaques Launier verfaßten Roman *La mémoire de l'âme (Die Erinnerung der Seele)* von 2000.

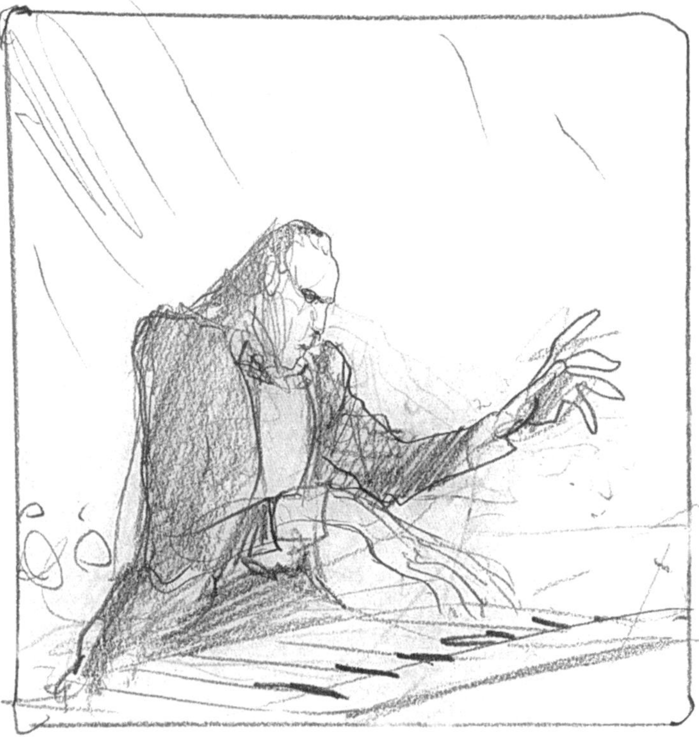

Ein Meister auf der Klaviatur der Graphik: Vorzeichnung zu einer Buchillustration für *La mémoire de l'âm.*

zusammen mit anderen Zeichnern sind etabliert) ist natürlich eine Verspottung all der fortgesetzten Computerspielserien à la *Tomb Raider,* deren jeweils neueste Ausgaben immer nur dieselben Handlungsabläufe bei verbesserter Graphik aufweisen. Immerhin sind mittlerweile schon etliche Bände der klassischen *Donjon*-Reihe erschienen, deren Zählung insgesamt von –99 bis 200 reichen soll. Auch diese gewaltige Serie weist eine chronologische Komponente auf: Die Minuszahlen sind Alben mit Geschichten vorbehalten, die vor dem eigentlichen Auftakt der Serie in Band 1 angesiedelt sind, während die Bände bis zur Nummer 200 immer weiter in die Zukunft ausgreifen werden. Es spricht für die Cleverneß der Autoren, dieses chronologische System gleich wieder ad absurdum zu führen, indem sie gleichzeitig auf drei Zeitebenen arbeiten, die neben der Ausgangshandlung die frühesten und die späteren Episoden umfassen. So arbeiten Trondheim und Sfar sich von den Rändern ans Zentrum heran und kehren damit alle Begriffe vom klassischen Zeitablauf um.

Der Mann im Zentrum

Wir sind weit von Moebius abgekommen, aber was er vorgemacht hat – die eklektische Montage von Einflüssen aus allen Künsten, die Plünderung literarischer Topoi, die Arbeit als Buchillustrator, die Orientierung an der Filmästhetik und selbstverständlich die Streifzüge durch die gesamte Comicgeschichte –, das vollzogen in den vergangenen dreißig Jahren Autoren wie Sfar und Trondheim (und man könnte für Frankreich, das dabei Vorreiter war, noch David B., Christophe Blain oder Dupuy & Berberian ergänzen, um nur wenige zu nennen) nach. Sie leiteten eine Renaissance des Comics ein, die gerade in dem Moment, als mit *Calvin and Hobbes* einer der erfolgreichsten Comics der ersten Ära nach nur zehn Jahren Laufzeit schon wieder beendet wurde und damit die ganze Epoche an einen Abschluß gelangt schien, ihren Anfang nahm. Und mittendrin in alldem stand Jean Giraud, der seinen neuen *Blueberry*-Zyklus mit dem Band *Mister Blueberry* ausgerechnet in dem Jahr eröffnete, als Watterson *Calvin and Hobbes* aufgab: 1995. Da arbeitete Moebius auch schon wieder gemeinsam mit Jodorowsky an der Fortsetzung von *John Difool*, und neue Folgen der *Hermetischen Garage* waren bereits angekündigt (auf die Publikation mußte man noch zehn Jahre warten). Alle diese Werke schrieben Geschichten fort, die noch der alten Ära des Comics entstammten. Würden sie etwas mit der neuen zu tun haben, die doch so viele Anregungen gerade der Arbeit von Moebius verdankt?

Nicht nur seine Sucht nach vielfältigen Einflüssen (»Ich bin ein Schwamm«) aus anderen künstlerischen Disziplinen, sondern auch seine Konsequenz bei der Arbeit an einem Projekt waren vorbildlich für die neue Generation von Comiczeichnern. Die Begründung ausufernder Zyklen, die, wie etwa im Falle der *Sternenwanderer,* auch auf unabsehbare Zeit unterbrochen werden können, um andere Projekte vorzuziehen oder nach Lösungen für Probleme zu suchen, die die Fortschreibung mit sich bringt, war bei Moebius kein Anzeichen einer zunehmenden Verzettelung, sondern eines unerschöpflichen Potentials, das jeweils von bestimmten Konstellationen privater oder beruflicher Natur profitierte – oder bisweilen darunter litt. Nach dem Abbruch der Instinktoernährung hatte es etliche Jahre lang keinen Antrieb für Moebius mehr gegeben, die daraus erwachsene *Sternenwanderer*-Erzählung weiterzuführen. Trotzdem sollte der vierbändige Riesentorso bald fertiggestellt werden, und seither hat Moebius solche Ankündigungen stets wahr gemacht. Aber selbst wenn letzte Bände alle losen Fäden einer Serie miteinander verbinden sollten, so würde auch dann noch gelten: Die Comicprojekte des Jean Giraud waren niemals abgeschlossen. Das unterschied ihn von den meisten anderen Zeichnern. Seine Arbeiten waren zudem, wie in *Fumetti* ersichtlich, beliebig kombinierbar, weil sie alle Ausdruck der multiplen Zeichnerpersönlichkeit eines einzigen Schöpfers waren.

Dieses Prinzip haben Sfar und Trondheim für sich übernommen. Auch sie arbeiten parallel an jeweils mindestens einem halben Dutzend verschiedener Serien, die jedoch immer wieder Berührungspunkte untereinander aufweisen, und beide lassen in ihren Werken viel mehr Persönliches erkennen, als es im Comic zuvor mit Ausnahme von Moebius üblich war. Trondheim etwa macht immer wieder private Erlebnisse zum Gegenstand seiner Geschichten, neben der *Monstreux*-Serie vor allem in den *Unglaublichen Abenteuern des Herrn Hase* (im Original *Lapinot*), und Sfar bezieht in seine Abenteuer um Professor Bell oder die Serien *Petit Vampire, Grand Vampire, Les olives noirs* oder *Le chat du rabbin* immer wieder Motive der Kabbala ein, die von seiner jüdischen Herkunft künden.

Aber dieselbe Manie im Verfolgen bestimmter Motive und Themen, die Moebius so berühmt gemacht hat, ist heute auch bei Zeichnern zu finden, die ihm kaum ferner stehen könnten. So etwa in Stéphane Heuets Mammutprojekt einer Comicadaption von Prousts *Suche nach der verlorenen Zeit*. Von 1998 bis 2022 sind acht Bände entstanden, bevor der Zeichner das Projekt beendete. Heuet hat damit etwas gewagt, was zuvor für undenkbar gehalten wurde, und darin gleicht sein Bemühen dem Versuch von Jodorowsky und Moebius vor fast einem halben Jahrhundert, eine Verfilmung des ausufernden Science-fiction-Romans *Dune* auf den Weg zu bringen. Obwohl Heuet sich im ersten Band mit *Combray* auch das Auftaktkapitel der *Suche nach der verlorenen Zeit* vornahm, nutzte der Zeichner die Möglichkeiten von Zeitsprüngen in seiner Adaption. Unter Auslassung von *Eine Liebe Swanns,* die ihm in einem so frühen Stadium als noch zu kompliziert erschien (Heuet war zwar ein renommierter Werbegraphiker, als Comiczeichner und -szenarist ist er aber Autodidakt), setzte er im zweiten und dritten Band *Im Schatten junger Mädchenblüte,* also bereits den zweiten Band des siebenteiligen Romans um. Dabei kam ihm natürlich sowohl die Vertrautheit seiner Leser mit der Vorlage als auch der Charakter des übersprungenen Kapitels als dem einzigen in sich geschlossenen Rückblick innerhalb der *Suche nach der verlorenen Zeit* zugute.

Schon um Bildlösungen für bestimmte Szenen zu finden, mußten Heuet und sein Rechercheur oftmals vorgreifen und zukünftige Schilderungen Prousts in die Konzeption der ersten Bände mit einbeziehen, um dem Ganzen Schlüssigkeit zu verleihen und die Bedenken der fanatischen Proust-Gemeinde auszuräumen. Das ist grandios gelungen, und es gab im gegenwärtigen Comic wenig Spannenderes zu beobachten als dieses gigantische Experiment. Zumal Heuet seine Zeichnungen mit dem Computer vollendete und deshalb auch nach erstmaliger Drucklegung für weitere Auflagen immer wieder Veränderungen vornehmen konnte, wenn ihn neue Erkenntnisse aus der Lektüre der *Suche nach der verlorenen Zeit* zu anderen als den zunächst gewählten Bildlösungen kommen ließen. Das mittlerweile mehr als zweihundertfünfzigtausendfach verkaufte und in viele Sprachen übersetzte Debütalbum ist mehrfach derart bearbeitet worden (Dekors wurden verändert, Sprechblasentexte ausgetauscht), so daß kaum eine der zahlreichen Auflagen der anderen gleicht.

Der Drang zur Perfektion

Diese Praxis spricht von einem Verständnis des Comics nicht als Kunst-, sondern als Handwerk. Als solches war Heuets Ziel eine stete Perfektionierung, nicht mehr die künstlerische Fixierung einer bestimmten Stimmung. Moebius, der bekanntlich die Spontaneität der Musikaufführung gegenüber der mühsamen Vollendung eines gemalten Bildes so sehr schätzte, hätte mit dieser Auffassung Schwierigkeiten gehabt. Bei aller Bescheidenheit, die ihn kontinuierlich auf seine Vorbilder oder die großartigen Leistungen von Zeitgenossen verweisen ließ, stellte er doch niemals den eigenen Status als Künstler in Frage. Im Gegenteil, die für ihn so typischen Vergleiche mit anderen Ausdrucksformen legitimierten den Comic gerade erst in dessen Rang, stellten ihn in eine Reihe mit den klassischen Künsten. Zeichner wie Heuet haben schon infolge ihrer beruflichen Herkunft (die der Franzose ja mit so vielen Pionieren wie etwa McCay, George Herriman oder Hal Foster gemeinsam hat) ein anderes Verständnis von Graphik: Sie fungiert in ihren Werken als Medium, nicht als Botschaft selbst.

Auch durch diese neue Bescheidenheit seiner Autoren hat sich der Comic verändert. Das künstlerische Selbstvertrauen, das die Underground-Comics dem Metier implantierten und dann von singulären Könnern wie Moebius, Hugo Pratt oder Will Eisner kultiviert wurde, spielt keine wichtige Rolle mehr für Zeichner, die keine ästhetischen Widerstände zu fürchten haben (darum geht diese Entwicklung auch von Frankreich aus, wo Comics mehr Anerkennung entgegengebracht wird als irgendwo sonst auf der Welt) und sich ohnehin nicht mehr nur als Comicschaffende sehen. Auch darin hat das Beispiel von Moebius Schule gemacht, daß längst die Grenzen zu benachbarten Kunstformen niedergerissen sind. Patrice Leconte, Jean-Claude Mézières, Enki Bilal oder Jeff Smith sind im Kino mittlerweile mindestens so bekannt, wie sie es mit ihren Comics wurden. Längst verdienen Zeichner wie Dupuy & Berberian, François Avril, Daniel Torres oder Jean-Claude Götting ihr Geld vorrangig in der Werbung – wie es auch Jean Giraud gelang, der seinen Blueberry für Jeans werben ließ oder gar einen reinen Reklamecomic, den er 1983 für Citroën zeichnete, zur Keimzelle für den umfangreichen *Sternenwanderer*-Zyklus werden ließ. Sein unverwechselbarer, international gerühmter Strich machte ihn zum begehrten Werbeillustrator. So griff Moebius im Jahr 2001 abermals für einen großen Automobilhersteller zur Feder, diesmal für BMW, und entwarf die Figur des Testroboters Ed Banger, der als *crashtest dummy*

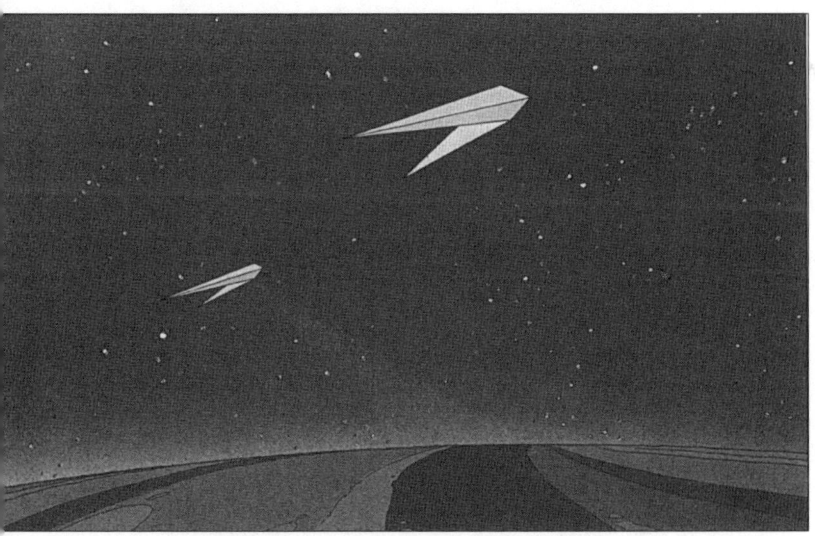

Aus zwei Raumschiffen wird das Markenzeichen von Citroën: Seite aus dem 1983 ursprünglich als Werbecomic entstandenen ersten Teil des *Sternenwanderer*-Zyklus (s. a. nächste Seite).

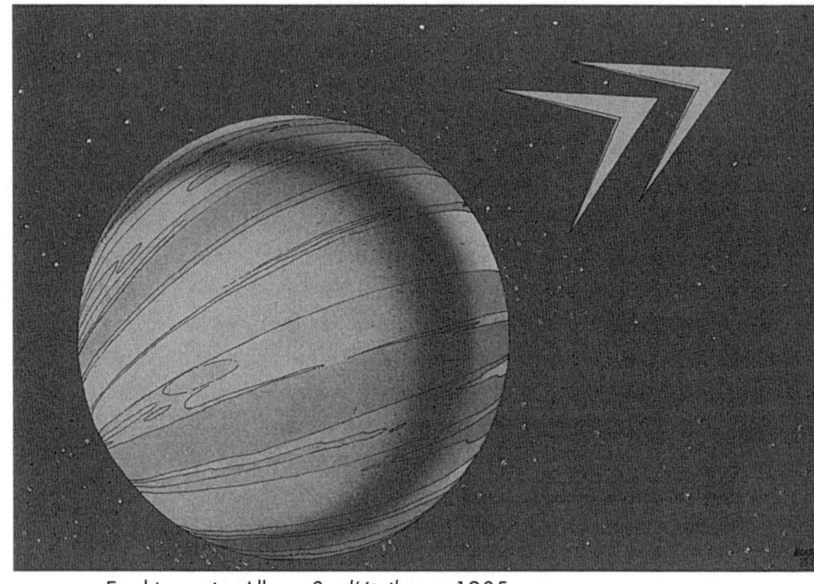

Erschienen im Album *Sur l'étoile* von 1985.

die Entwicklung des neuen Mini-Cooper begleitet. Leider entstand aus dieser allerdings recht kurzen Episode kein größeres Werk mehr.

Nebeneffekte der Arbeit als Comiczeichner werden immer wichtiger, etwa die Veröffentlichung von Drucken oder Portfolios. Auch hier zählte Moebius mit seinem weltweit populären Stil zu den Wegbereitern, und er gründete auch als erster Zeichner eigene Verlage, um diese Einnahmequelle möglichst

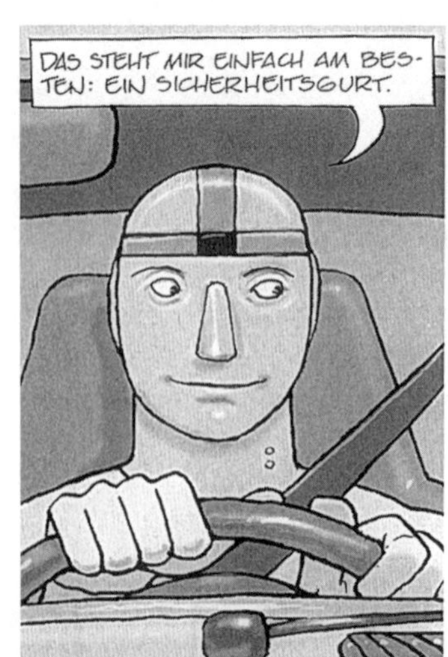

Roboter mit Sicherheitsbedürfnis: Einzelbild aus dem für BMW gezeichneten Werbecomic *Ed Banger*. Erschienen in einer deutschen Händlerbroschüre 2001.

vollständig auszuschöpfen. Namen wie »Starwatcher« und »Aedena« lassen sie als feste Bestandteile im Œuvre von Moebius erkennen. Doch was ihm noch gelang – die Comics weiterhin im Zentrum all seiner Aktivitäten zu halten –, das mißlingt den meisten seiner jungen Nachfolger auf diesem Gebiet. Sie finanzieren sich über ihre kommerzielle Graphik das Vergnügen, bisweilen ein Comicalbum zeichnen zu können, und markante Stilisten wie Philippe Petit-Roulet, Torres oder Jean-Claude Floc'h sind kaum noch als Bildgeschichtenerzähler präsent.

Mit dem Verzicht einiger der persönlichsten Zeichner des Metiers auf weitere Projekte verliert der Comic das Potential zur Weiterentwicklung. Zwar ist seine spezifische Ästhetik, die Verschmelzung von Text und Bild, in der Werbung gut aufgehoben, doch diese kann keinen Ersatz für das narrative Element bieten, das den Comic auszeichnet. Eine noch so ausgeklügelte Reklamebotschaft kann sich nicht die Zeit nehmen, die eine Bildgeschichte in Heft- oder Buchform zur Verfügung hat. Und sie kann auch nicht dieselbe Geduld vom Leser erwarten. Die Beeinflussung des Comics durch die Werbung gleicht der des Films durch das Musikvideo: Viel beschworen wird sie und ist sicher auch an prominenten Beispielen festzumachen, aber letztlich verkehrt diese Darstellung doch nur die Rollen von Schmarotzer und Wirt.

Der Überschuß als Entdeckung

Was aber mit der neuen Vielfalt des graphischen Engagements der Zeichner entsteht, ist eine Vielzahl von Studien, Entwürfen, Varianten – ein meist unpubliziertes Werk, das oftmals mehr Aufschluß über die veröffentlichten Projekte verspricht als deren noch so intensive Analyse. Es ist ja ein verbreitetes Mißverständnis der modernen Texttheorie, daß ein Werk ganz aus und für sich selbst sprechen könnte. Jede Ergänzung einer Interpretation durch biographische, aber mehr noch um produktionstechnische Fakten muß hochwillkommen sein, und was für einen Schatz gilt es da bei den meisten Comiczeichnern noch zu heben! Eine in mehreren deutschen Städten gezeigte Hergé-Ausstellung mit den Vorzeichnungen zu dem Album *Tim in Tibet* hat gezeigt, welchen Erkenntniswert eine solche Präsentation besitzt. Und es ist bezeichnend, daß vor allem die Comicschaffenden selbst dieses Desiderat erkannt haben. Es ist Jean-Christophe Menu – einer der Begründer der Pariser Künstlergemeinschaft »L'Association«, zu der auch Lewis Trondheim zählt –, der im Jahr 2001 einen eigenen Verlag gegründet hat, um die Notizbücher seines Vorbilds Jacques Tardi zu veröffentlichen. Nun war diese Publikation gewiß mehr Liebhaberprojekt als Dokumentation. Die lediglich einseitig bedruckten Seiten weisen ein einheitliches Bildformat auf, und verwendet wurde bestes Papier. So erfüllt der Band nie den Anspruch, eine authentische Reproduktion der *Carnets* von Tardi zu bieten.

Da hatte das erste Beispiel einer solchen Edition wesentlich mehr zu bieten: Bereits in den 1970er Jahren wurden die Notizbücher des Underground-Aushängeschilds Robert Crumb vom Zweitausendeins-Verlag herausgegeben und seitdem in größeren Abständen fortgeführt. Nun wird selbst angesichts dieses Projekts niemand davon reden können, daß darin auch nur ansatzweise die komplette Vielfalt der Skizzenblätter Crumbs vorgestellt worden wäre – die fünf bislang erschienenen Bände enthalten nur eine Auswahl aus dem großen Konvolut der Vorarbeiten zu den Comics. Doch hier sind immerhin ganze Seiten aus den Notizbüchern in all ihrer Konfusion und ihrem Assoziationsreichtum wiedergegeben. Man kann Geschichtenfragmente lesen und einzelne Gags. Die individuellen Themen und Manien Crumbs werden wie mit dem Skalpell herauspräpariert, und ganz nebenbei bekommt man einen großartigen Einblick in seinen Arbeitsstil. Diese Bücher zählen zum Lehrreichsten, was der Comicforschung zur Verfügung steht.

Die Zugehörigkeit des Unfertigen zum Endprodukt haben mittlerweile viele Zeichner erkannt. In den Vorzugsausgaben, die in Frankreich zu den meisten Alben gedruckt werden, lassen sie Skizzenblätter oder gezeichnete Seitenlayouts als Beigaben abdrucken. Albert Uderzo, der Zeichner von *Asterix,* der seit *Asterix und Latraviata* aus dem Jahr 2001 nur noch die Vorzeichnungen anfertigte – Uderzo war damals vierundsiebzig Jahre alt –, die dann von seinem jungen Mitarbeiter Frédéric Mébarki getuscht wurden, ließ parallel zur Veröffentlichung jenes Albums einen Band mit seinen Entwürfen erscheinen, so daß die Hand des Meisters weiterhin in ihrer Entwicklung verfolgt werden kann.

Doch noch überwiegen jene Zeichner, die ihre Studien verbergen. Wer einen Blick auf diese Terra incognita einer graphischen Welt werfen kann, weiß sofort, was der Leserschaft entgeht. So finden sich etwa in den unpublizierten Notizbüchern Art Spiegelmans vollständige neue Comicerzählungen des New Yorker Zeichners, der seit dem Abschluß von *Maus* nur noch selten mit neuen Geschichten hervorgetreten ist. Mehr als das: Spiegelman begleitet seinen Alltag mit der Zeichenfeder, hat genaue Skizzen der ersten Lebenswochen seines Sohnes Dashiell angefertigt, versucht sich an Karikaturen und in Stilformen, die man seit seiner experimentellen Phase als Herausgeber des Comicmagazins *Arcade* vor mittlerweile mehr als einem Vierteljahrhundert aufgegeben glaubte. Hier sind die Entwürfe für ein Comicmusical neben den Studien für *Maus* zu finden, und natürlich finden sich zahllose Skizzen für die *New Yorker*-Titelblätter, mit denen Spiegelman auch einem Publikum außerhalb der üblichen Comicleserschaft bekannt wurde. Die Herausgabe dieser Arbeiten wäre ein Meilenstein für das Verständnis der Graphik des zwanzigsten Jahrhunderts. Doch Spiegelman lehnt jede Publikation ab. Es sind seine privatesten Arbeiten und gleichzeitig ein unerschöpfliches Ideenreservoir. Beides steht einer Veröffentlichung im Weg.

Bei Moebius verhielt es sich ähnlich, doch als versierter Geschäftsmann hatte er es immer schon verstanden, die Ergebnisse seiner unfaßbaren Produktivität zu portionieren und nach und nach an die Öffentlichkeit zu geben. Natürlich hat

Jean Giraud zeit seiner Karriere als Zeichner Notizbücher geführt, aber erst seit 1975, also kurz nach der Wiederkehr von Moebius, geschah es systematisch, und seitdem gelangten auch immer wieder Auszüge daraus in Publikationen, die Moebius gewidmet waren. Das vorliegende Buch ist dabei keine Ausnahme, wenn es auch mit *Fumetti* ein vollständiges Notizbuch wiedergibt, das aber untypisch ausgefallen ist: sowohl im Hinblick auf das Format – die normalen *Carnets* von Moebius haben maximal Sedezformat – als auch auf den Inhalt. Denn das, was Moebius »Notizhefte« nannte, sind eher kleine Sammlungen von Impressionen, die im Regelfall fertig ausgeführt sind und keinesfalls den Charakter von Studien aufweisen. Nur selten finden sich Skizzen, und Storyentwürfe wurden separat angefertigt. Die *Carnets* sind kleine Kunstwerke für sich, die keine übergeordneten Themen und nur in seltenen Fällen das Prinzip der Kontinuität kennen. Eines immerhin ist anläßlich der Ausstellung »1 monde réel« in der Pariser Fondation Cartier, die auch Blätter aus den Moebius-Notizbüchern enthielt, als Faksimile aufgelegt worden. Es gewährt die bislang einzige Möglichkeit, sich einen authentischen Eindruck von diesem immer noch weitgehend unbekannten Moebius zu verschaffen.

Aber auch die in diesem Buch reproduzierten Seiten, die aus sechs verschiedenen *Carnets* der 1990er Jahre stammen, vermitteln einen Eindruck von der graphischen und inhaltlichen Vielfalt dieser Bücher. Sie sind kein Steinbruch, sondern ein Seitental des großen Canyons, den das Werk von Moebius in die Comiclandschaft eingegraben hat. Hier finden sich graphische Liebeserklärungen an seine privaten Helden, an Jazzmusiker, andere Comiczeichner, an literarische Figuren und Dichter. Da gibt es religiöse Motive, die vom stets präsenten Interesse des Zeichners an metaphysischen Themen künden, das sich besonders in den drei Bänden von *Cœur couronné* zeigt. Und es finden sich Szenen, die wie Keimzellen für große Erzählungen wirken: Figuren aus anderen Galaxien, kurze Erzählungen, die auf die winzigen Seiten notiert sind, und

Alltagsbeobachtungen bis hin zu privaten Erlebnissen mit der Familie im »Parc d'Astérix« nahe Paris, Straßenszenen aus den Quartiers der französischen Hauptstadt oder die Skizze eines toten Vogels am Wegesrand. Die *Carnets* waren für Moebius nicht weniger als Tagebuchersatz.

Man darf nie aus den Augen verlieren, daß Moebius auch hier wie in den meisten seiner Comics (die Ausnahme ist, wie in *Fumetti* dokumentiert, *Blueberry*, aber da agierte ja auch Jean Giraud) nahezu ohne Entwürfe arbeitete, um die Spontaneität seiner Linienführung zu bewahren und gleichzeitig die Effekte nicht die Überhand gegenüber dem gewinnen zu lassen, was er einmal »meditative Linie« genannt hat: »Mir gefällt es, beim Erzählen auf der Klaviatur meiner Persönlichkeit zu spielen, Effekte wie nebenbei zu erzielen und den Leser zu fesseln, aber mit leisen, subtilen Mitteln.« Dafür sind die *Carnets*, die nicht primär für den Leser gedacht waren, aber doch auch niemals als ganz privat verstanden werden dürfen, exzellente Beispiele. Sie zeigen, weshalb Moebius zu Recht damit kokettieren konnte, daß seine wahren Qualitäten in seinen Fehlern, in den unvollendeten Geschichten liegen.

Der Zweifel am Werk

Es gibt einen Werkblock, den Moebius angeblich vernichtet hatte: seine pornographischen Zeichnungen, in denen er zuviel Provozierendes erkannte, als daß er sie ohne Gefahr für sein Ansehen hätte publizieren lassen können. Durch Jodorowskys Zuspruch ermutigt, wagte Moebius aber schließlich im Jahr 1994 die Publikation eines ganzen Bandes, der ausschließlich erotische Motive zu Texten von Jodorowsky enthielt: *Griffes d'anges.* Drei Jahre später folgte noch *Folles perspectives* mit intimen Zeichnungen aus den Notizbüchern. Damit war zumindest dokumentiert, daß Moebius keinesfalls so skrupulös war, wie er selbst hatte glauben lassen wollen, als er behauptete, diese Sujets ausgesondert und zerstört zu haben. Einzelne, wenn auch ungleich harmlosere Proben aus diesem

Themenbereich waren zuvor schon in das Buch *Metallische Chroniken* eingegangen, einen jener vielen schnell kompilierten Sammelbände der achtziger und frühen neunziger Jahre, in denen erstmals Auszüge aus den Notizbüchern vorgestellt wurden, zusammen mit Comicfragmenten, Illustrationen und sonstigen Nebenarbeiten. Hier hatte sich erstmals die ganze

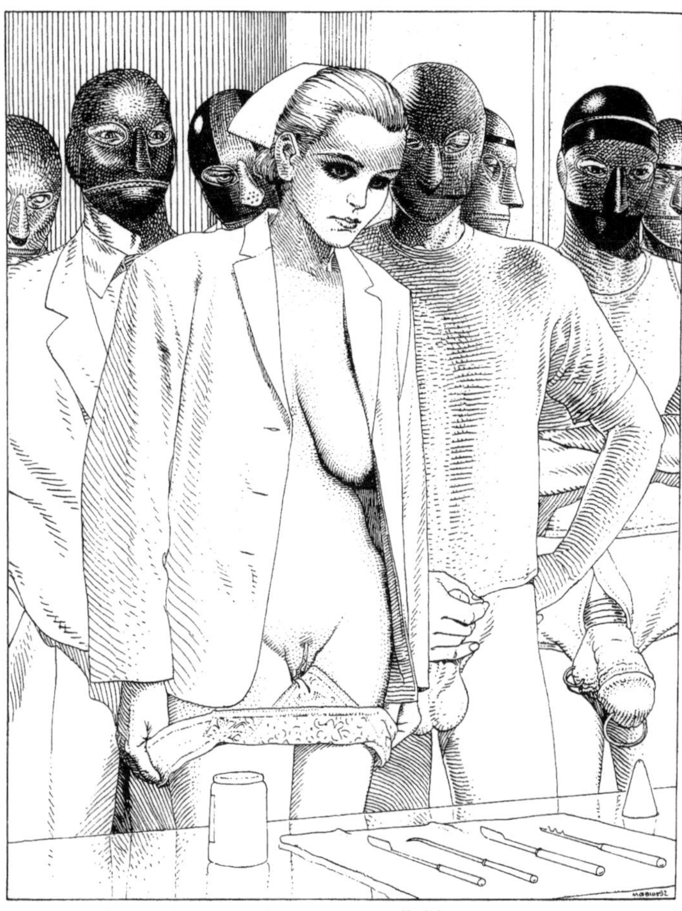

Pornographie als letztes Geheimnis: Einzelbild aus dem gemeinsam mit Alexandro Jodorowsky verfaßten Comic *Griffes d'ange (Engelskrallen)* von 1994.

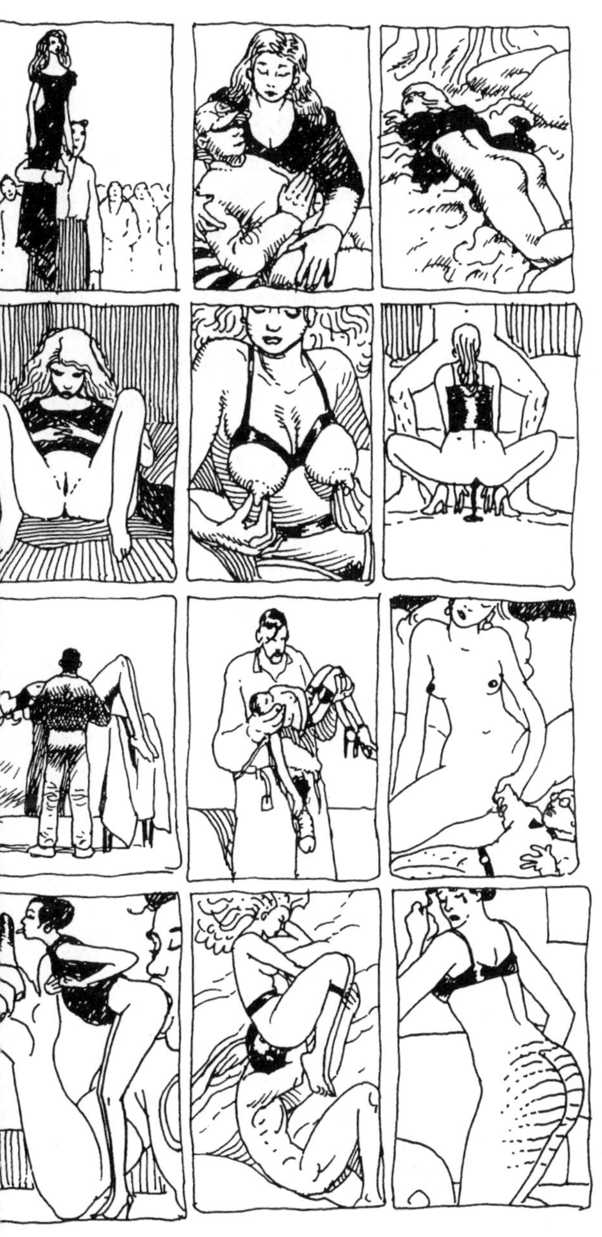

Der verfemte Teil: aus dem 1996 veröffentlichten Notizbuch *Folles perspectives (Verrückte Perspektiven)*.

Bandbreite des Künstlers Moebius gezeigt, doch durch die Zusammenstellung denkbar disparaten Materials war der Comiczeichner dabei aus dem Fokus geraten. Es war, neben den Arbeiten für den Film, das erste Mal, daß Moebius in einen neuen Kontext gestellt wurde, wo der Künstler den Geschichtenerzähler in den Hintergrund drängte und damit der Comic für tot erklärt wurde – zumindest aus der Sicht von Moebius.

Zur gleichen Zeit wurde der *Sternenwanderer*-Zyklus unterbrochen, und nach dem Tod Charliers drohte auch *Blueberry* mit dem Band *Arizona Love* der Abbruch. Jean Giraud hatte ihn zur Hälfte selbst schreiben müssen, weil das ausgearbeitete Szenario, das Charlier hinterlassen hatte, mitten in der Handlung abbrach. Es schien, als wäre der Comiczeichner Moebius an einer Zäsur angelangt, und Ausdruck dieses Einschnitts waren nicht zuletzt die abstrakten Kompositionen, an denen er sich 1988 versuchte. »Ich träume immer noch davon«, gestand er zehn Jahre später, »Ölgemälde in großem Format anzufertigen.« Diesen Experimenten waren bereits 1961 einige gegenstandslose Bilder vorangegangen, doch erst unter dem Eindruck der Umsiedlung nach Amerika und der Enttäuschung bei der Arbeit am *Silver Surfer* entstanden um die sechzig Bilder, die durch ihre biomorphen Formen sofort als von Moebius gemalt identifizierbar sind und in seinem Werk dennoch einen interessanten neuen Akzent setzten.

»Ich will darin dem Kind in mir Raum geben« – so begründete Moebius sowohl die abstrakten Bilder wie die Notizbücher. In der Abstraktion hatte er einmal mehr den Raum für ungebundenes Zeichnen, für *dessin automatique*. Deshalb schwankten die Formate von kaum streichholzschachtelgroßen Acrylbildern bis zur normalen Leinwand – an die erträumten großen Formate aber wagte sich Moebius nicht heran. Die kleine Auswahl, die der Farbteil dieses Buches enthält, belegt trotzdem, daß die Einschätzung der Motive als reine Abstraktion auf Widerspruch stoßen muß. Den Comiczeichner konnte Moebius doch nicht ganz verleugnen. Dennoch bewegte er sich mit diesem Experiment in Gefilden, die gerade Bildgeschichtenzeichner nur selten beschritten haben – im Gegensatz zum Trickfilm, wo es von Oskar Fischinger bis zu Jules Engel immer wieder Künstler gegeben hat, die in der Abstraktion die konsequente Weiterentwicklung ihrer Arbeit sahen. Moebius hatte nach kurzer Zeit diese Versuche wieder aufgegeben, doch es ist bezeichnend, daß er just in dem Moment, als auch der Comic als Ganzes eine neue Richtung einschlug und die alten Formen an sein Ende führte, das Bedürfnis verspürte, aus den gewohnten Bahnen auszubrechen.

Das Gespür von Moebius für Konstellationen steht außer Frage, und so verspürte er, der den Comic an dessen Grenzen führte, die Begrenztheit der Kunstform. Statt an ihrer Auflösung teilzunehmen, die Autoren wie Scott McCloud betreiben, der in seiner theoretischen Bildgeschichte mit dem Titel *Comics neu erfinden* einen Triumph der graphischen über die narrative Ebene prognostiziert und den Heilsweg dorthin in der intensiven Nutzung der Möglichkeiten von Computern und Internet erkennt, konzentrierte sich Moebius in einer Rückwendung auf das Zentrum aller Comicästhetik: auf die Interaktion zwischen Text und Bild, die keiner Seite ein Übergewicht zugestehen darf, wenn der Comic als eigenständige Kunstform Bestand haben soll – nicht als Zwitter von Literatur und Malerei, sondern zwischen beiden und doch auch abseits von beiden. Dieses Fortbestehen ist gefährdet, wenn die Auflösung der Grenzen zu den benachbarten Künsten so massiv betrieben wird, wie es gegenwärtig der Fall ist.

Es ist riskant, über den Tod zu reden, wenn der Betroffene noch unter den Lebenden weilt, doch der Comic scheint seit den 1990er Jahren mehr und mehr das Dasein eines Wiedergängers anzunehmen, eines Untoten, dessen Zeit sich erfüllt hat, der jedoch nicht sterben kann. Der Prophet dieses Zustands aber war Moebius wie kein Zweiter. Sein von ihm bewunderter Landsmann Gustave Doré hatte zum Anspruch erhoben, Bildlösungen für eine neue Epoche zu finden – und er dachte tatsächlich mitten im neunzehnten Jahrhundert in vielem den Comic voraus. Denselben Anspruch hatte dann Moebius. Er suchte nach Bildern für die Zukunft, und er gelangte damit über sein Metier hinaus. Denn dieser Zeichner, der sich im Comic entzweite, hat dessen Form damit erschöpft. Jenseits von ihm ist nichts mehr zu tun geblieben, und diesseits von ihm ist nichts als die Tradition der Form. Er hätte sie noch weiter in Bewegung halten können, doch mit Hegels These vom Ende der Kunst haben wir ein Modell, das hier aufs schönste zur Anwendung gebracht werden kann. Das Ende ist demnach nicht der Abschluß aller Kunst, sondern ihre Erfüllung, die vollständige Ausnutzung ihres Potentials. Von welchem Werk außer dem von Moebius könnte man das behaupten? In welcher Kunst auch immer. Am 10. März 2012 ist dieses Zeichengenie gestorben. Der Comic hat ihn überlebt. Auch das gehört zu den Verdiensten von Moebius.

Storyboard-Seiten 4 bis 7
für ein nicht realisiertes
Science-fiction-Filmprojekt,
Seite 227 bis 230.

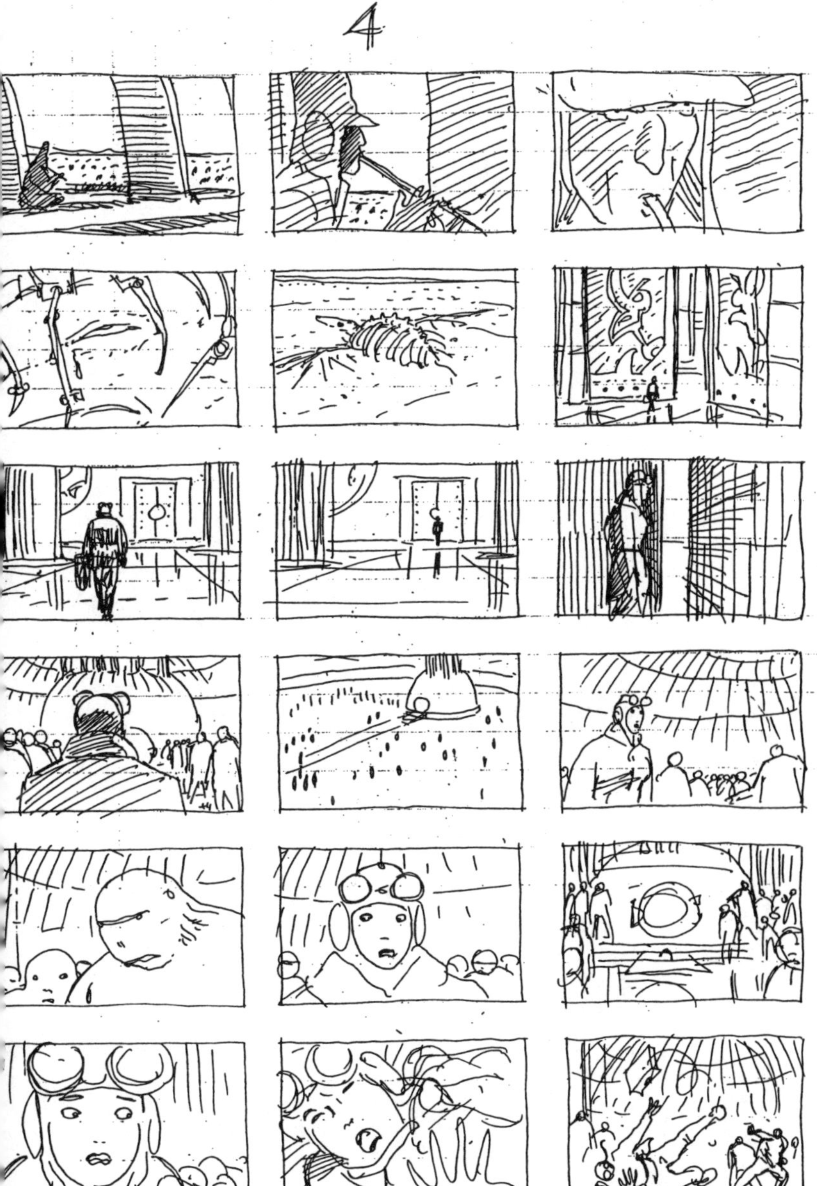
4

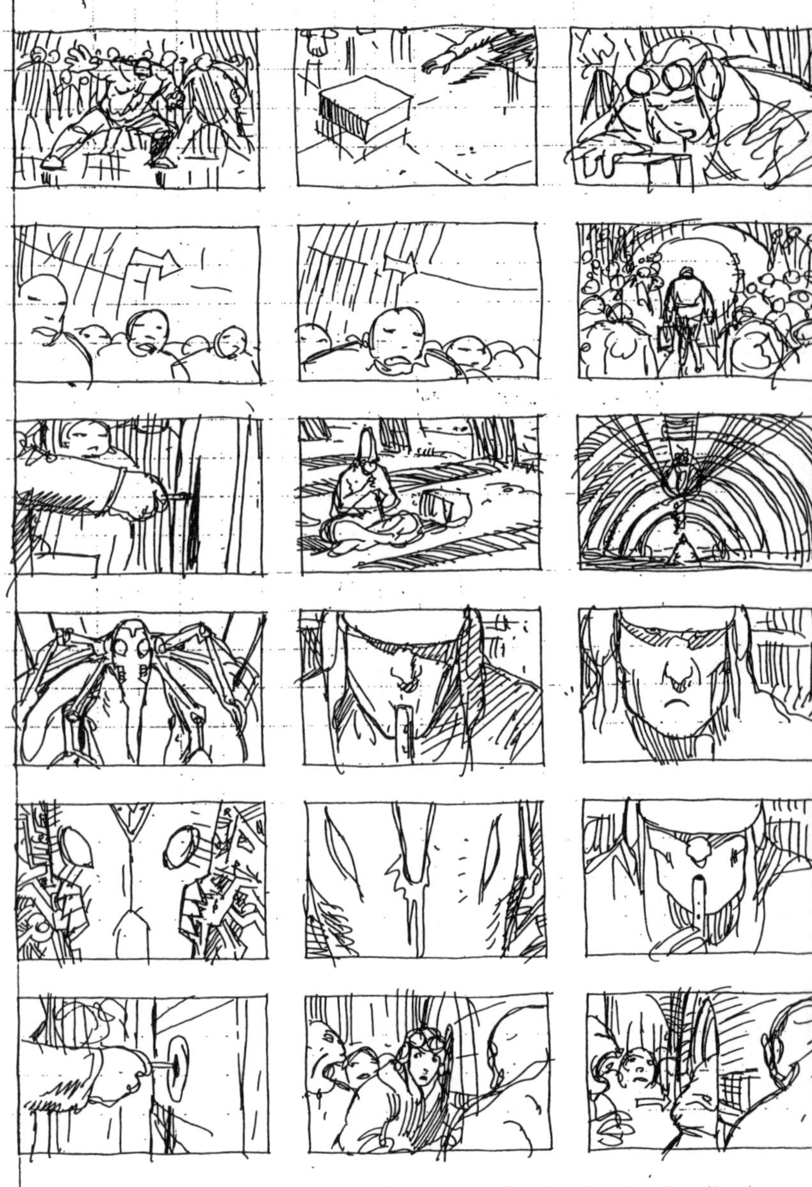
5

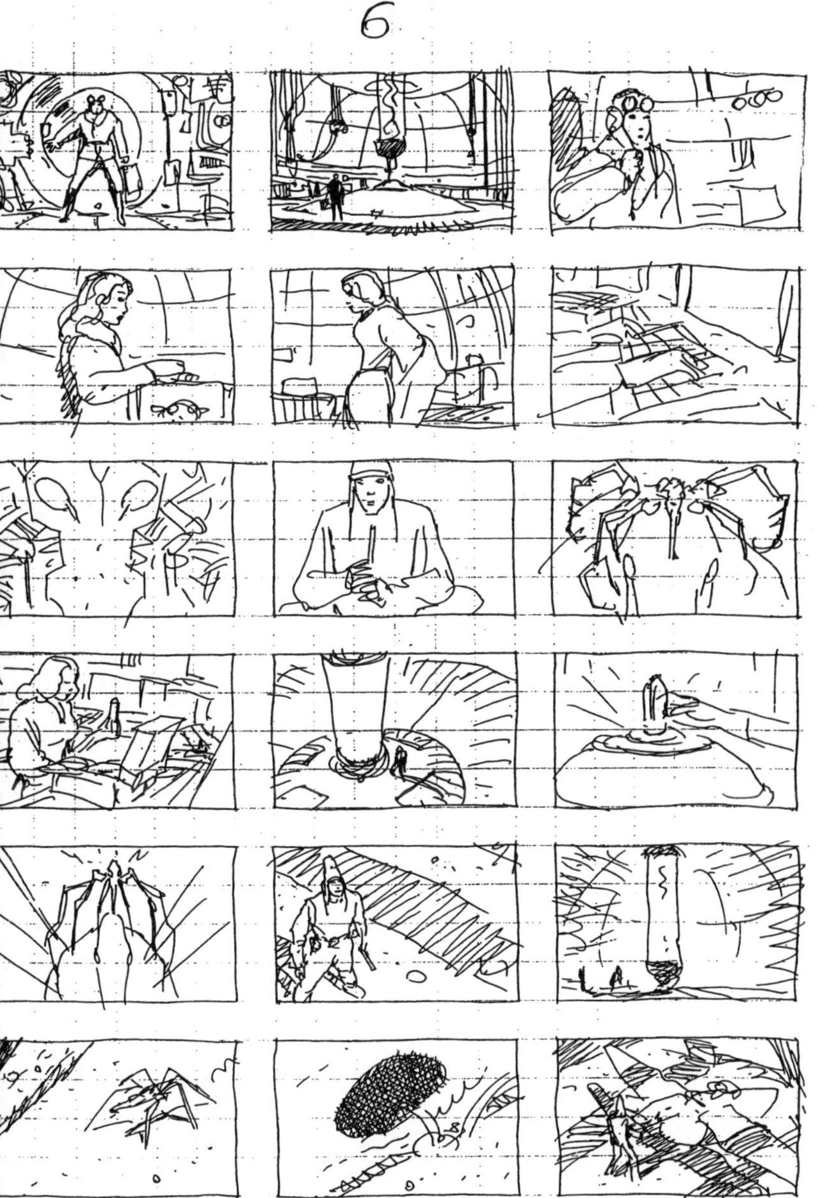
6

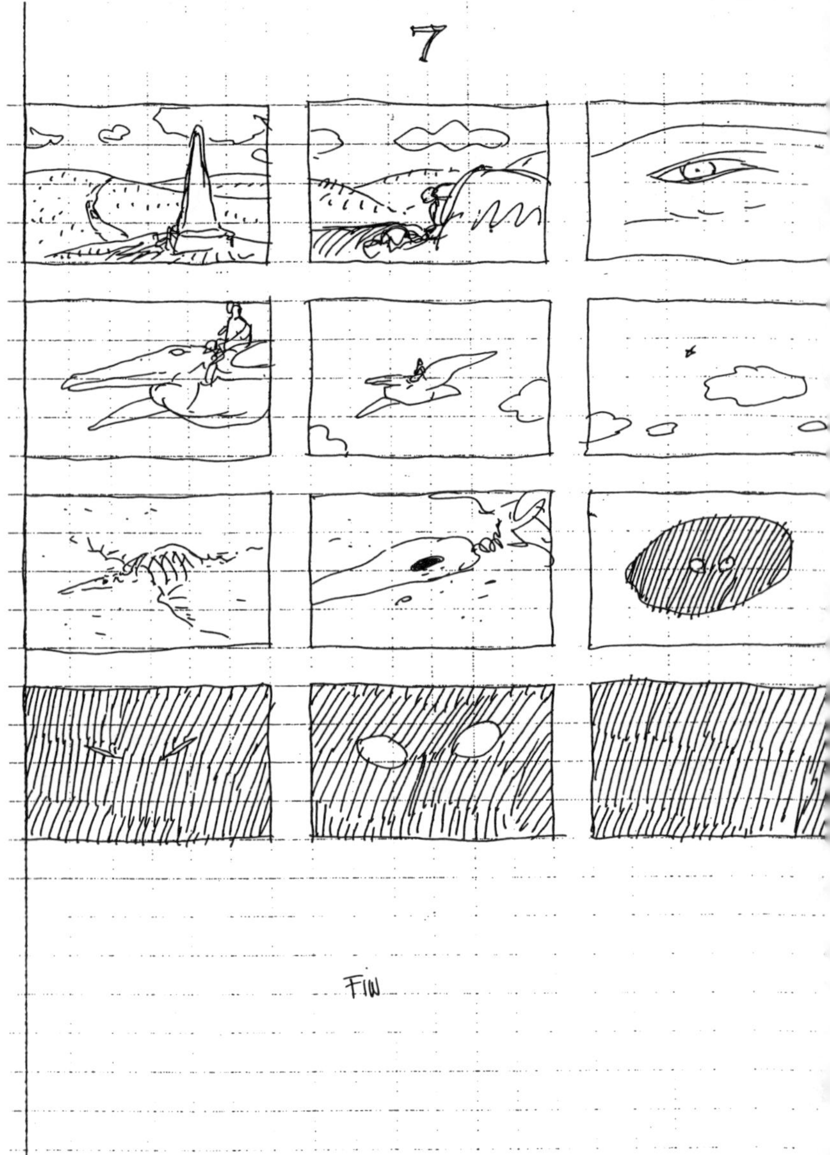
7
FIN

Aus den ›Carnets‹

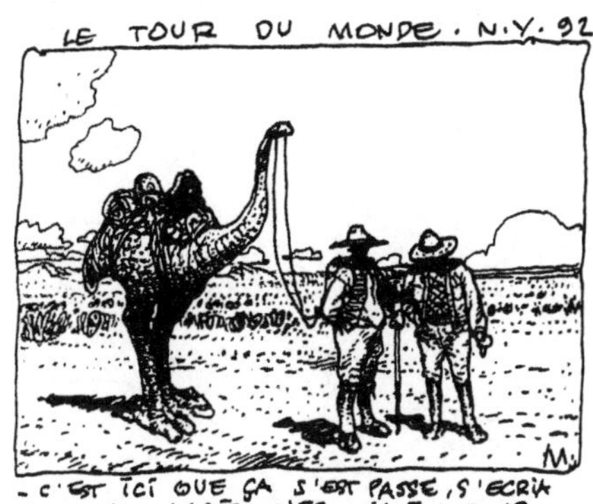

»Die Weltreise, N.Y. 92«: »Hier ist das passiert, schrieb der Unbekannte. Die Luft ist in ein seltsames Vibrieren versetzt worden, dann ist da etwas wie eine große blaue Flamme mit vielen orangefarbenen Funken gewesen, die bis auf eine Höhe von zwanzig Ellen prasselte. Und dann ist der Umriß erschienen, ein schönes junges Mädchen, das sehr süß aussah, gekleidet in ein langes Kleid von einem Blau wie das der Flamme. Sie hat sich damit begnügt, uns einen nach dem anderen anzusehen, still, mit einem Ausdruck großer Traurigkeit. Plötzlich ist die Erscheinung in einem Blitz verschwunden und hat nichts zurückgelassen außer dem Duft von Rosen und Ozon.«

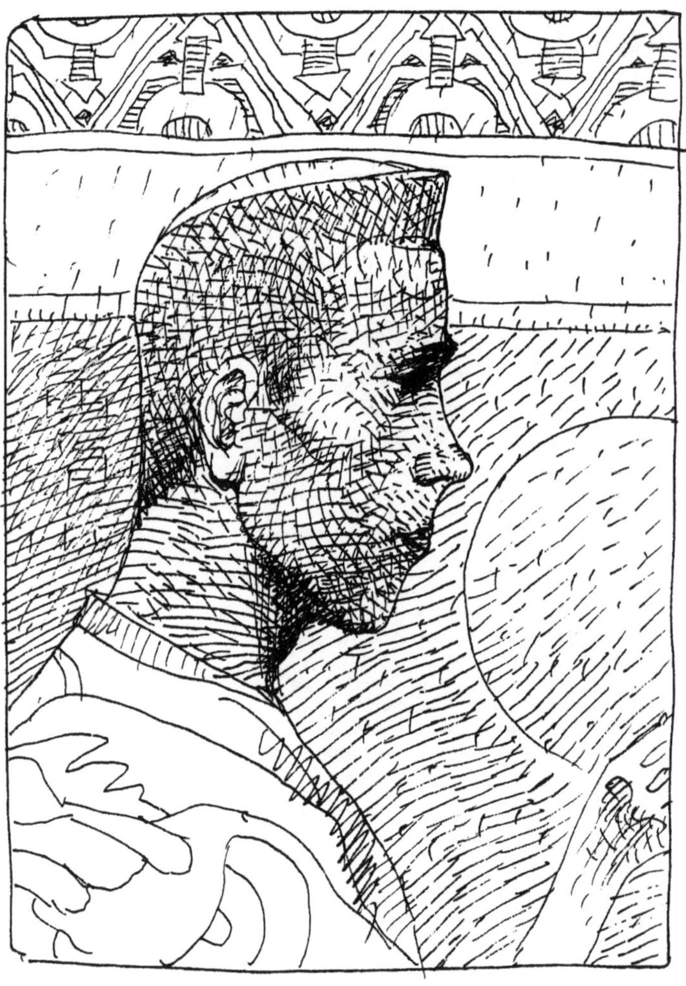

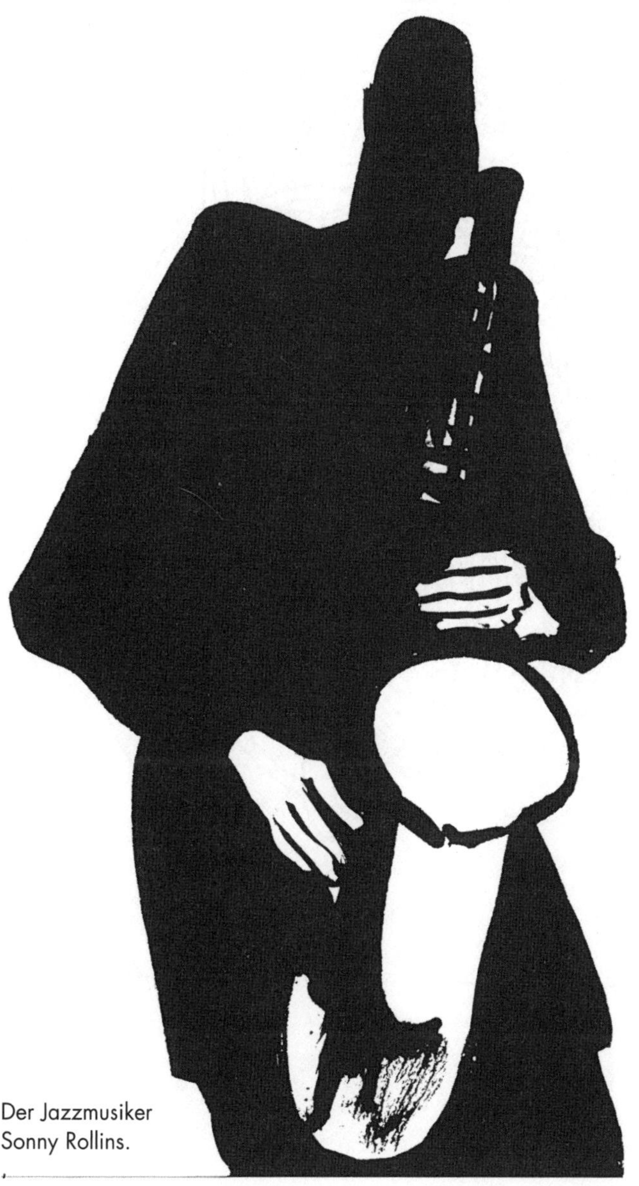

Der Jazzmusiker Sonny Rollins.

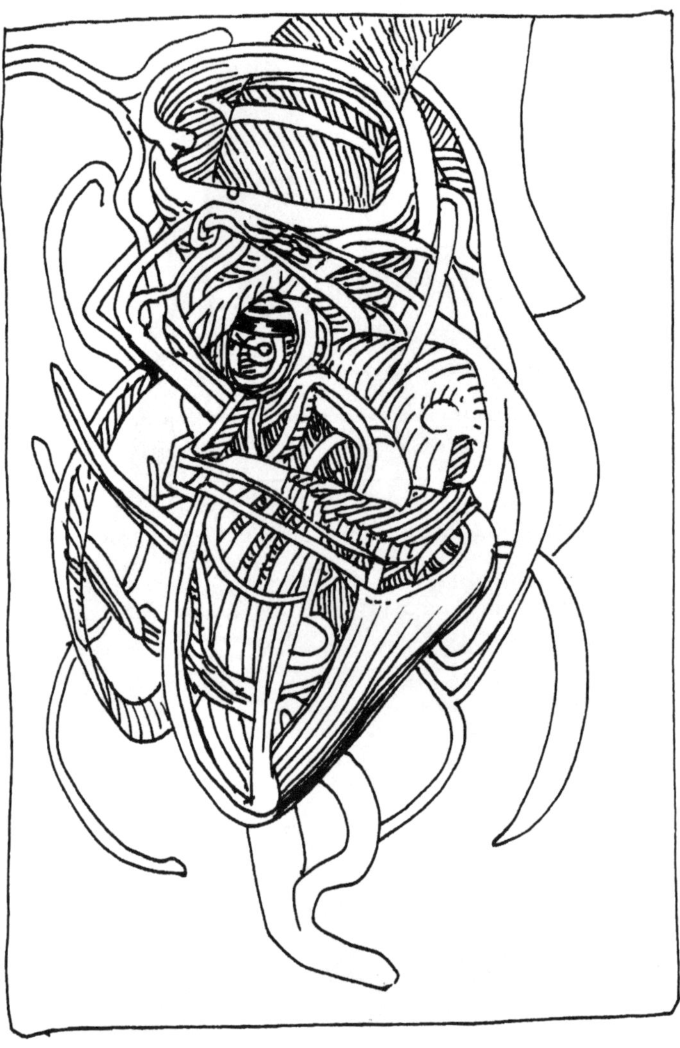

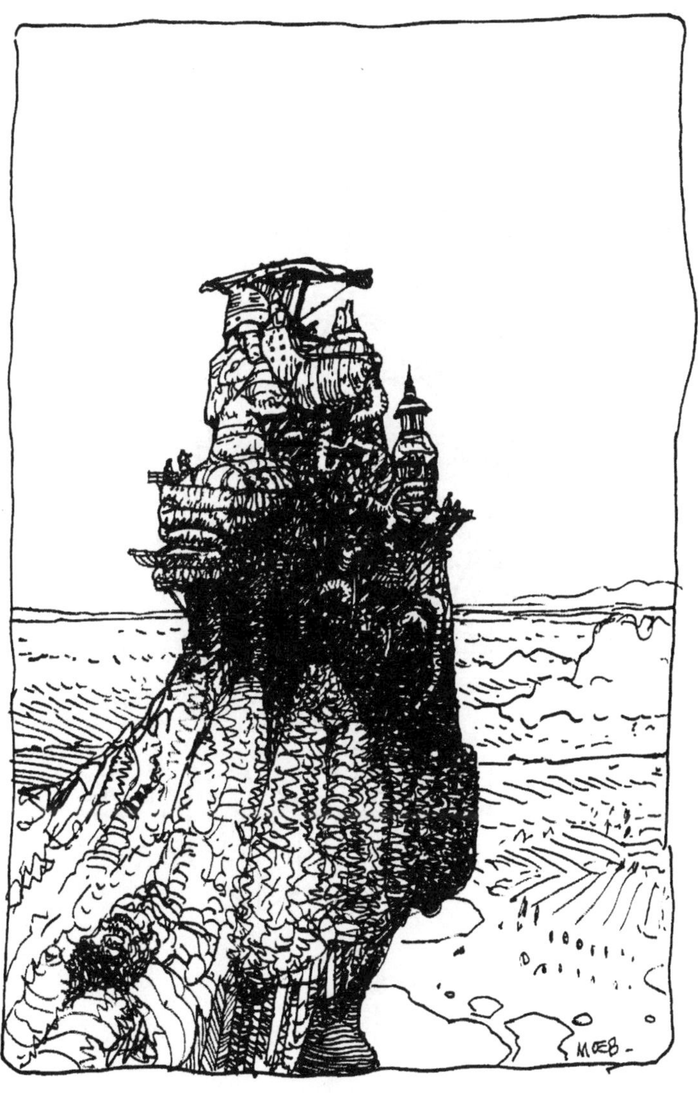
MŒB.

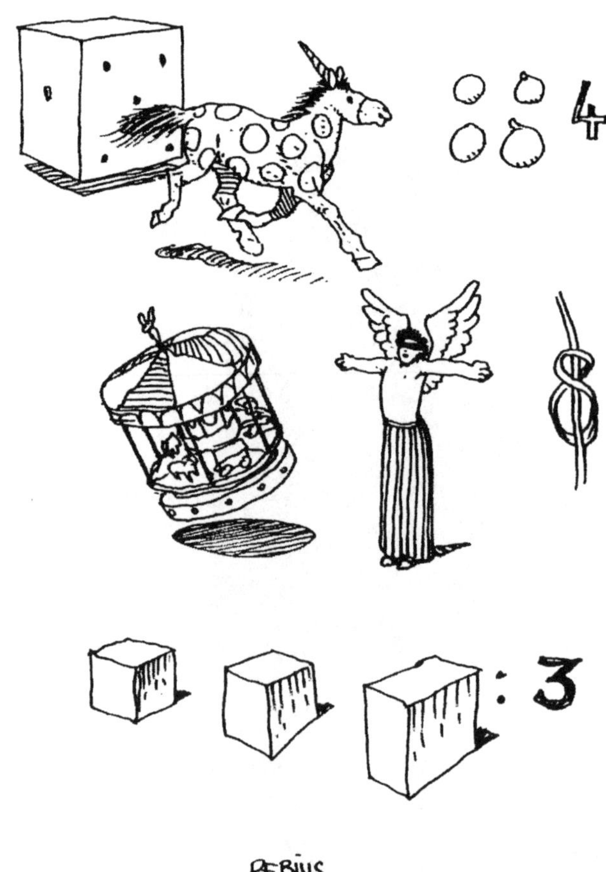

Ein »Rebius«.

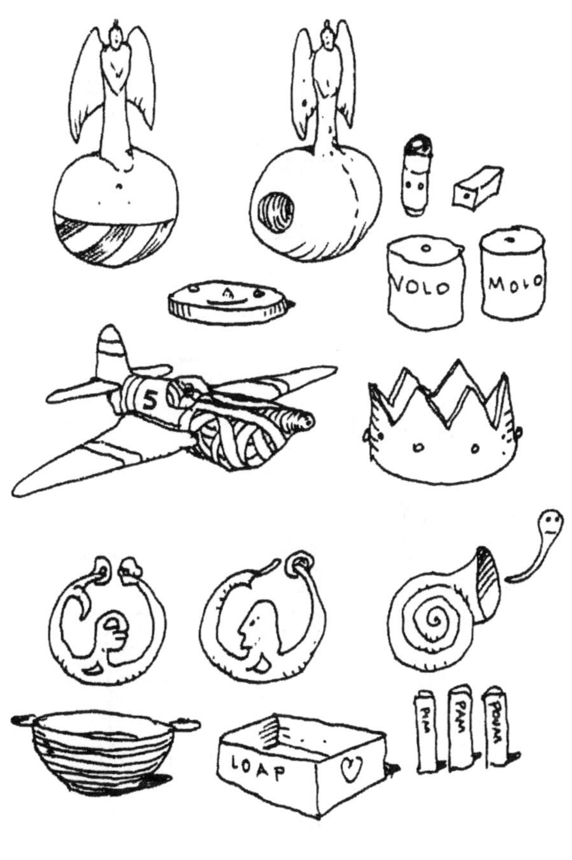

ROEBIUS

Ein »Roebius«.

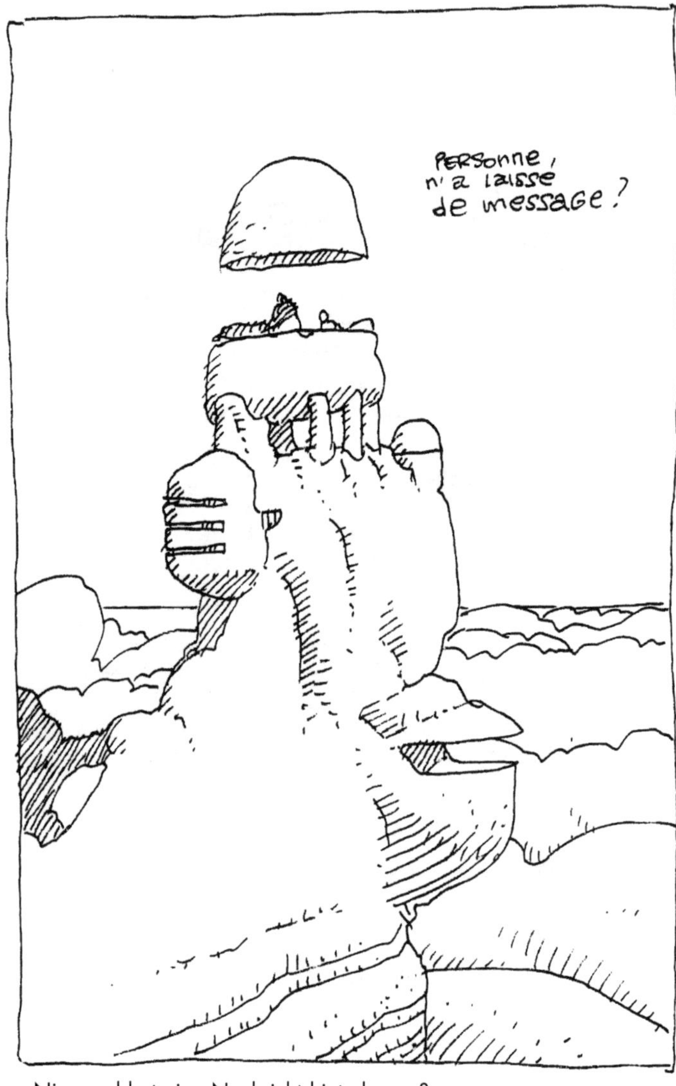

»Niemand hat eine Nachricht hinterlassen?«

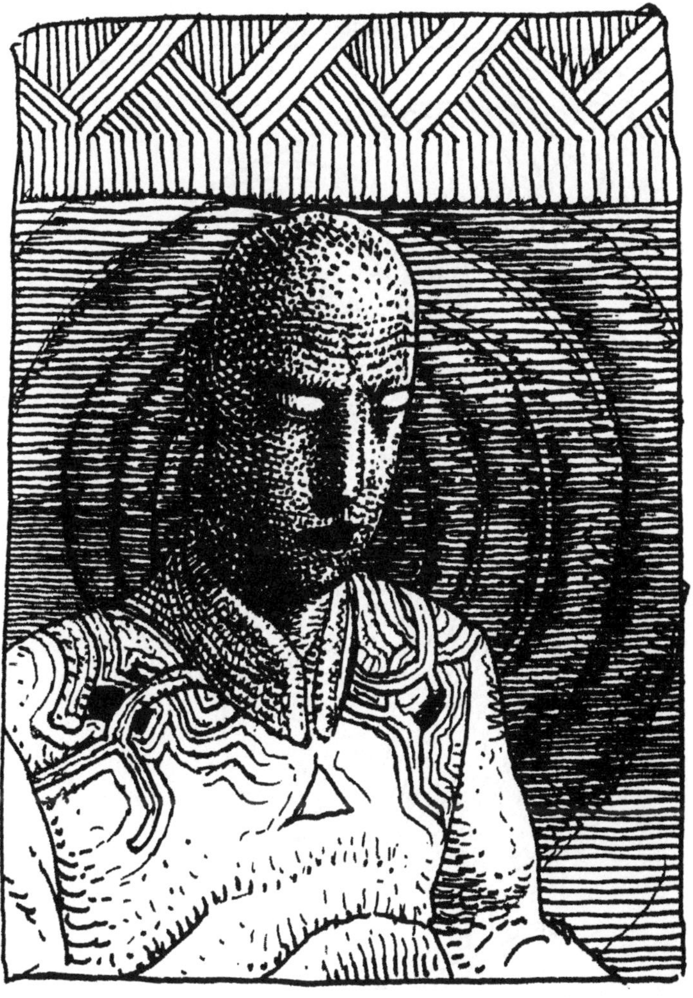

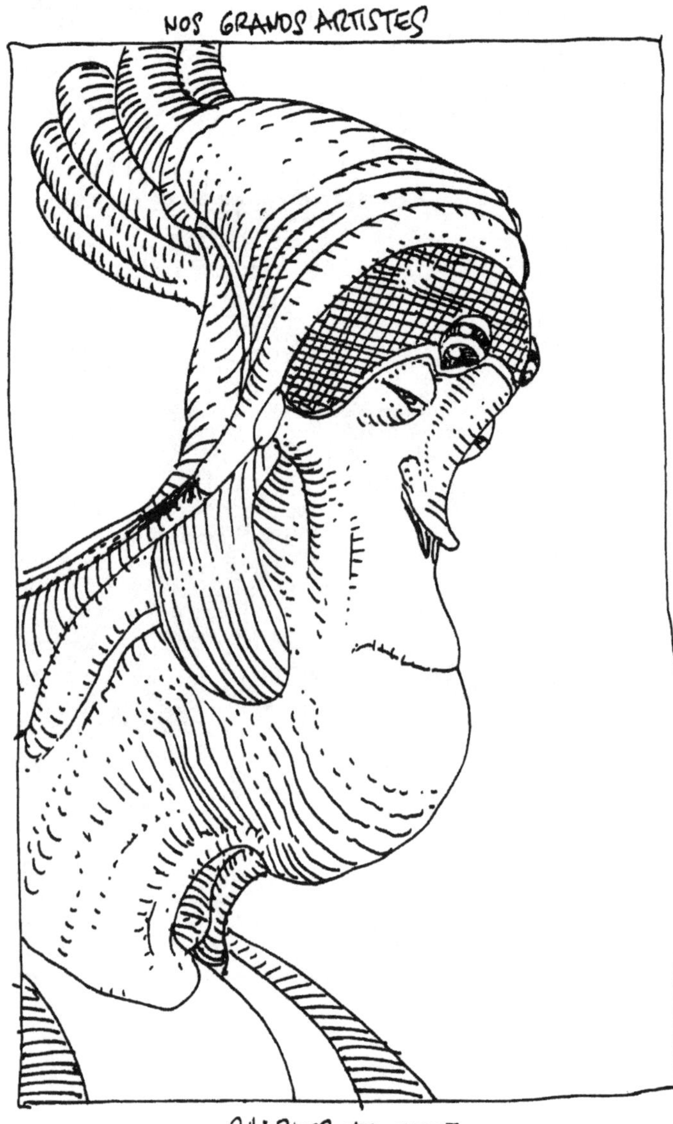

»Unsere großen Künstler«. Portrait des Sängers Charles Trenet.

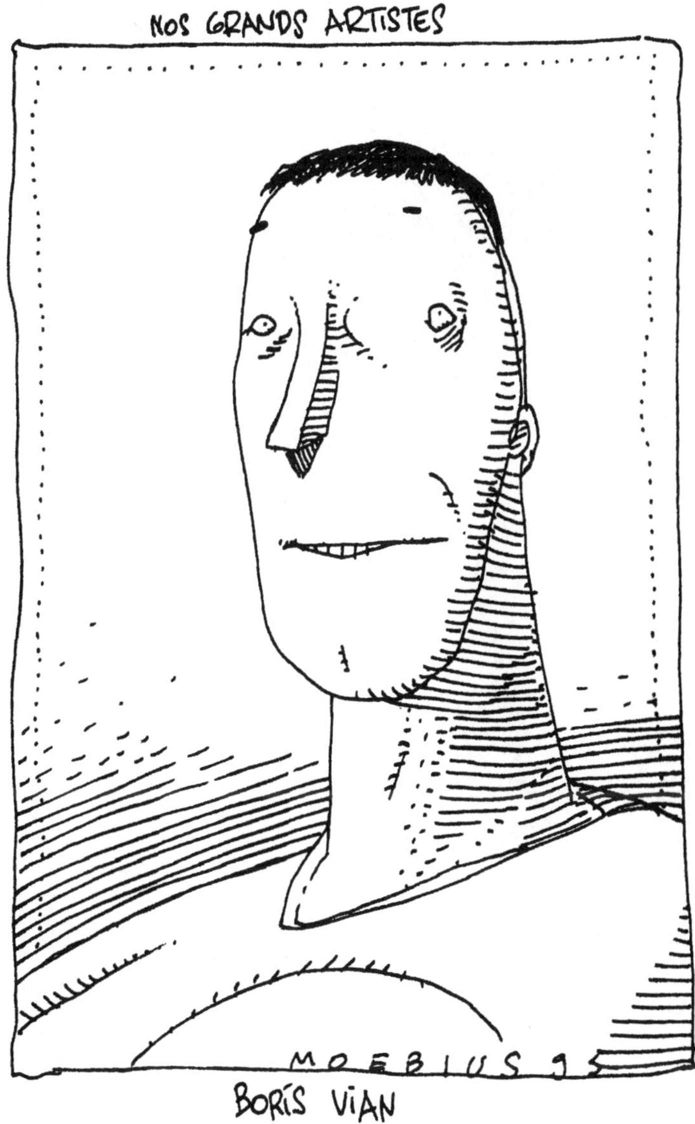

»Unsere großen Künstler«. Portrait des Schriftstellers, Jazzmusikers und Sängers Boris Vian.

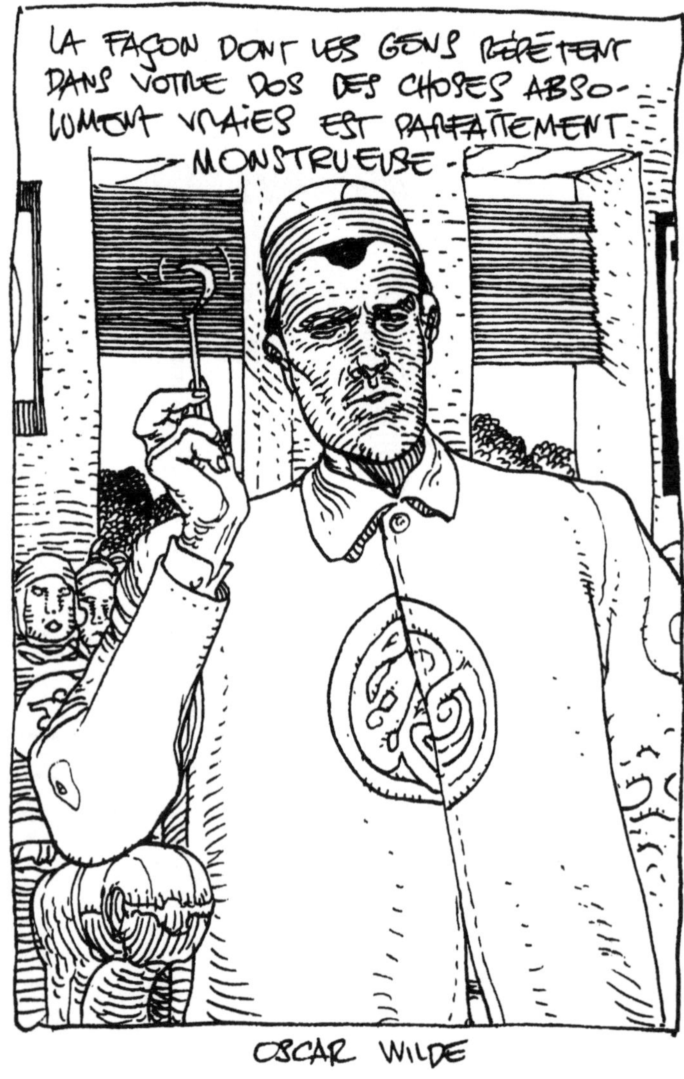

»Die Art und Weise, in der die Leute hinter Ihrem Rücken absolut wahre Sachen wiederholen, ist einfach unglaublich.« Oscar Wilde.

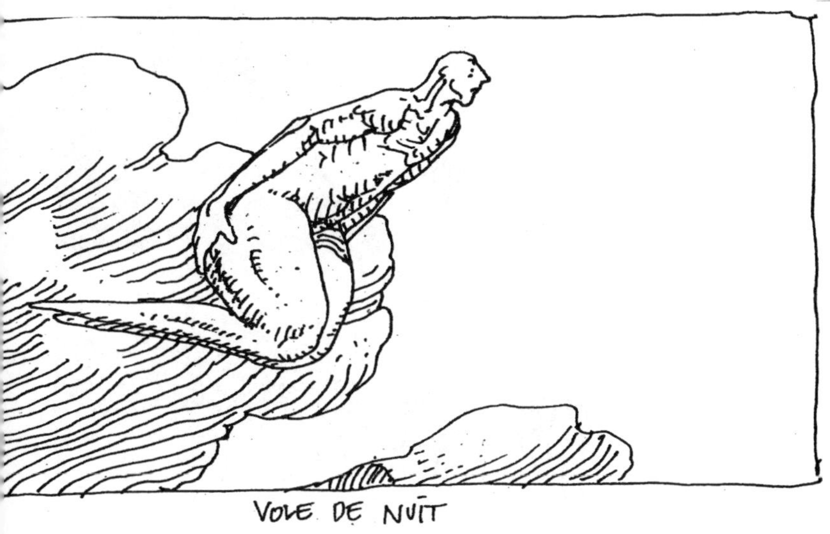

»Nachtflug« (Anspielung auf den gleichnamigen Roman von Antoine de Saint-Exupéry).

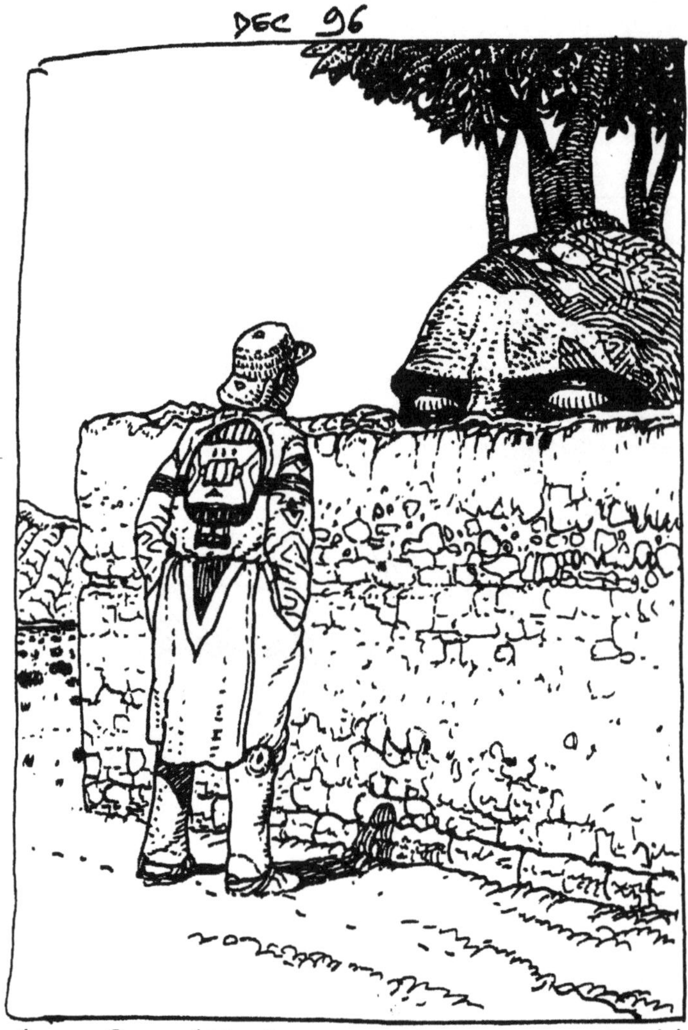

COMMENT J'AI RENCONTRE ALEX. JARDIN

»Wie ich Alex Jardin getroffen habe.«

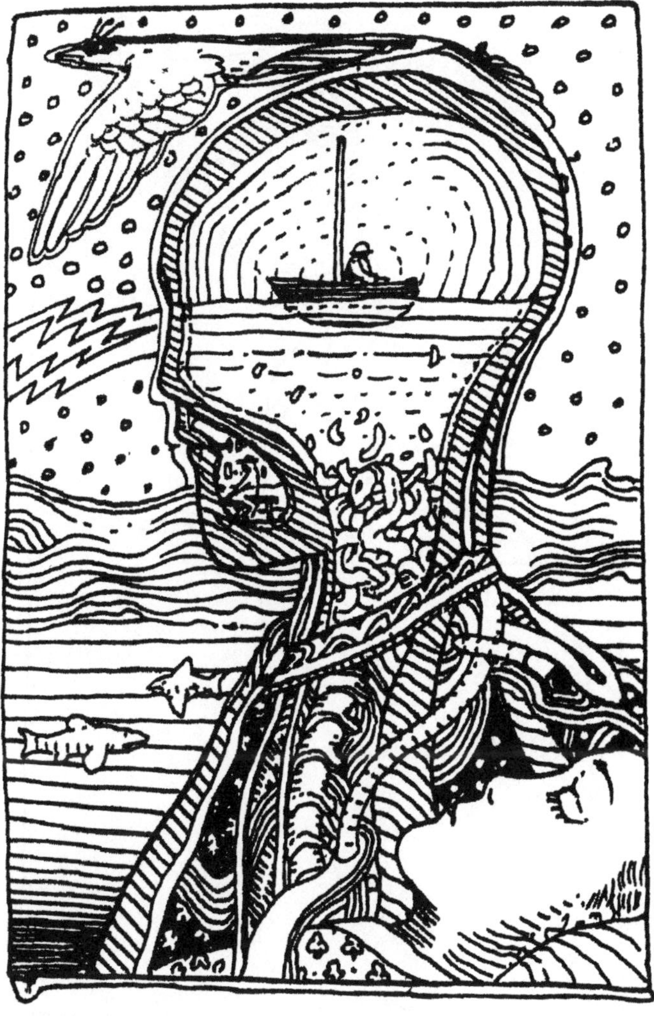

»Traum Nr. 9«.

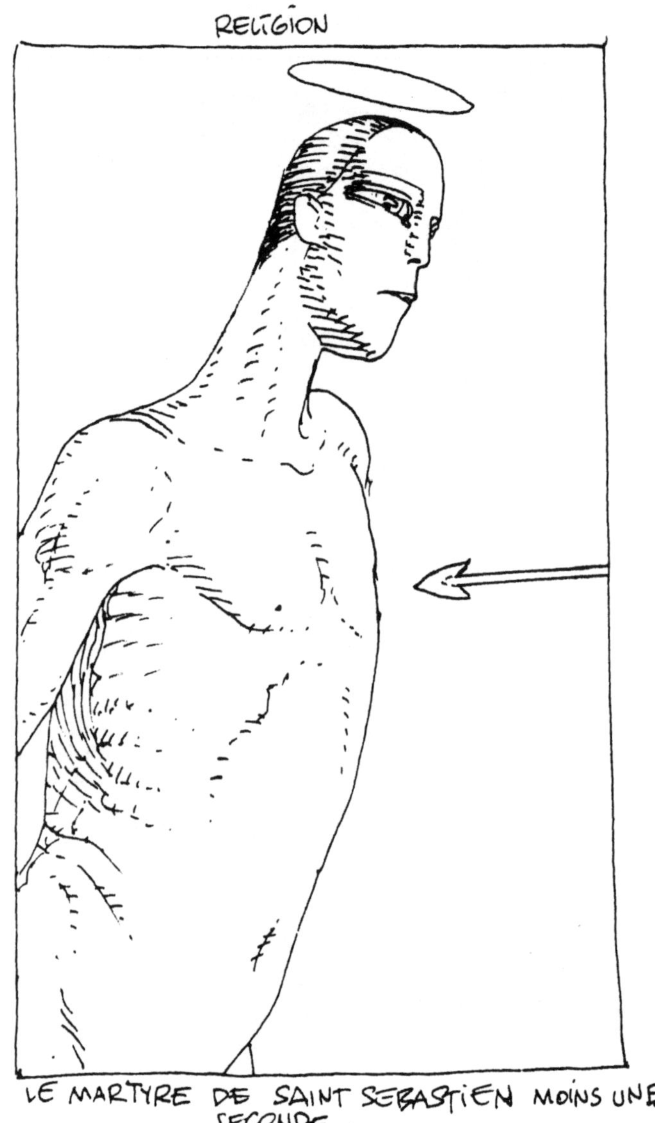

»Eine Sekunde vor dem Martyrium des heiligen Sebastian.«

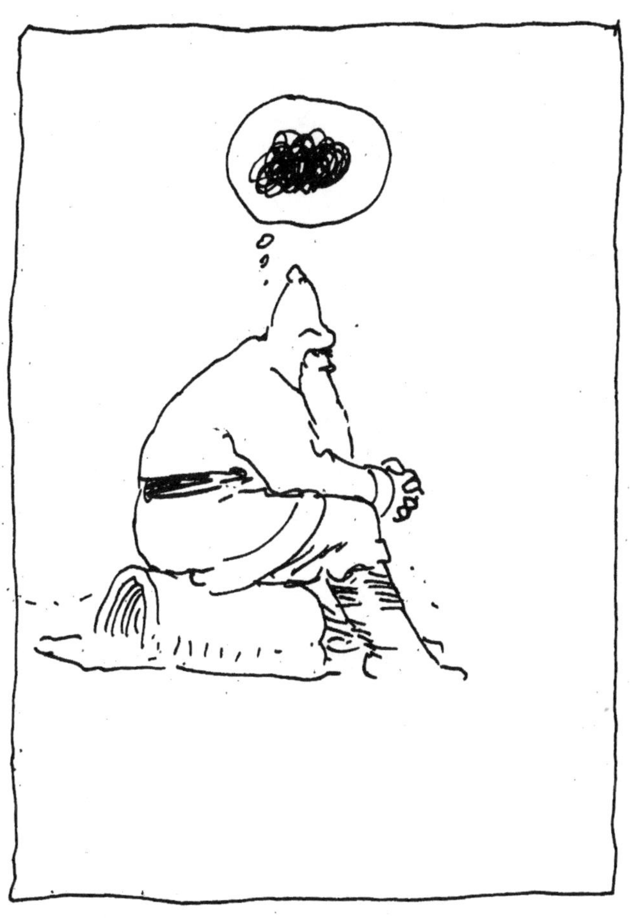

LE PÈRE NOËL NE
CROYANT PLUS
EN LUI-MÊME

»Der Weihnachtsmann glaubt nicht mehr an sich selbst.«

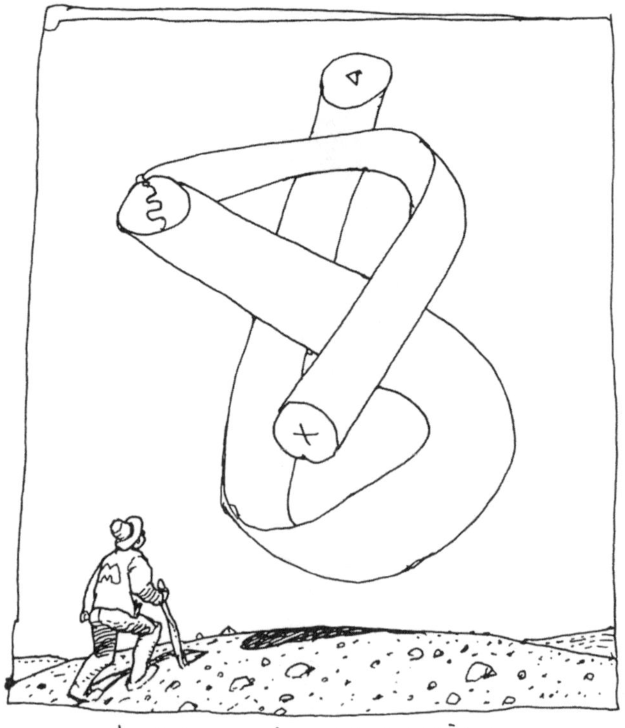

»Jesus und der Erzengel Gabriel«.

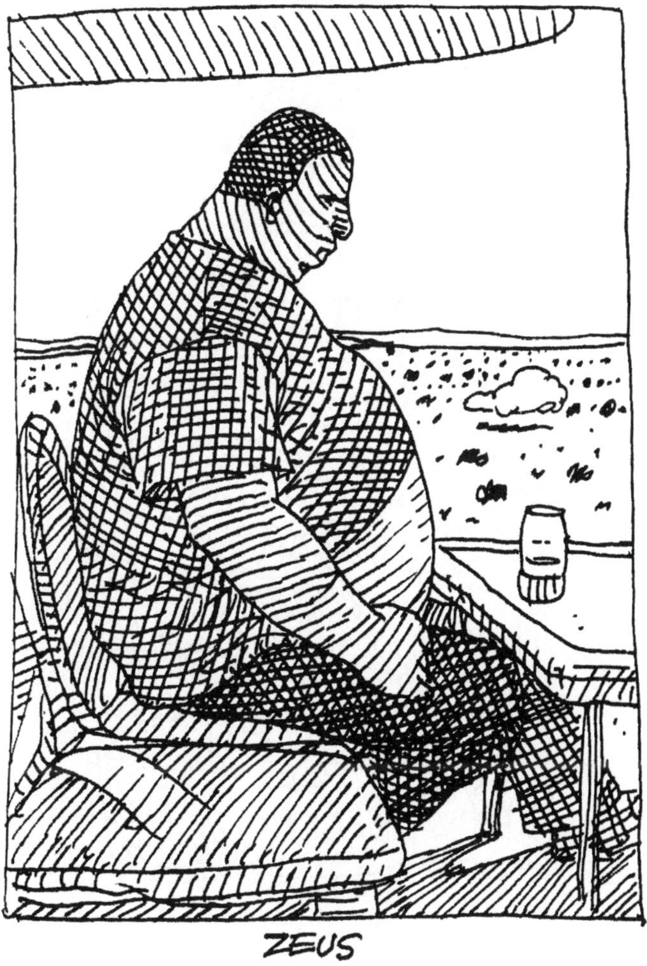

»Am 17.9.1996: Zeus«.

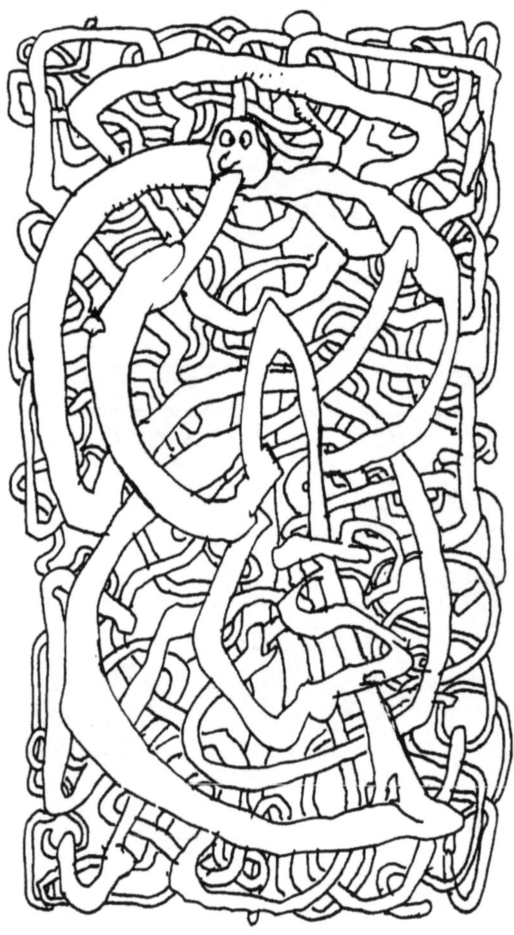

»Die Kunst bei den Kaulquappen«.

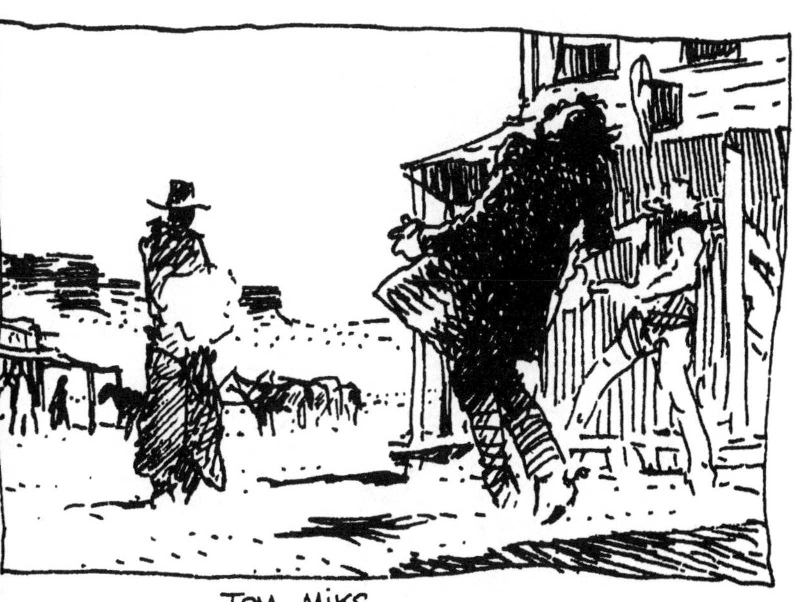

»Tom Miks« (Anspielung auf den Westernhefthelden Tom Mix).

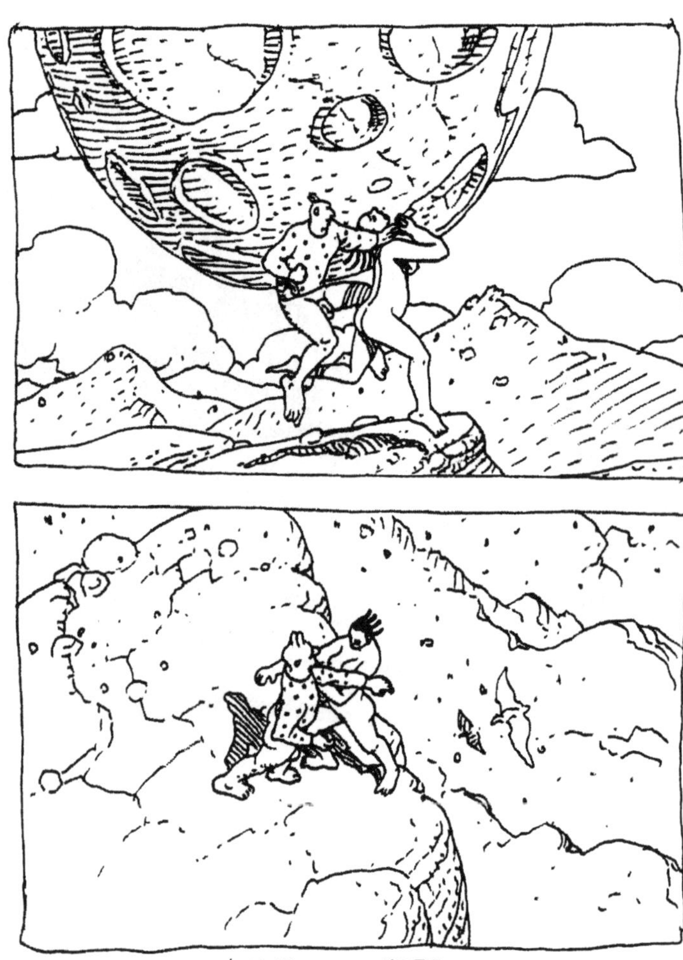

»John Woo auf dem Mars« (Der Filmregisseur John Woo ist berühmt für seine Zweikampfszenen).

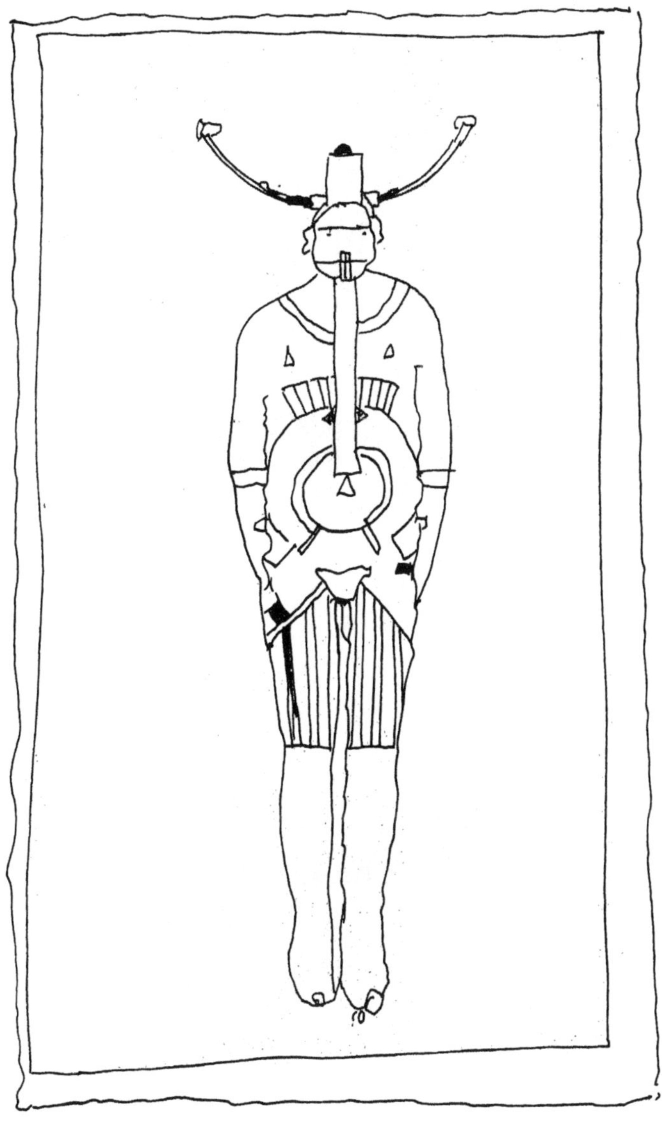

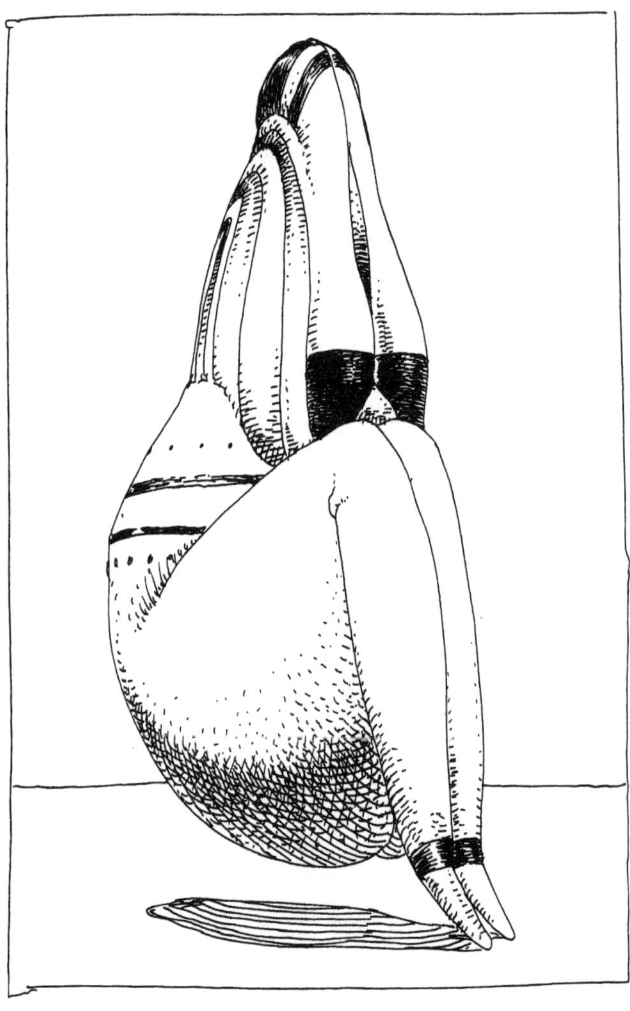

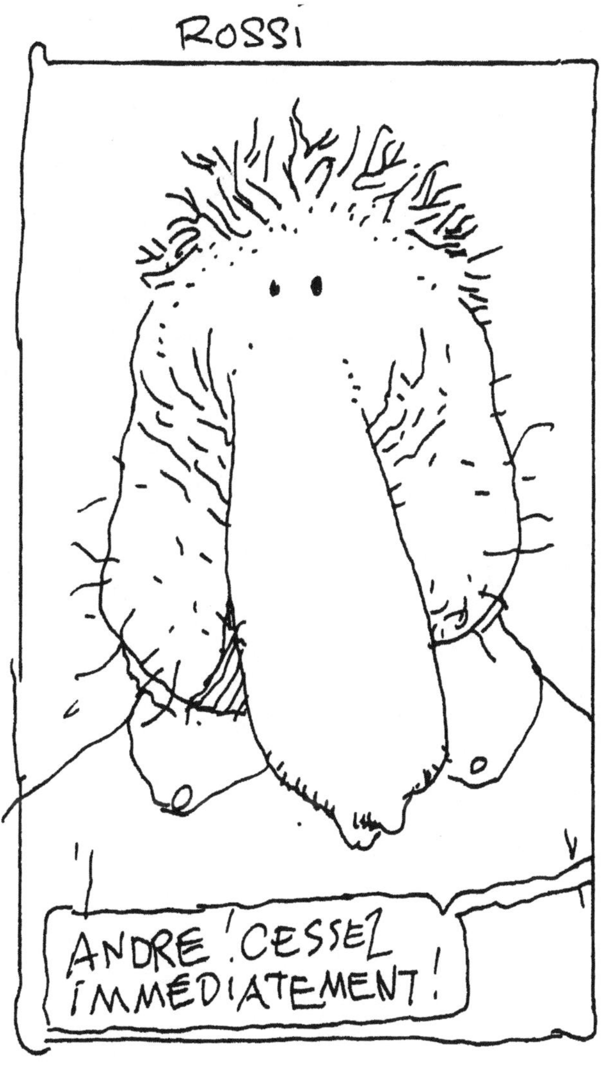

»Rossi: ›André! Hören Sie sofort damit auf!‹« (Hommage an den Comiczeichner Christian Rossi, der seit 1990 die von Moebius geschriebene Westernserie *Jim Cutlass* zeichnet).

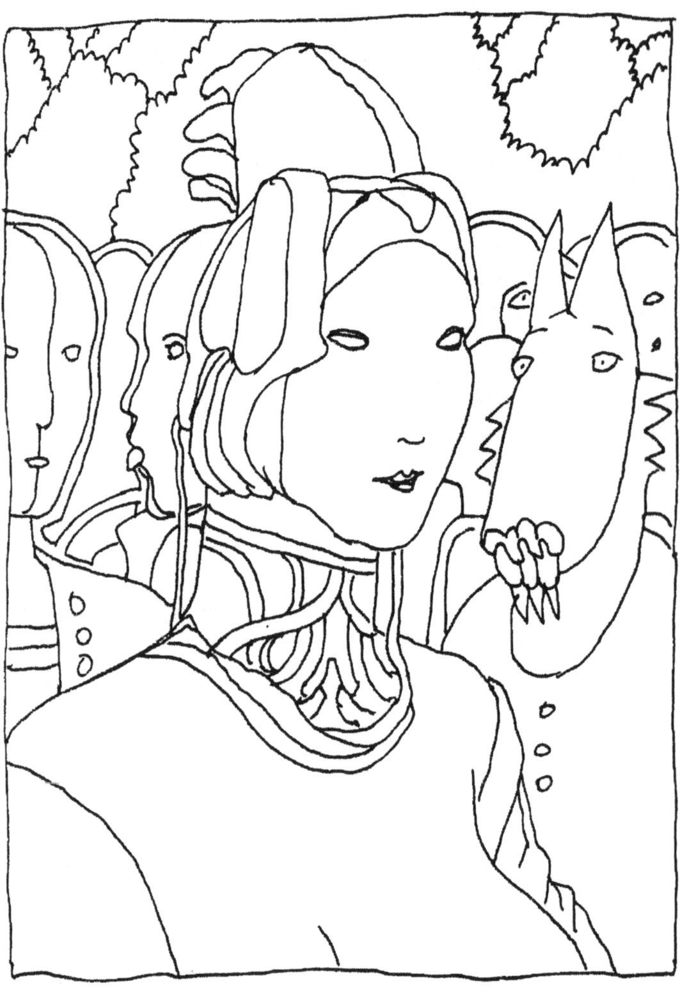

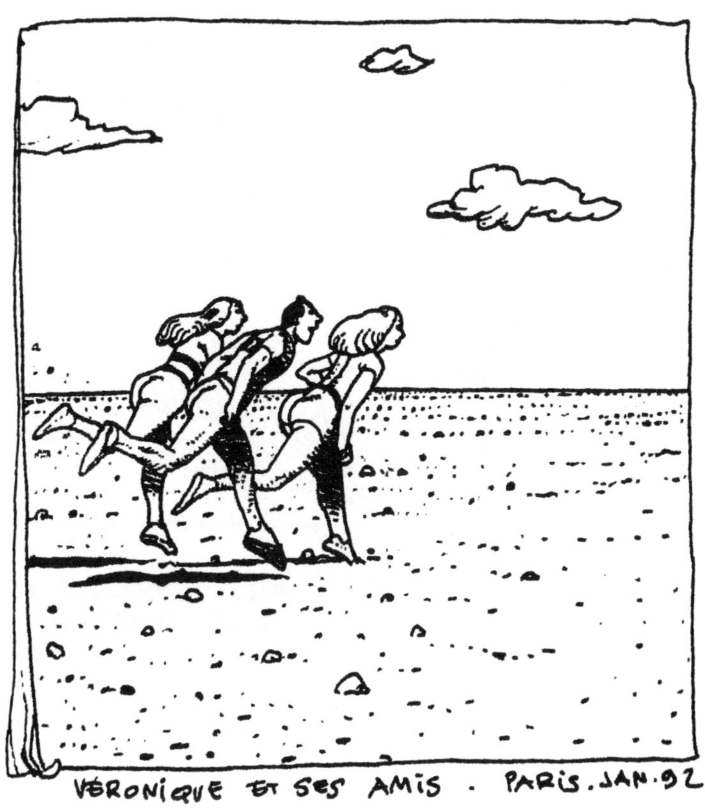

»Véronique und ihre Freunde. Paris, Januar 1992«.

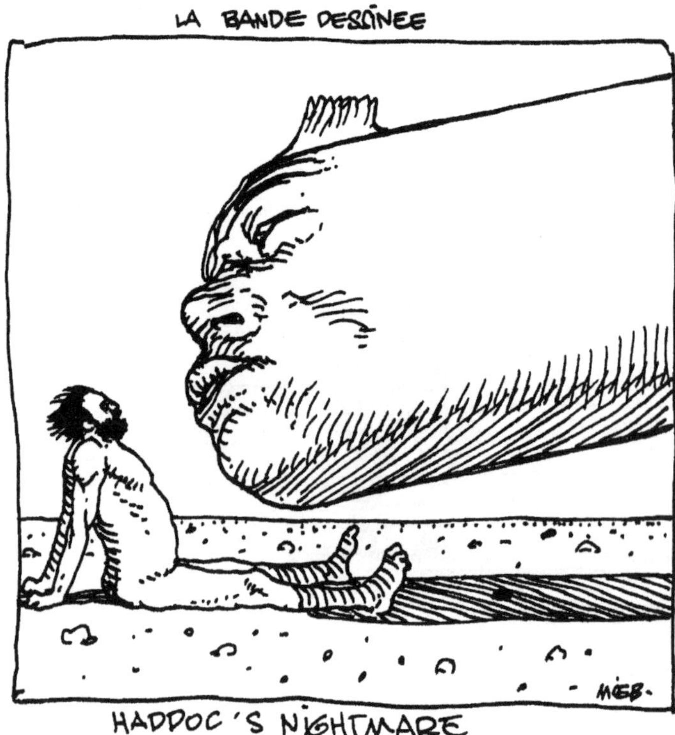

»Der Comic: Haddocks Albtraum« (Hommage an Hergés Comicfigur Kapitän Haddock aus der Serie *Tim und Struppi,* dem hier sein ins Gigantische verzerrter Freund Tim erscheint).

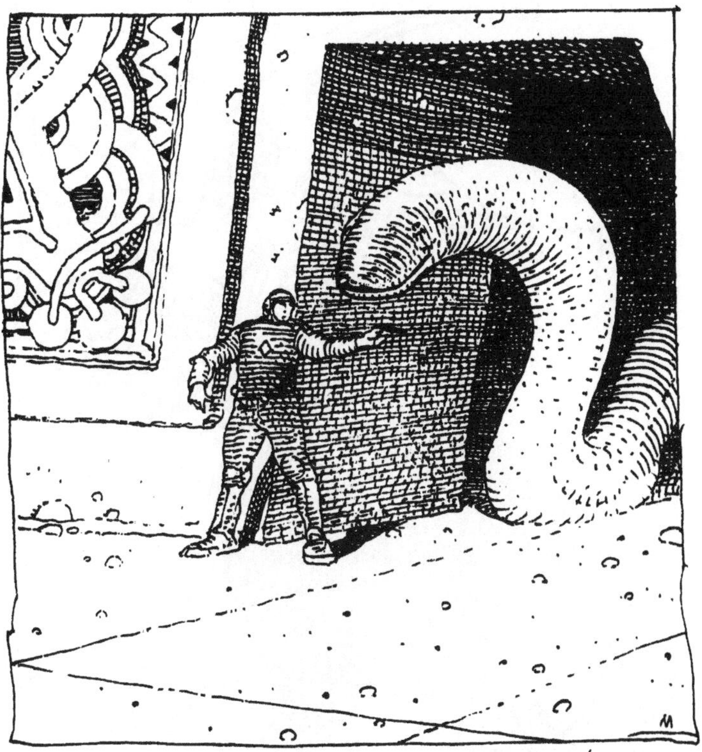

JIM GRUBER S'EST INTRODUIT DANS L'ENCEINTE SACRÉE.
ARMÉ DE SON PISTOLET À TROMBE.
SOUDAIN UN BRUIT ÉTRANGE DERRIÈRE LUI, DANS L'OMBRE.
SES CHEVEUX SE DRESSENT SUR SA TÊTE, AUCUN DOUTE !
UN DE CES ÉNORMES ASTICOTS EXTRA-TERRESTRES
EST EN TRAIN DE PASSER À L'ATTAQUE.

»Jim Gruber ist in den heiligen Saal eingedrungen.
Bewaffnet mit seiner Luftdruckpistole. Plötzlich ein seltsamer Lärm hinter ihm, im Schatten. Die Haare stehen ihm zu Berge:
kein Zweifel! Eine der gewaltigen außerirdischen Maden geht zum Angriff über.«

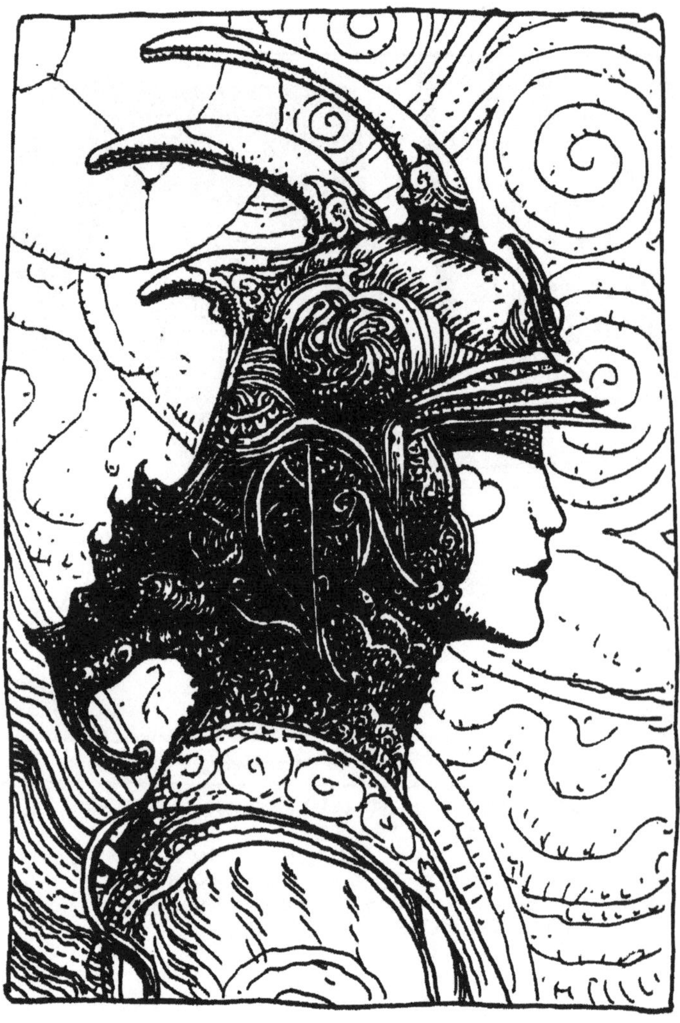

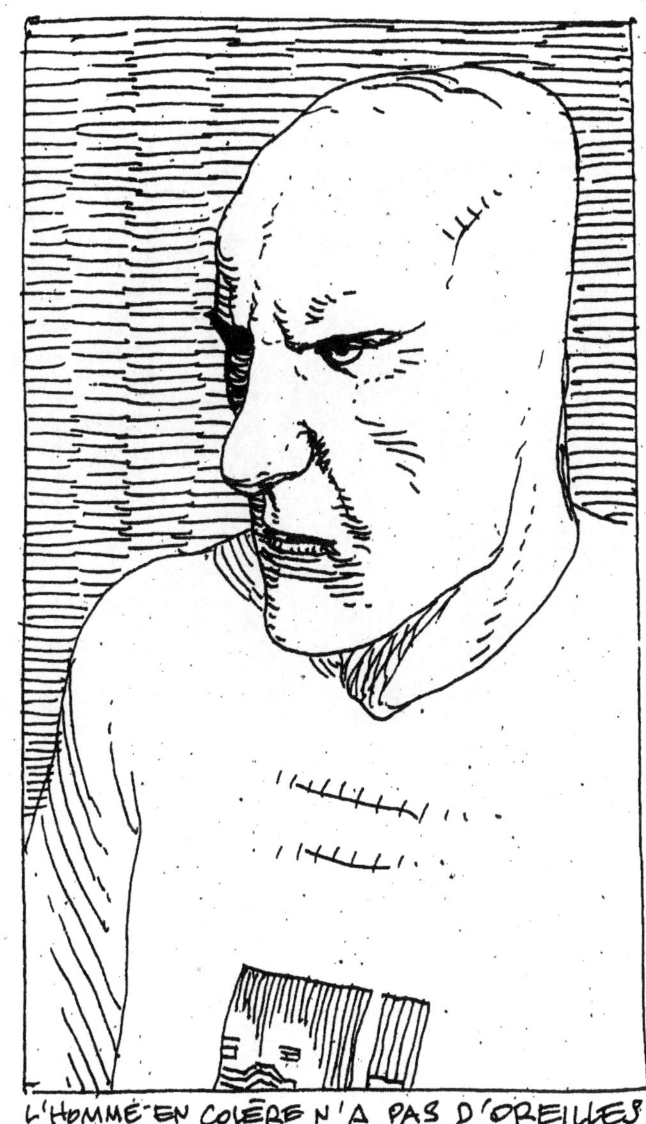

»Der wütende Mann hat keine Ohren.«

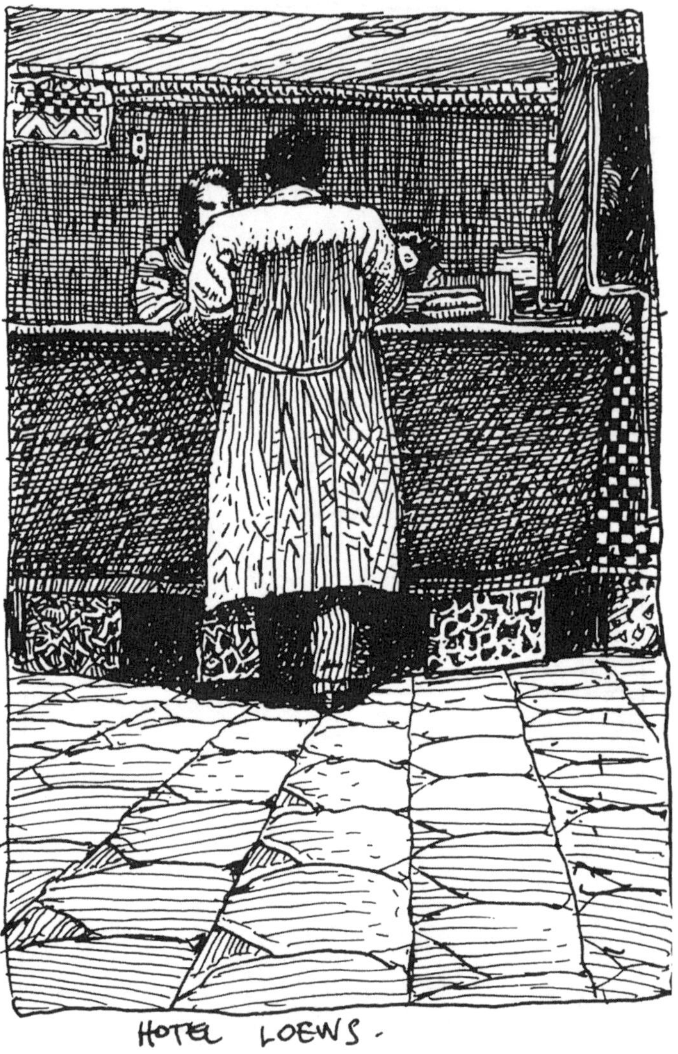

»New York: Hotel Loews.«

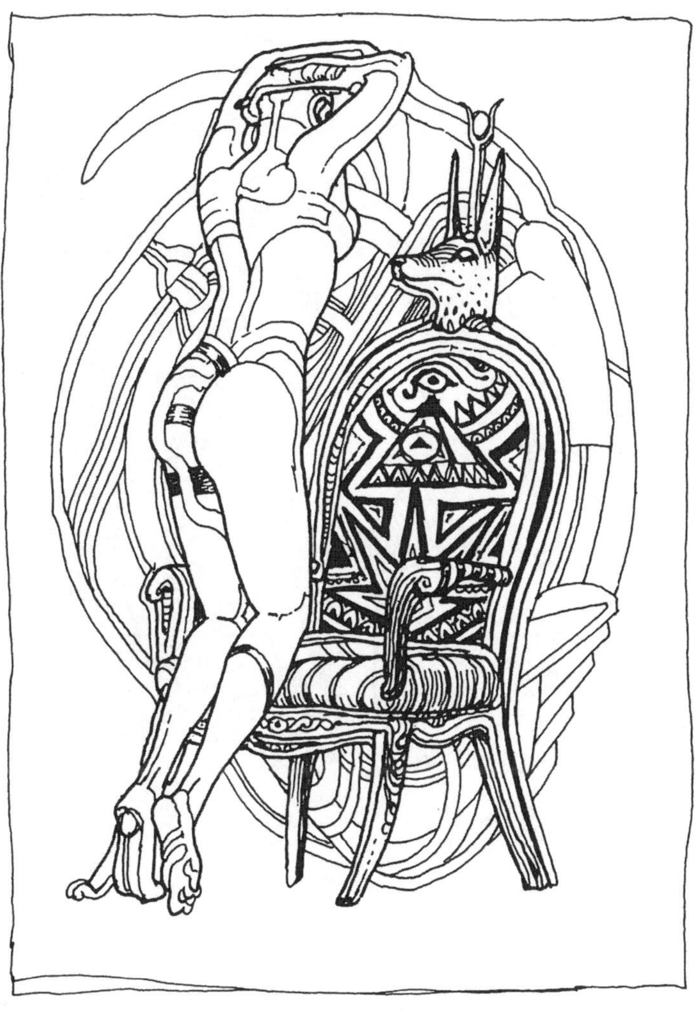

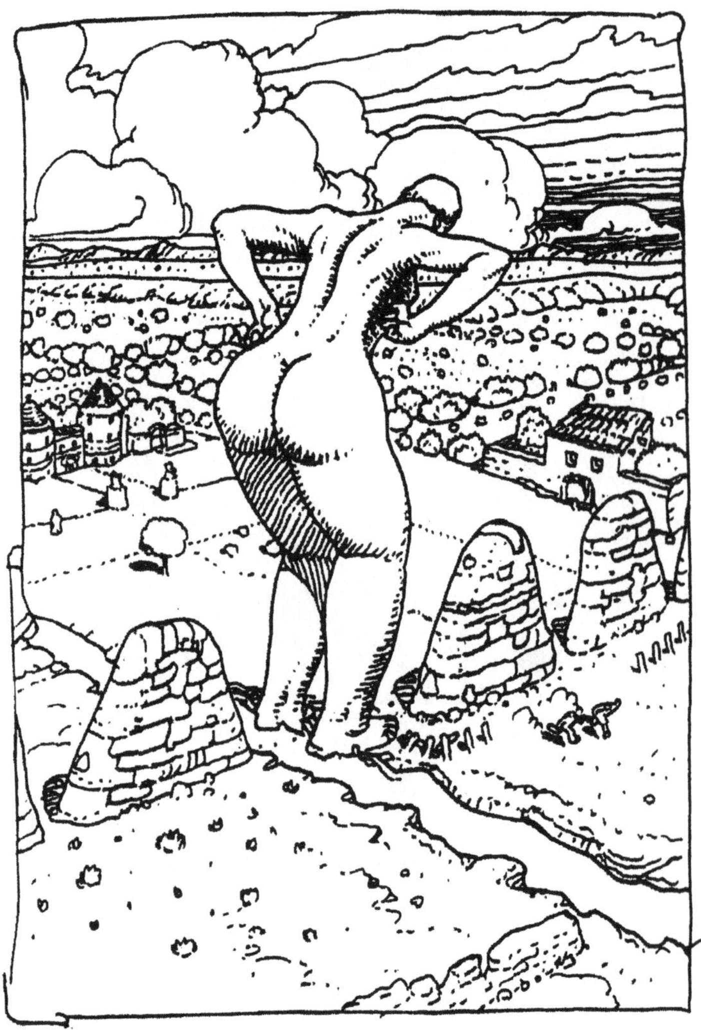

»Der Angriff der Zweiundzwanzig-Meter-Frau.«

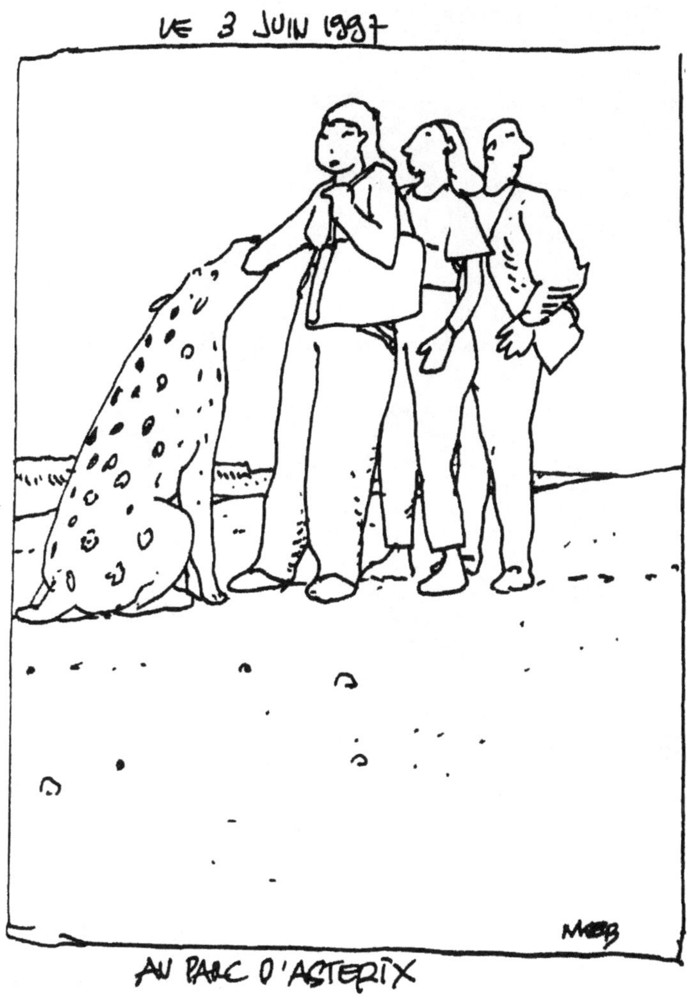

»Am 3. Juni 1997: Im Asterix-Park« (Vergnügungspark in der Nähe von Paris).

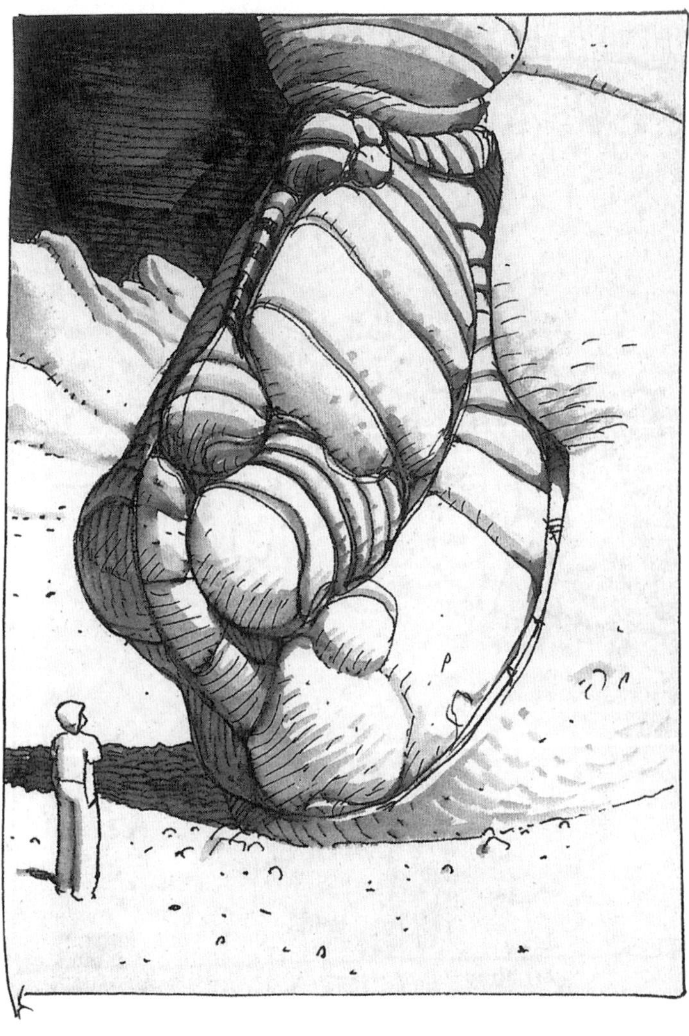

Erschienen in dem Ausstellungskatalog *1 monde réel* der Fondation Cartier, Paris 1999.

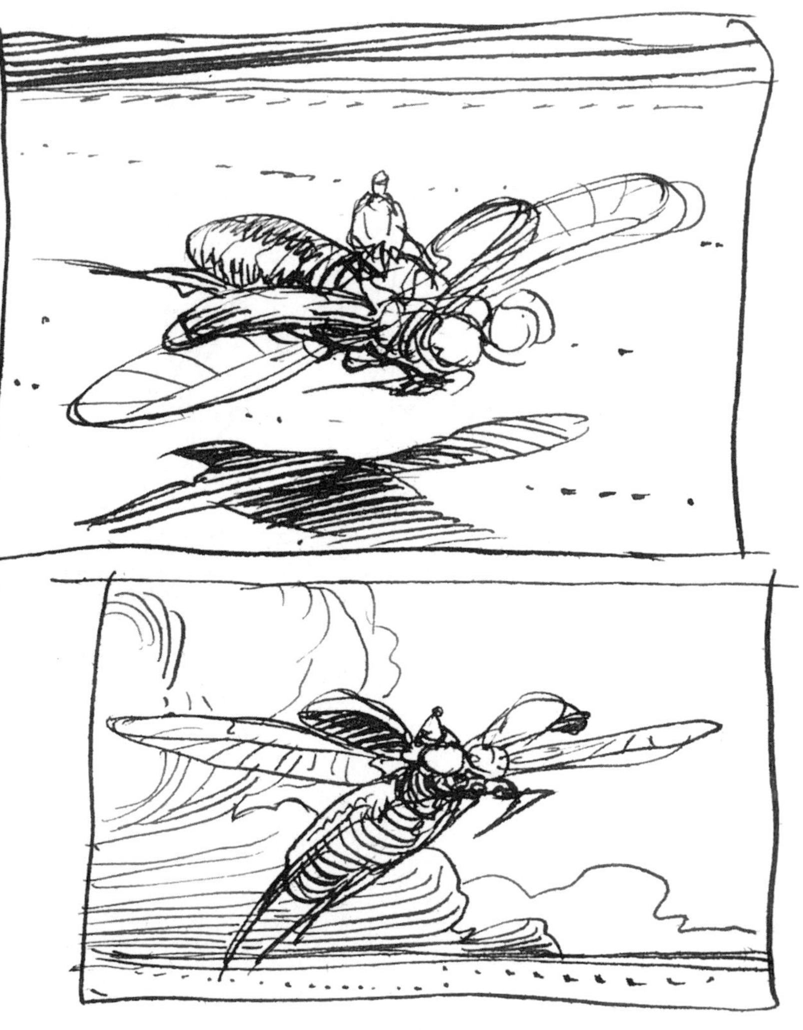

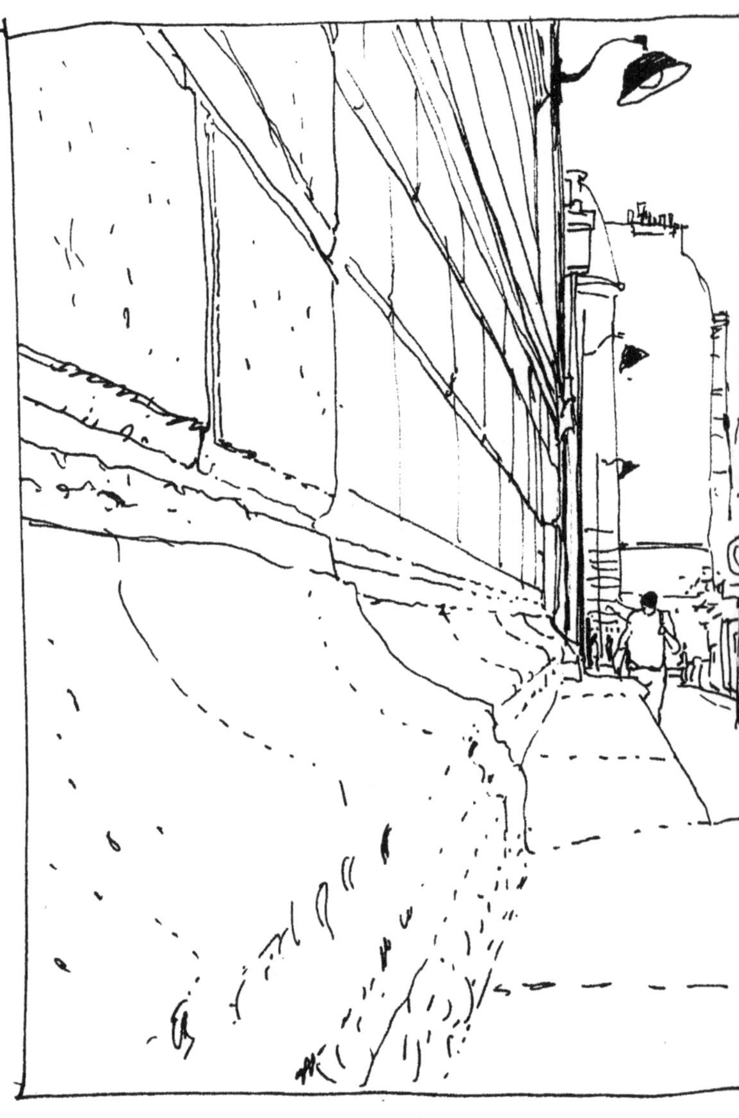

»Rue des quatre fils«. Pariser Stadtbild vom 9. Sept. 1988. Erschienen in *Entretiens avec Numa Sadoul (Das große Moebius-Buch)*, Paris 1991.

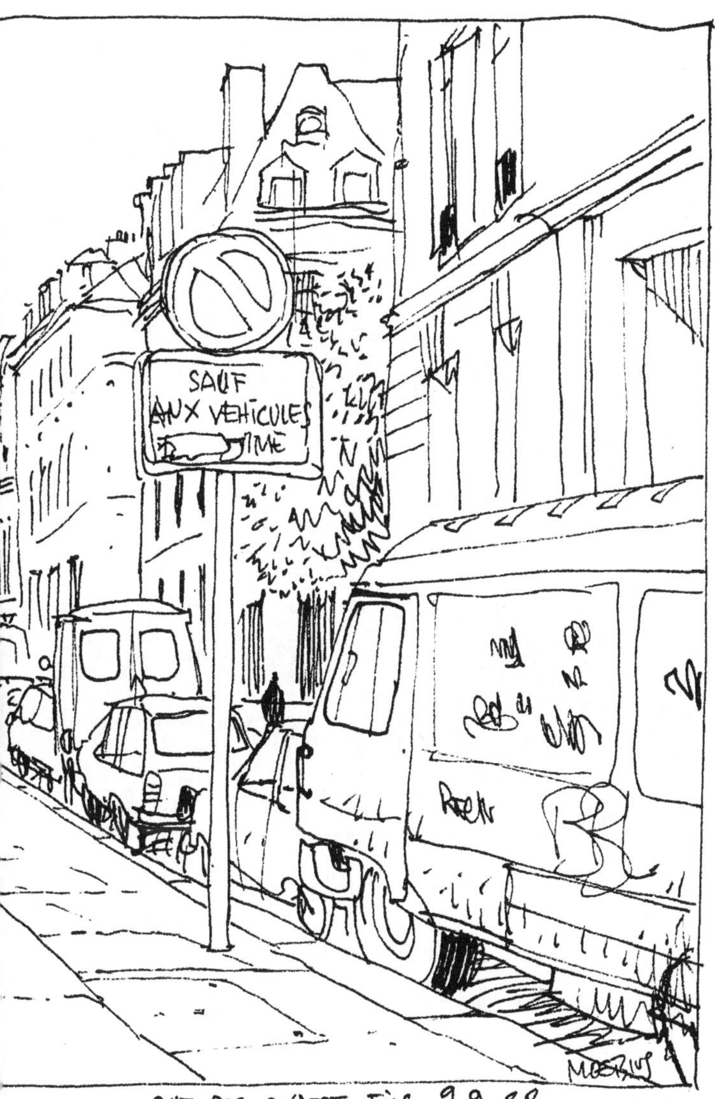

RUE DES QUATRE FILS. 9.9.88.

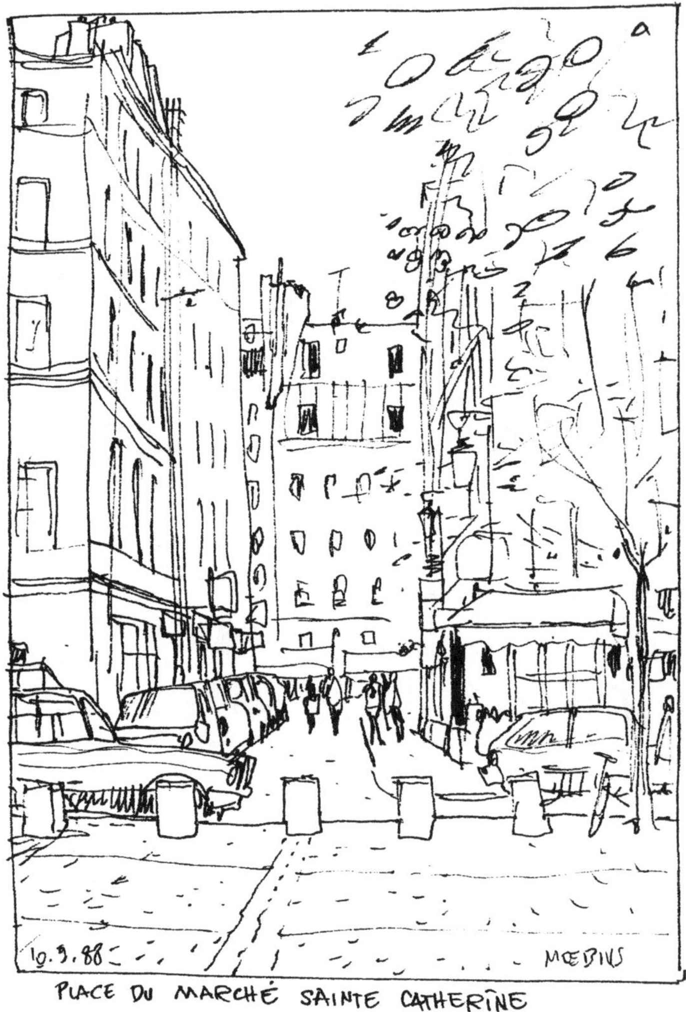

»Place du marché Sainte Cathérine«. Pariser Stadtbild vom 10. September 1988.

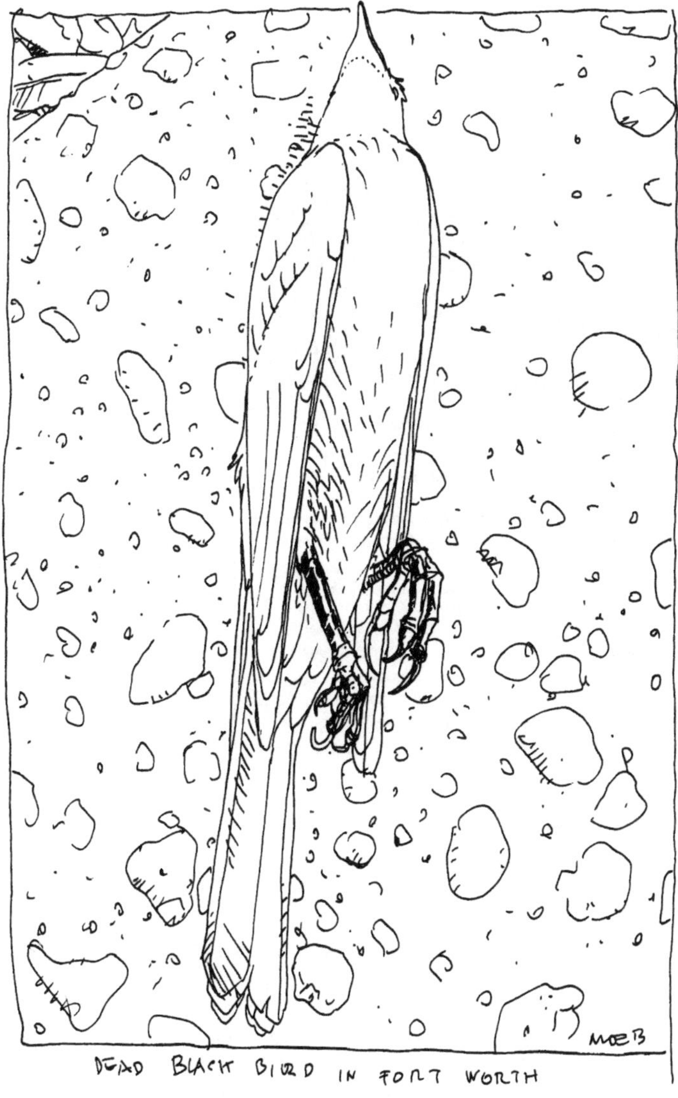

»Toter schwarzer Vogel in Fort Worth«.

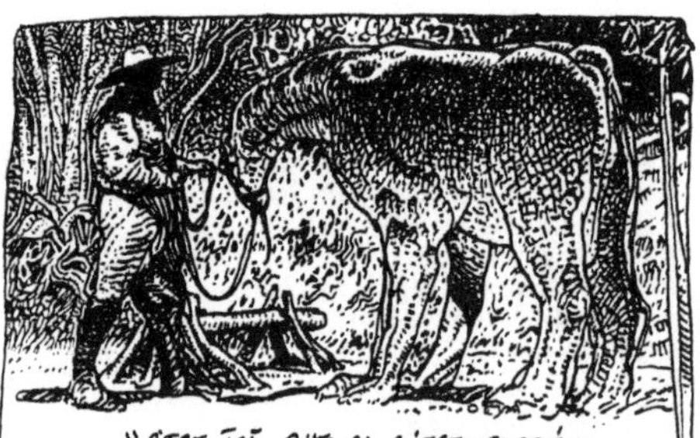

»›Hier ist es passiert‹, murmelt der Unbekannte ... Und unsere Ohren sind von dem endlosen Lärm erfüllt, und wir werden taub für die Gaben, die uns die Welt anbietet. Unendliche Gaben, so vertraut, daß sie unsichtbar werden und daß ihre Farben sich auf ein weißes Licht beschränken wie ein bedeckter Himmel. Und unsere von sprühendem Elan erfaßten Herzen schlagen, beschämt, in dieser großen, leeren Landschaft, mit den Schiffen, die zwischen den Sternen kreuzen: Träger des Lebens, sorgfältig verschlossene Geheimnisse, paradoxe Samenkörner, unterwegs mit Dunkelheitsgeschwindigkeit.« New York 1992.

Zeittafel Moebius/Jean Giraud

1938:
Am 8. Mai wird Jean Giraud in Fontenay-sous-Bois geboren.

1941:
Scheidung der Eltern, Jean Giraud wächst bei seinen Großeltern mütterlicherseits auf.

1948 bis 1950:
Internat-Aufenthalt.

1954:
Aufnahme in die »Académie des Beaux-Arts« in Paris. Beginn der fortan regelmäßigen Science-fiction-Lektüre.

1955:
Erste Veröffentlichungen von Illustrationen in der Zeitschrift *Fiction*.
Beginn der Freundschaft mit dem Comiczeichner Jean-Claude Mézières, gemeinsamer Besuch bei der Comiclegende Jijé (Joseph Gillain).
Achtmonatiger Aufenthalt in Mexiko bei seiner Mutter.

1956:
Rückkehr aus Mexiko nach Paris.
Erste Westerngeschichten in den Comicmagazinen *Far-West* und *Sitting Bull*, kurz danach Mitarbeit am Comicmagazin *Cœurs vaillants*.
Beginn des 27 Monate währenden Militärdienstes. Giraud verbringt sechs Monate davon in Deutschland, den Rest in Algerien.

1960:
Erste Versuche mit abstrakter Malerei werden wieder aufgegeben.

1961:
Als Assistent bei Jijé hilft Giraud seinem Lehrer bei den Zeichnungen für *La route de Coronado* aus der *Jerry Spring*-Reihe.
Mit Mézières zeichnet Giraud bis 1966 Illustrationen für *L'histoire de civilisation* und die *Encyclopédie* des Verlags Hachette.

1963:
Unter dem Pseudonym »Moebius« Publikation von Zeichnungen im Satiremagazin *Hara-kiri.*
Am 31. Oktober erscheint die erste Folge der von Jean-Michel Charlier geschriebenen und von Giraud gezeichneten Westernserie *Blueberry* im Comicmagazin *Pilote.*

1965:
Jean Giraud unterbricht die Arbeit an *Blueberry* für seine zweite Mexikoreise. Jijé führt den Band *Le cavalier perdu* in Vertretung von Giraud fort, der ein halbes Jahr in Amerika bleibt.

1967:
Heirat mit Claudine Conin.

1968:
Streit in der *Pilote*-Redaktion zwischen den Zeichnern unter Führung von Giraud und Chefredakteur René Goscinny um eine Politisierung des Comicmagazins.
Charlier und Giraud beginnen die Geschichten um *Die Jugend von Blueberry.*

1969:
Geburt der Tochter Hélène.
Erneute Verwendung des Pseudonyms Moebius.

1972:
Geburt des Sohnes Julien.

1973:
Mit der Kurzgeschichte *La déviation* entwickelt Moebius einen neuen Stil, der sich klar von den *Blueberry*-Arbeiten absetzt. In *Pilote* wird *Blueberry* von Giraud nicht weiter fortgesetzt.

1975:
Moebius verläßt *Pilote. Blueberry* wird zunächst in dem Comicmagazin *Tintin* abgedruckt.
Gemeinsam mit Philippe Druillet, Jean-Pierre Dionnet und Bernard Farkas Gründung des Comicmagazins *Métal hurlant,* darin erscheint die Kurzgeschichte *Arzach* als erste Farbarbeit unter dem Pseudonym Moebius.
Im März erstes Treffen mit dem chilenischen Schriftsteller und Filmregisseur Alexandro Jodorowsky. Beginn der gemeinsamen Arbeit am Filmprojekt *Dune,* zu dessen Realisierung es nicht kommt.
Moebius beginnt, systematisch Skizzenhefte anzulegen.

1976:
Unterbrechung der Arbeit an *Bluerberry* wegen eines Streits mit dem Verlag Dargaud, der die Alben publiziert. Beginn der von Giraud geschriebenen Westernserie *Jim Cutlass.*
Le garage hermétique erscheint in *Métal hurlant.*

1977:
Kostümentwürfe für Ridley Scotts Film *Alien.*

1978:
Erste Kontakte zur Sekte des Ufo-Propheten Jean-Paul Appel-Guéry alias Ios.

1978:
Les yeux du chat erscheint als erste Comic-Gemeinschaftsarbeit des Texters Jodorowsky und des Zeichners Moebius.

1979:
Moebius zieht mit seiner Familie in die Pyrenäen. Regelmäßige Kontakte mit Ios und mehrmonatiger Aufenthalt in einer Sektenkommune in Romorantin.

1980:
Mitarbeit am Storyboard des ersten computergezeichneten Trickfilms *Tron* aus den Disney-Studios.
Die gemeinsam mit Jodorowsky entwickelte Serie *John Difool* erlebt ihr Debüt.

1982:
Beginn der Vorbereitungen für den – nie realisierten – Zeichentrickfilm *Internel Transfert,* mit dem die Lehren von Ios verbreitet werden sollen.

1983:
Umzug mit der Ios-Sekte nach Tahiti.
Produktion des Werbecomics *Sur l'étoile* für Citroën, daraus entsteht der Science-fiction-Zyklus *Le monde d'Edena.*

1984:
Gründung des Verlags Editions Aedena und der Agentur Starwatcher.

1985:
Moebius und seine Familie verlassen Tahiti. Aufenthalt in Japan zur Vorbereitung einer Zeichentrickadaption des Comicklassikers *Little Nemo in Slumberland,* die nicht realisiert wird. Ansiedelung in Los Angeles.

1987:
Beginn von Experimenten mit abstrakter Malerei, die bis 1989 fortgesetzt werden.

1988:
Abschluß des sechsteiligen *John Difool*-Zyklus.
Endgültige Lösung von los.
Rückkehr nach Paris. Trennung von Claudine, Heirat mit Isabelle Champeralle.
Gemeinsam mit dem Szenaristen Stan Lee Produktion der zweiteiligen Erzählung *Parable* als Extraausgabe des Superheldencomics *Silver Surfer.*

1989:
Am 10. Juli stirbt Charlier während der Arbeit am Szenario für den *Blueberry*-Band *Arizona Love.* Giraud beendet den Band nach eigenen Entwürfen.

1990:
Geburt des Sohnes Raphaël.

1991:
Mit *Marshall Blueberry* wird die bisher letzte Nebenserie von *Blueberry* begonnen, nach Szenarien von Giraud gezeichnet von William Vance.

1992:
Beginn des dreiteiligen Zyklus *Le cœur couronné,* für den Jodorowsky die Vorlage schreibt.

1994:
Mit *Griffes d'ange* nach einer Vorlage von Jodorowsky zeichnet Moebius erstmals einen pornographischen Comic.
Gründung des Verlags Editions Stardom.

1995:
Le garage hermétique wird nach sechzehn Jahren fortgesetzt im Album *L'homme du Ciguri.*
Mit *Mister Blueberry* wird nach fünfjähriger Pause der *Tombstone*-Zyklus begonnen, in dem Blueberry als alternder Mann vorgeführt wird.

1998:
Nach fünfjähriger Pause wird mit dem dritten Band der Comic *Le cœur couronné* abgeschlossen.

2000:
Der erste Band von *Après l'Incal,* der Fortsetzung der Abenteuer von John Difool, erscheint.
Der Abschluß des *Tombstone*-Zyklus verzögert sich, Moebius beginnt mit der Arbeit an *Fumetti.*

2001:
Moebius beendet nach siebenjähriger Pause mit dem Album *Sra* die fünfteilige Serie *Le monde d'Edena.*

2003:
Mit der Publikation von *Fumetti* in diesem Buch beginnt der Zyklus *Inside Moebius,* der es bis 2010 auf sechs Bände bringt.

2005:
Dust erscheint, der letzte von Jean Giraud gezeichnete Blueberry-Band.

2010:
Letzter Arzak-Band *L'Arpenteur*

2012:
Am 10. März stirbt Moebius in Paris.

Werke von Moebius/Jean Giraud

Eine Auswahl

Blueberry (mit Jean-Michel Charlier; von 1963 an, bisher 36 Alben, darunter neun Ausgaben der *Jugend von Blueberry*), auf deutsch seit 1989 im Ehapa Verlag, derzeit 29 Bände lieferbar.

Le bandard fou (1974), auf deutsch 1989 als *Der irre Ständer* beim Verlag Comic Art.

Arzach (1976), auf deutsch 1990 im Carlsen Verlag.

Les yeux du chat (mit Alexandro Jodorowsky), auf deutsch 1980 als *Die Augen der Katze* im Volksverlag.

Le garage hermétique (1979), auf deutsch 1980 als *Die luftdichte Garage* im Volksverlag.

John Difool (mit Alexandro Jodorowsky; sechs Bände um den *Incal* von 1981 bis 1988, neuer Zyklus *Après l'Incal* ab 2000), in Deutschland ab 1996 im Feest Verlag, der neue Zyklus trägt den Titel *John Difool nach dem Incal.*

Le monde d'Edena (fünf Bände von 1985 bis 2001), auf deutsch *Die Sternenwanderer,* vier Bände ab 1990 im Feest Verlag, der abschließende Band 2003 beim Verlag Schreiber und Leser.

Silver Surfer: Parable (mit Stan Lee; zwei Hefte 1988), auf deutsch zuletzt 1991 als *Silver Surfer: Parabel* im Carlsen Verlag.

Le cœur couronné (mit Alexandro Jodorowsky; drei Bände von 1992 bis 1998), auf deutsch *Lust und Glaube,* zwei Bände 1993 und 1994 im Feest Verlag, der abschließende Band 2003 beim Verlag Schreiber und Leser.

Griffes d'ange (mit Alexandro Jodorowsky; 1994), auf deutsch 1996 als *Des Engels Kralle* in der Edition Kunst der Comics.

40 jours dans le desert B (2000), keine deutsche Ausgabe.

Inhalt
mit dem Verzeichnis der Abbildungen

34: Blueberry mit Belmondos Zügen: Titelseite des deutschen Comicmagazins *Zack* Nr. 46, November 1972.
37: »Vorwärts!« Einzelbild mit General Gelbhaar aus der gleichnamigen *Blueberry*-Episode *(Le général tête jaune)* von 1968.
39: »Zurück!« Einzelbild mit General Gelbhaar aus der gleichnamigen *Blueberry*-Episode *(Le général tête jaune)* von 1968.
42: Der Zeichner und das Möbiusband: Titelillustration der Autobiographie *Histoire de mon double,* Paris: Edition Nr 1, 1999.
43: Portrait des Comiczeichners Will Eisner. Rückseiten-illustration des dritten Heftes der Serie *The Spirit,* 1996.
49: Dank des Schülers an den Lehrer: »Blueberry vor Jerry Spring – Hommage an Joseph Gillain«. Tuschezeichnung von 1983.
51: Die Faszination für die Wüste: Einzelbild aus der *Blueberry*-Episode *Die letzte Karte (La dernière carte)* von 1983.
52: Der Western verlangt Opfer: Einzelbild aus der *Blueberry*-Episode *Gebrochene Nase (Nez cassé)* von 1979.
55: Der Ufo-Glaube findet seinen Weg in den Comic: Einzelbild aus dem *John Difool*-Album *In nächster Nähe (La planète Difool)* von 1988.
57: Instinkto-Ernährung erfreut auch Raumfahrer: Aus dem *Sternenwanderer*-Album *Die Gärten von Edena (Les Jardins d'Edena)* von 1988.
58: Der Aufbruch zu neuen Welten als Rettung: Schlußseite von *La planète encore,* 1990.
60: Auch abstrakt kann der Comic nicht auf Worte verzichten: Seite der Kurzgeschichte *Nuna* aus dem Sammelband *Chaos* von 1991.
61: Ende des Umwegs, Anfang der Karriere als Moebius: das noch mit »Gir« signierte Schlußbild von *Der Umweg (La déviation),* 1973.

63: Dynamik aus dem hohen Raum: Einzelbild aus der *Blueberry*-Episode *Der Mann, der $ 500000 wert ist (L'homme qui valait 500000 $)* von 1971.

66: Musterhaft komponierter Wilder Westen: Einzelbild aus der *Blueberry*-Episode *Die vergessene Goldmine (La mine d'allemand perdu)* von 1969.

68: Der Zeichner als sein eigener Held: Seite aus *Der Umweg (La déviation)* von 1973.

69: Die klare Linie verleiht Moebius Flügel: Einzelbild aus *Die Hermetische Garage (La garage hermétique)* von 1979.

70: Die dunkle Fläche verleiht Jean Giraud Gewicht: Einzelbild aus der *Blueberry*-Episode *Der Mann, der $ 500000 wert ist (L'homme qui valait 500000 $)* von 1971.

71: Die Strenge der Farblosigkeit: Zwei Bilder aus dem *John Difool*-Album *Nach der Katharsis (Le nouveau rêve)* von 2000.

72: Das Urbild aller modernen Science-fiction: Seite aus *Arzach* von 1976.

73: Der Albtraum als traditionelles Element bei Moebius: Einzelbild aus dem *John Difool*-Album *Nach der Katharsis (Le nouveau rêve)* von 2000.

76: Auch so kann man eine Geschichte fortschreiben: Einzelbild aus *Der Umweg (La déviation)* von 1973.

77: Alles hinter sich verbrannt: »Du hättest nicht etwa Feuer, Numa?« fragt Moebius den Buchautor Numa Sadoul. »Mir scheint, du wechselst das Thema«, lautet die Antwort. Einzelbild aus einem Comic-Interview, 1974.

80: Das beste Ende ist der Absturz, der beste Anfang auch: Das erste Bild aus *Nach der Katharsis (Le nouveau rêve)* von 2000 wiederholt das letzte Bild aus dem *John Difool*-Album *In nächster Nähe (La planète Difool)* von 1988.

Selbstportraits 82

82: »Selbstportrait in der Wüste B«. Aus den *Carnets,* 1994.
83: »So wirst du zeichnen, wenn du an Parkinson erkrankt bist«, ist in das Bild eingeschrieben: Selbstportrait aus den *Carnets.*
84: »Selbstportrait: Der Blick des Künstlers«. Aus den *Carnets.*
85: »Moebius von Raphaël gezeichnet«: Am 10. Oktober 1995 portraitierte Moebius' fünfjähriger Sohn seinen Vater. Aus den *Carnets.*
86: »30th Century Fox«: Selbstportrait aus den *Carnets* nach dem Umzug in die Vereinigten Staaten. Erschienen in *Starwatcher* 1986.
87: Selbstportrait, gezeichnet im April 1992 in Fort Worth, Texas. Aus den *Carnets.*
88: Selbstportrait aus dem Jahr 1996. Erschienen im Ausstellungskatalog *1 monde réel* der Fondation Cartier, Paris 2000.
89: Selbstportrait für das Plakat der großen Moebius-Retrospektive *Trait de génie* im Comicmuseum von Angoulême, 2000.

Verstecken lohnt sich nicht 90

Comic ›Fumetti‹ 97

Neunzig Blätter (Erstveröffentlichung)
Übersetzt von Andreas Platthaus.
Lettering von Frans Stummer.

Leben des Comics nach dem Tod von Moebius 187

196: Natürlich können Superhelden auch in Frankreich fliegen: Einzelbild aus *Die Hermetische Garage (Le garage hermétique)* von 1979.
198: Die Melancholie des Retters: Seite aus dem zweiten Teil der 1988 in den Vereinigten Staaten erschienenen *Silver Surfer*-Geschichte *Parabel (Parable).*

200: Eleganz unter Beschuß: Titelseite des zweiten Teils der 1988 in den Vereinigten Staaten erschienenen *Silver Surfer*-Geschichte *Parabel (Parable)*.
204: Trotz weißer Haare immer noch agil: Einzelbild aus der *Blueberry*-Episode *Schatten über Tombstone (Ombres sur Tombstone)* von 1997.
209: Okkultismus als Schlüssel zum Unterbewußten: Vorzeichnung zu einer Buchillustration für den von Jean-Jacques Launier verfaßten Roman *La mémoire de l'âme (Die Erinnerung der Seele)* von 2000.
210: Ein Meister auf der Klaviatur der Graphik: Vorzeichnung zu einer Buchillustration für den von Launier verfaßten Roman *La mémoire de l'âme (Die Erinnerung der Seele)* von 2000.
215/216: Aus zwei Raumschiffen wird das Markenzeichen von Citroën: Seite aus dem 1983 ursprünglich als Werbecomic entstandenen ersten Teil des *Sternenwanderer*-Zyklus. Erschienen im Album *Sur l'étoile* von 1985.
216 unten: Roboter mit Sicherheitsbedürfnis: Einzelbild aus dem für BMW gezeichneten Werbecomic *Ed Banger*. Erschienen in einer Händlerbroschüre der BMW AG, München 2001.
222: Pornographie als letztes Geheimnis: Einzelbild aus dem gemeinsam mit Alexandro Jodorowsky verfaßten Comic *Griffes d'ange (Engelskrallen)* von 1994.
223: Der verfemte Teil: aus dem 1996 veröffentlichten *Notizbuch Folles perspectives (Verrückte Perspektiven)*.
227–230: Storyboard-Seiten 4 bis 7 für ein nicht realisiertes Science-fiction-Filmprojekt.

231: »Die Weltreise, N.Y. 92«. Aus den *Carnets*.
232: Aus den *Carnets*.
233: Der Jazzmusiker Sonny Rollins. Aus den *Carnets*.

234: Aus den *Carnets.*
235: Aus den *Carnets.*
236: Ein »Rebius«. Aus den *Carnets.*
237: Ein »Roebius«. Aus den *Carnets.*
238: »Niemand hat eine Nachricht hinterlassen?« Aus den *Carnets.*
239: Aus den *Carnets.*
240: »Unsere großen Künstler«. Portrait des Sängers Charles Trenet. Aus den *Carnets.*
241: »Unsere großen Künstler«. Portrait des Sängers, Jazzmusikers und Schriftstellers Boris Vian. Aus den *Carnets.*
242: »Die Art und Weise, in der die Leute hinter Ihrem Rücken absolut wahre Sachen wiederholen, ist einfach unglaublich.« Oscar Wilde. Aus den *Carnets.*
243: »Nachtflug«. Aus den *Carnets.*
244: »Wie ich Alex Jardin getroffen habe.« Aus den *Carnets.*
245: »Traum Nr. 9«. Aus den *Carnets.*
246: »Eine Sekunde vor dem Martyrium des heiligen Sebastian.« Aus den *Carnets.*
247: »Der Weihnachtsmann glaubt nicht mehr an sich selbst.« Aus den *Carnets.*
248: »Jesus und der Erzengel Gabriel«. Aus den *Carnets.*
249: »Am 17.9.1996: Zeus«. Aus den *Carnets.*
250: »Die Kunst bei den Kaulquappen«. Aus den *Carnets.*
251: »Tom Miks« (Anspielung auf den Westernhefthelden Tom Mix). Aus den *Carnets.*
252: »John Woo auf dem Mars«. Aus den *Carnets.*
253: Aus den *Carnets.*
254: Aus den *Carnets.*
255: »Rossi: ›André! Hören Sie sofort damit auf!‹« Aus den *Carnets.*
256: Aus den *Carnets.*

257: »Véronique und ihre Freunde. Paris, Januar 1992«. Aus den *Carnets.*
258: »Der Comic: Haddocks Albtraum«. Aus den *Carnets.*
259: »Jim Gruber ist in den heiligen Saal eingedrungen... Aus den *Carnets.*
260: Aus den *Carnets.*
261: »Der wütende Mann hat keine Ohren.« Aus den *Carnets.*
262: »New York: Hotel Loews.« Aus den *Carnets.*
263: Aus den *Carnets.*
264: »Der Angriff der Zweiundzwanzig-Meter-Frau.« Aus den *Carnets.*
265: »Am 3. Juni 1997: Im Asterix-Park« (Vergnügungspark in der Nähe von Paris). Aus den *Carnets.*
266: Aus den *Carnets.* Erschienen in dem Ausstellungskatalog *1 monde réel* der Fondation Cartier, Paris 1999.
267: Aus den *Carnets.*
268/269: »Rue des quatre fils«. Pariser Stadtbild vom 9. September 1988. Aus den *Carnets.* Erschienen in *Entretiens avec Numa Sadoul (Das große Moebius-Buch),* Paris 1991.
270: »Place du marché Sainte Cathérine«. Pariser Stadtbild vom 10. September 1988. Aus den *Carnets.*
271: »Toter schwarzer Vogel in Fort Worth«. Aus den *Carnets.*
272: New York 1992. Aus den *Carnets.*

289: Abstrakte Komposition. Acryl auf Papier. 1989.
290/291: Cyborg-Kopf. Acryl auf Papier.
292: Abstrakte Komposition. Acryl auf Papier. 1988.
293: Abstrakte Komposition. Eierfarben und Acryl auf Papier, 1988.

294/295: Abstrakte Komposition. Eierfarben und Acryl auf Leinwand, 1988.
296: Abstrakte Komposition. Acryl auf Papier, 1989.
297: Abstrakte Komposition. Acryl auf Papier, 1989.
298: Selbstportrait. Acryl auf Papier, 1989.
300: Stalker. Bleistift und Tusche auf Papier, 1989.

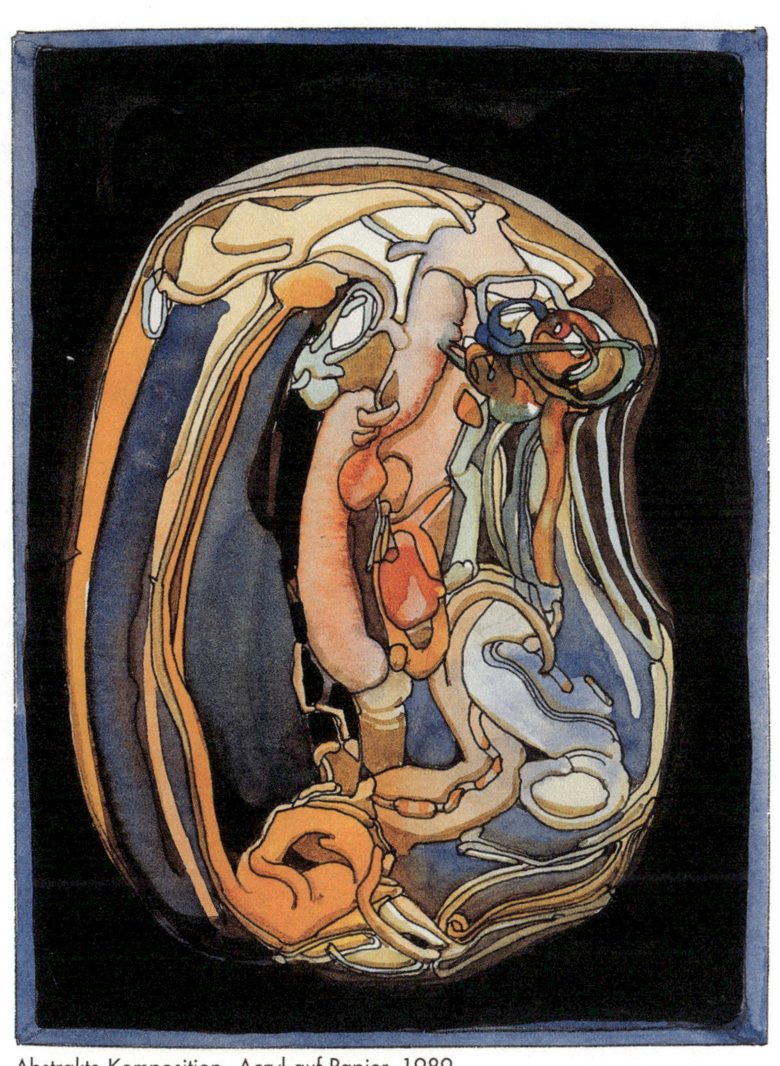

Abstrakte Komposition. Acryl auf Papier, 1989.

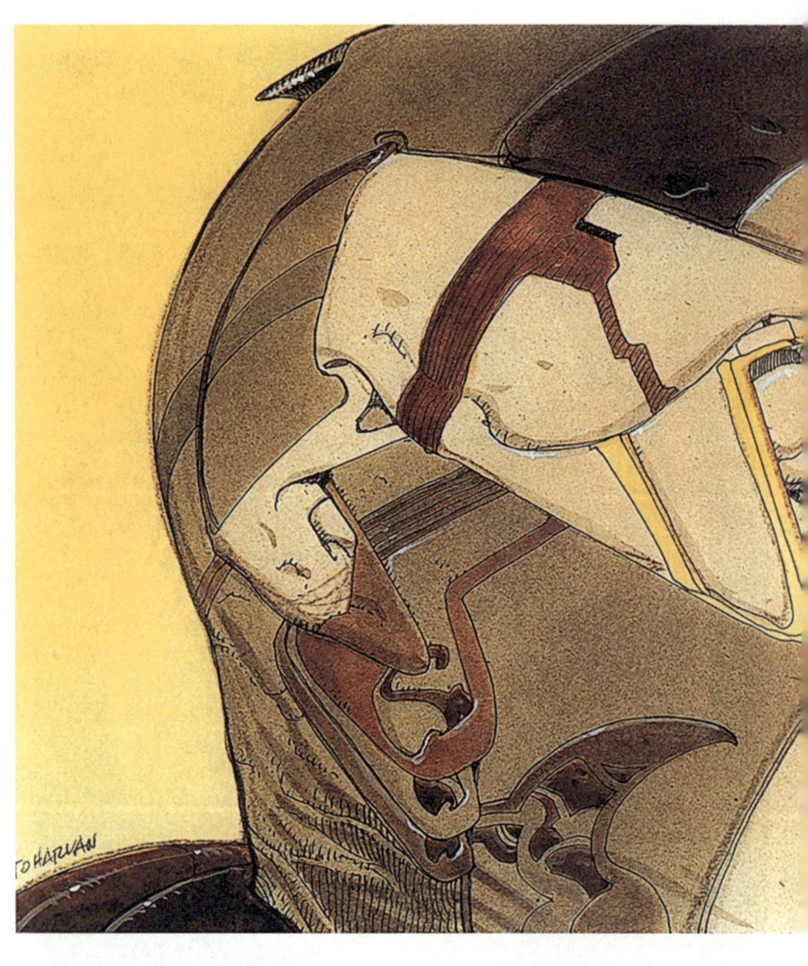

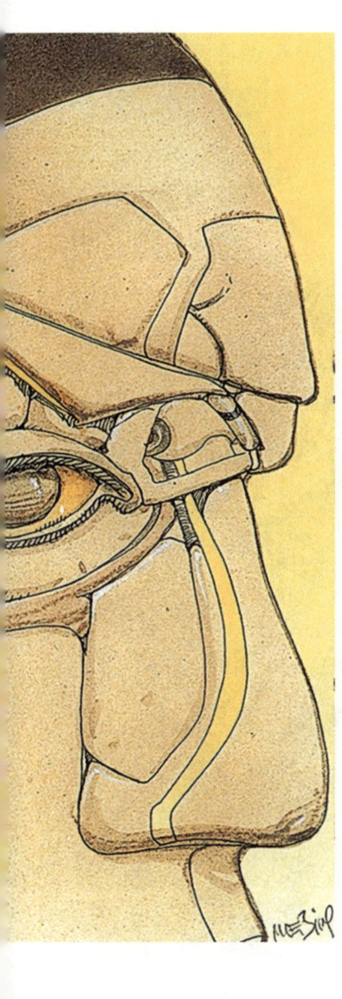

Cyborg-Kopf. Acryl auf Papier.

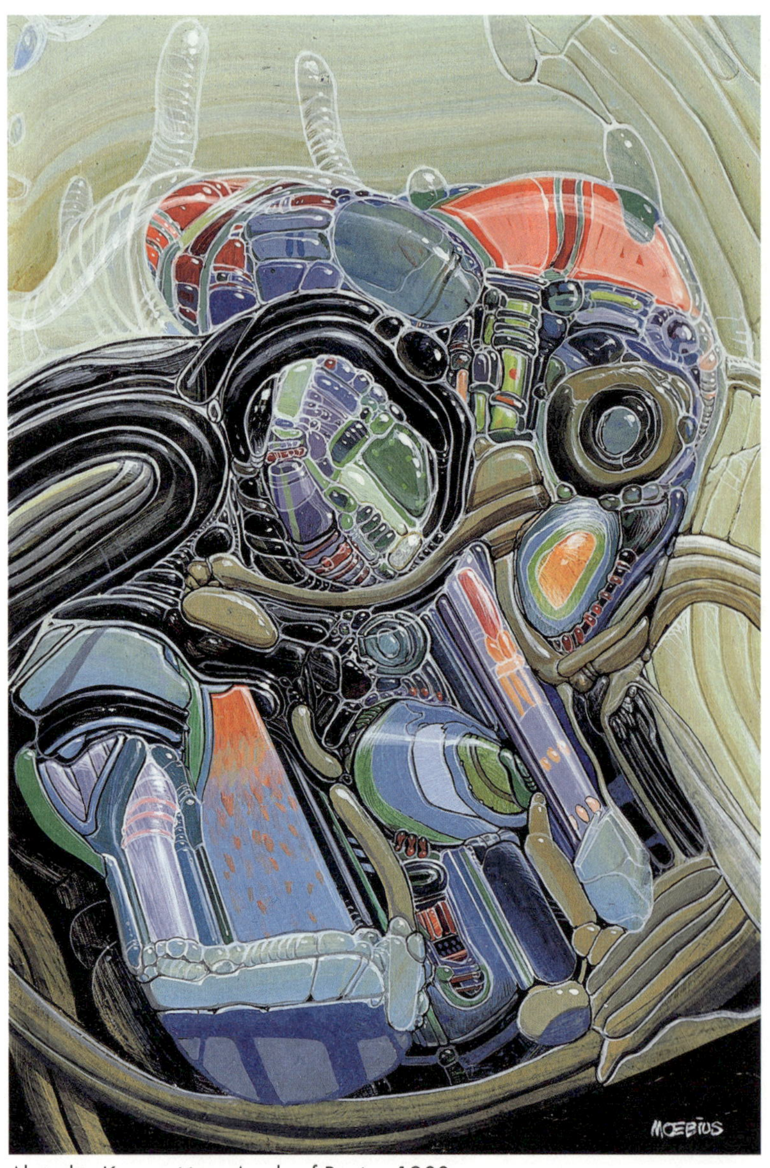

Abstrakte Komposition. Acryl auf Papier, 1988.

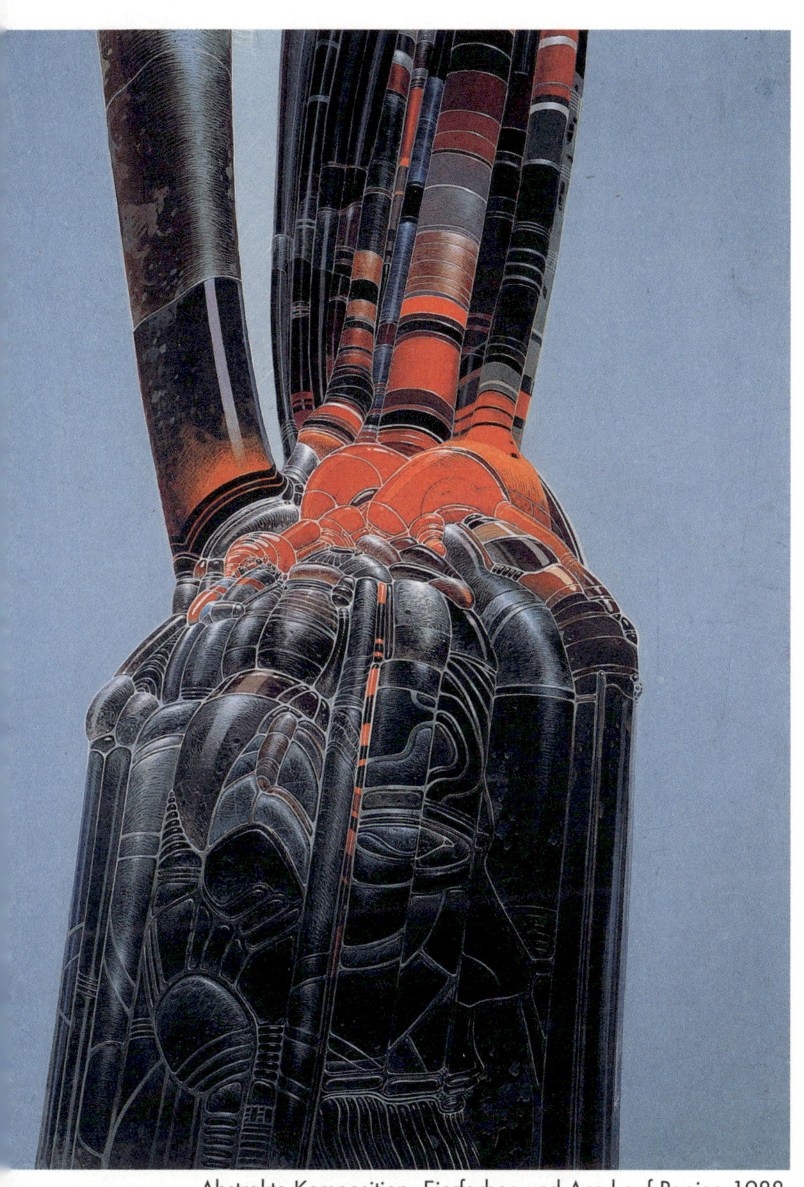

Abstrakte Komposition. Eierfarben und Acryl auf Papier, 1988.

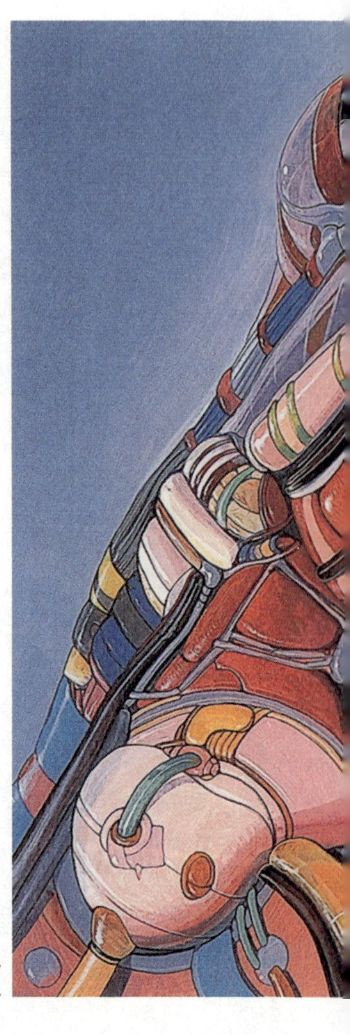

Abstrakte Komposition.
Acryl und Eierfarben auf Leinwand, 1988.

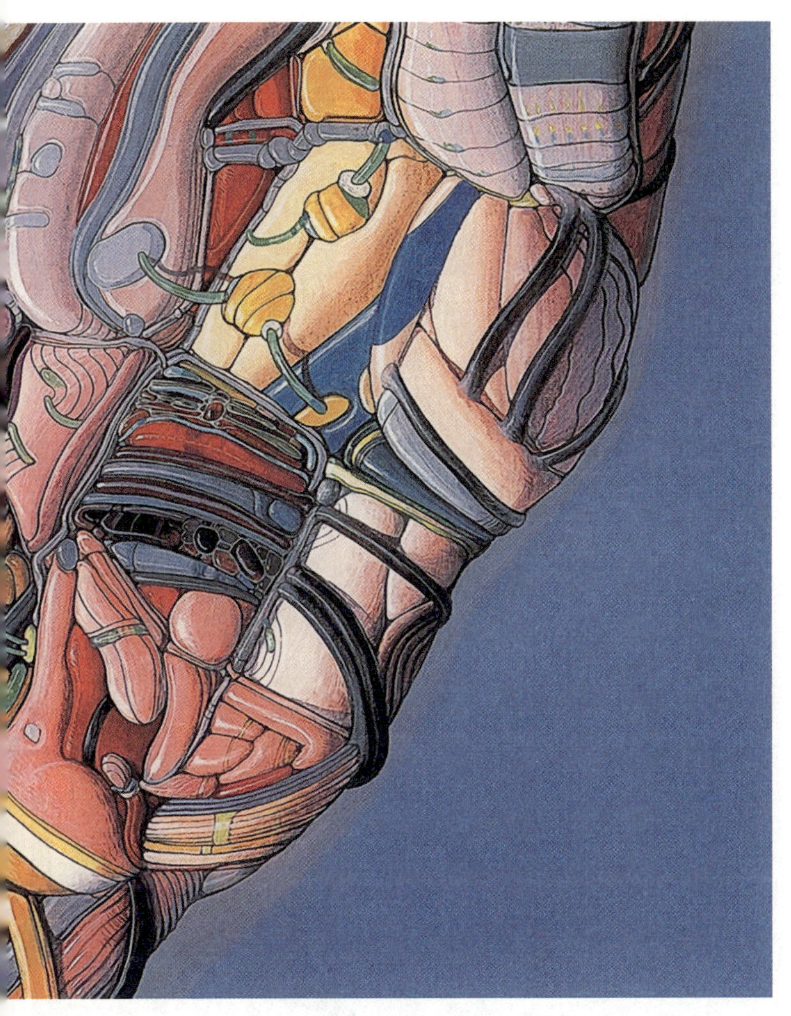

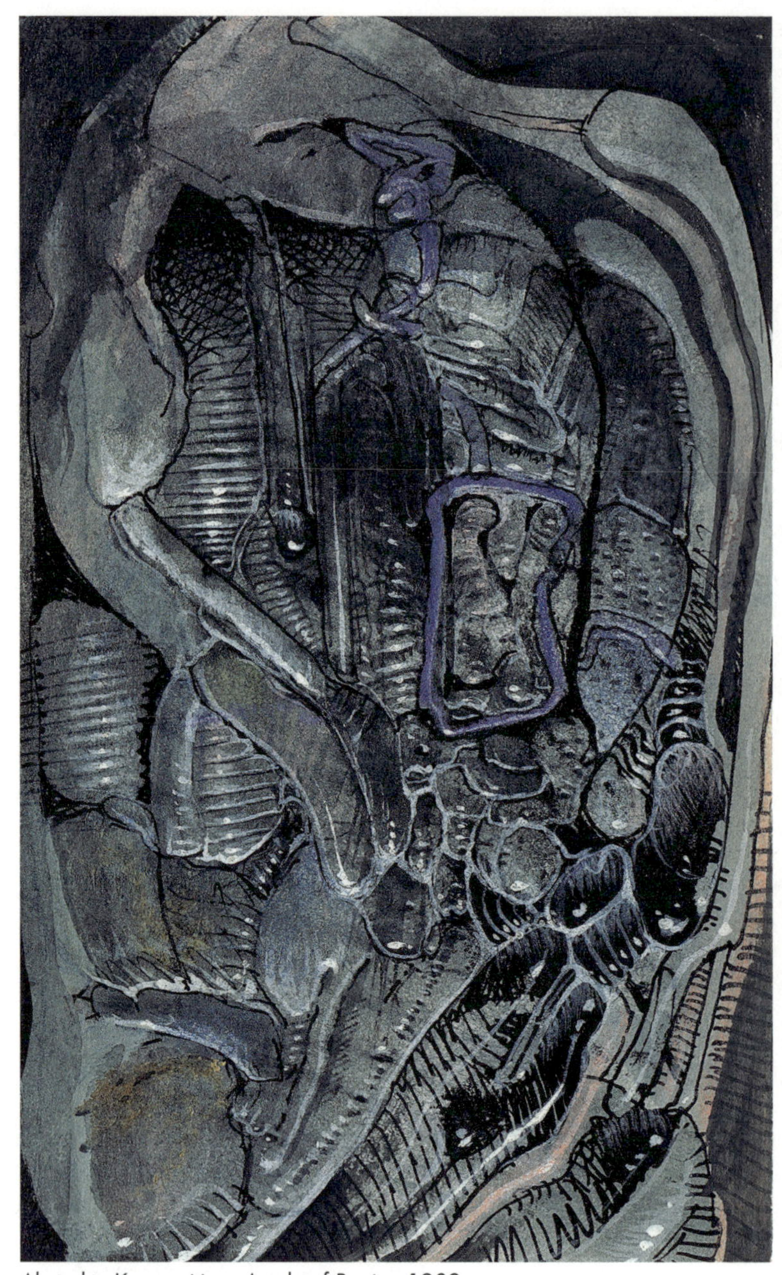

Abstrakte Komposition. Acryl auf Papier, 1989.

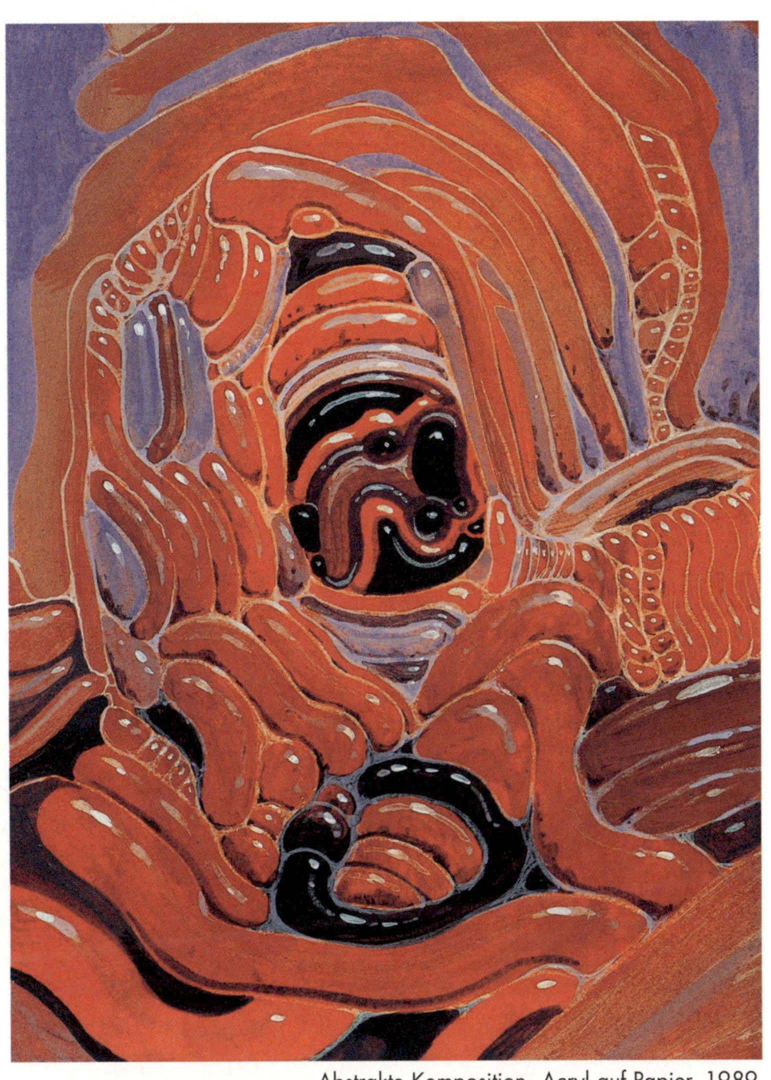

Abstrakte Komposition. Acryl auf Papier, 1989.

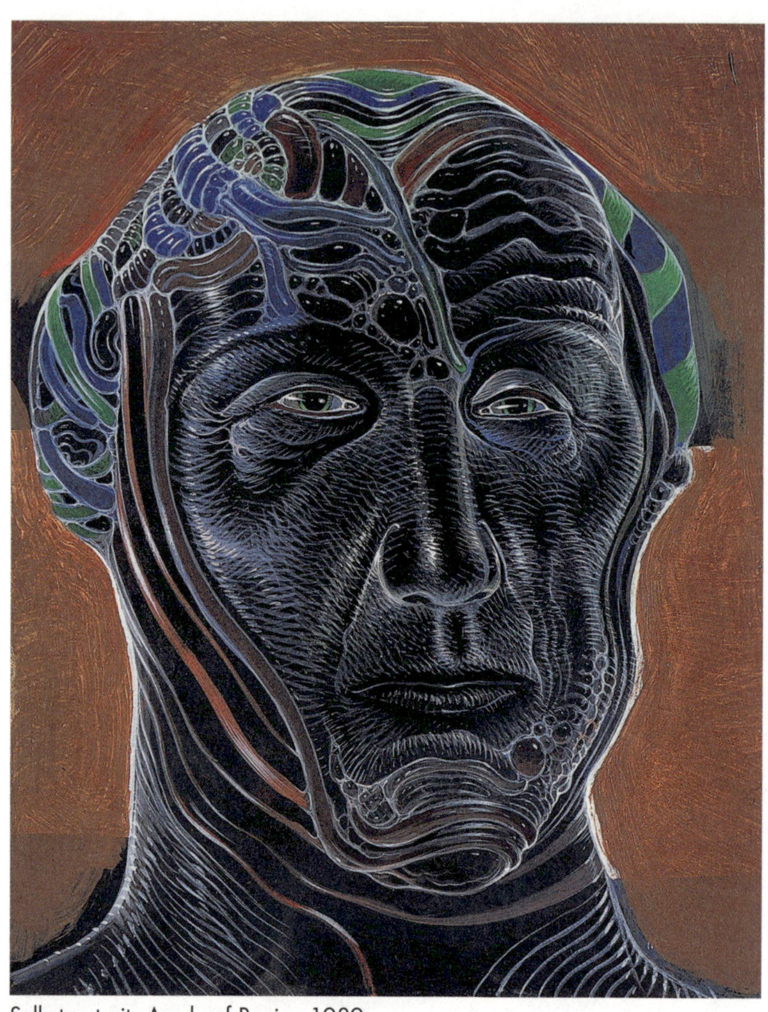

Selbstportrait. Acryl auf Papier, 1989.

DIE ANDERE BIBLIOTHEK wird herausgegeben
von Julia Franck und Rainer Wieland.

Zeichenwelt, eine Retrospektive auf das Werk von Jean Giraud alias Moebius, vorgeführt von Andreas Platthaus, ist als ORIGINALAUSGABE im März 2003 als zweihundertneunzehnter Band der ANDEREN BIBLIOTHEK, Frankfurt am Main, erschienen.

Als Extradruck wurde **Zeichenwelt** im November 2023 wiederaufgelegt.

Das Lektorat lag in den Händen von Rainer Wieland und Christian Döring.

Dieses Buch wurde von Franz Greno gestaltet. Den Satz besorgte Dörlemann Satz, Lemförde, mit der Schrift Futura Std. Die Herstellung und Ausstattung lagen bei Friederike Simon, Berlin. Gedruckt und gebunden wurde bei Friedrich Pustet GmbH & Co. KG, Regensburg. Als Inhaltspapier wurde 90 g/m^2 holzfreies Werkdruckpapier verwendet.

Einbandmotiv unter Verwendung einer Zeichnung von Jean Giraud.

ISBN 978-3-8477-2044-7
DIE ANDERE BIBLIOTHEK

www.aufbau-verlage.de
10969 Berlin, Prinzenstraße 85

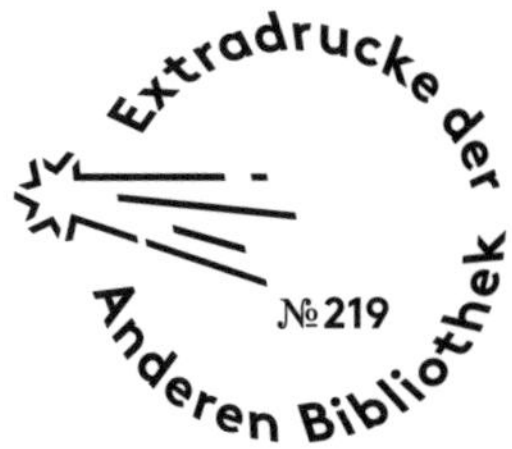

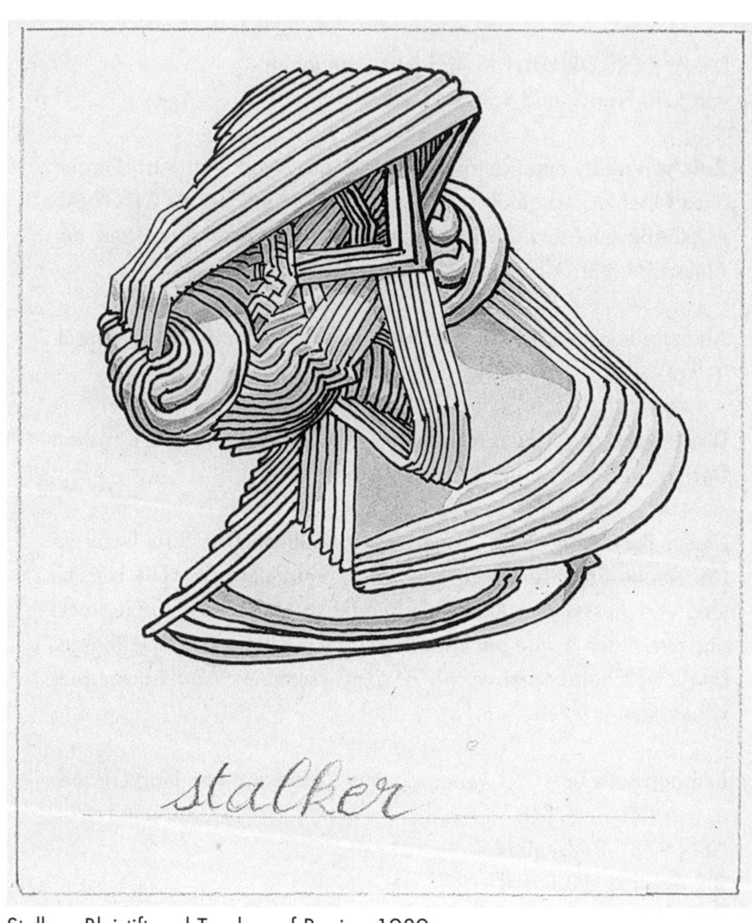

Stalker. Bleistift und Tusche auf Papier, 1989.